重庆市社会科学规划重点委托项目
"智能时代'AI+教师'人机协同的学理、伦理、法理研究"（项目批准号：2020WT31）
重庆市研究生教育教学改革研究重点项目
"基于循证实践的教育硕士在线学习探究式周期模型设计与应用"（项目批准号：yjg202011）

智慧赋能

ZHIHUI FUNENG

教师专业发展

JIAOSHI ZHUANYE FAZHAN

周 琴 等著

西南师范大学出版社
国家一级出版社 全国百佳图书出版单位

图书在版编目(CIP)数据

智慧赋能教师专业发展/周琴等著. -- 重庆：西南师范大学出版社，2021.1
ISBN 978-7-5697-0739-7

Ⅰ.①智… Ⅱ.①周… Ⅲ.①师资培养—研究 Ⅳ.①G451.2

中国版本图书馆CIP数据核字（2021）第026084号

智慧赋能教师专业发展

周 琴 等著

责任编辑：李 玲
责任校对：王玉竹
装帧设计：☾起源
排　　版：瞿 勤
出版发行：西南师范大学出版社
　　　　　地址：重庆市北碚区天生路2号
　　　　　邮编：400715　市场营销部电话：023-68868624
　　　　　网址：http://www.xscbs.com
印　　刷：重庆荟文印务有限公司
幅面尺寸：160mm×235mm
印　　张：16
字　　数：214千字
版　　次：2021年2月　第1版
印　　次：2021年2月　第1次印刷
书　　号：ISBN 978-7-5697-0739-7

定　　价：48.00元

前言

人类社会进入21世纪，人工智能、基因工程、纳米制造、无人驾驶、机器人、可穿戴设备等前沿科技风起云涌，逐渐渗透到社会的各个领域，引起经济结构、社会生活和工作方式的深刻变革。人工智能的迅猛发展和广泛应用，为教育、医疗、能源等诸多领域带来了新的发展机遇。智能技术广泛的应用场景已经开始深刻影响人类的生活方式和理念。继蒸汽驱动、电力革命、信息化浪潮后，人工智能极有可能开启新一轮革命，这将是人类历史上的第四次科技革命！

人工智能堪比任何一次技术革命的伟大变革，过去认为难以解决的问题，会因为大数据和机器智能的使用迎刃而解，比如癌症个性化治疗的难题。人类历史上几千年来亘古不变的"生、老、病、死"等大问题，已正式被纳入智能技术解决的范畴。人类的发展由此将进入一个全新的阶段或版本，即"人类2.0"。

第一轮科技革命可能会重新定义人类，从而再次引发了"人之为人"的思考。随着科技的发展，今天人类延伸自我最让人印象深刻的方式就是发展出能够改变生命本身的技术。在技术与人的关系上，智能革命不同于前几次技术革命，不是人去适应机器，而是机器主动来学习和适应人类，并同人类一起学习和创新这个世界。真正的革命一定是从人与技术之间彼此互动、彼此增强以及互相融合中产生的。未来将是有机世界和合成世界的联姻，正如未来一定是人类和机器人的联姻。

大数据和机器智能对于未来社会的影响是全方位的。很多传统的行业都将采用智能技术实现升级换代。那么当教育与人工智能相遇,会碰撞出怎样的火花?人工智能将如何影响教育?学校会变成什么样子?教师这个职业还会不会存在?这些问题一下子就摆在了我们面前。联合国教科文组织教育信息技术研究所(UNESCO Institute for Information Technologies in Education,简称 UNESCO IITE)2020年11月发布的报告《教育中的人工智能》(AI in Education: Change at the Speed of Learning),尝试对此进行了回答。

对于学习者来说,人工智能有助于实现学习的个性化,有助于提高认知和社会情感技能;通过收集和分析大数据人工智能可以帮助学生发展21世纪技能;可以为残疾学生的学习带来更多便利,推动教育民主化;人工智能的实时识别和预测功能还可以在学生身心健康方面发挥积极作用。对于教育者来说,人工智能不仅不会取代教师,反而会重新肯定教师的角色。一是人工智能可以帮助教师设计学生个性化学习路径、生成学习报告以及承担作业批改等事务性工作,从而提高了教师的教学效率;二是人工智能可以让教师从评估和撰写报告中解放出来,从而有更多的时间用于备课和学习,让学生得到更多支持和重视;三是利用数据与分析,人工智能可以增进教育者之间的协作;四是人工智能可以促进教师的专业发展和自我反思。对于家长来说,人工智能可以让家长更积极地参与到孩子的教育过程中,支持他们成为孩子进步的参与者,而不是评论者。对于学校领导来说,人工智能可以帮助他们分析影响学生发展以及未来成功的一系列关键决定因素,得出必要干预的支持性见解;利用数据和预测分析,人工智能可以帮助学校领导从被动管理转向主动管理,并在问题(如教师辞职、学生退学)出现之前做出预警或预测;人工智能还可以帮助学校领导建立个性化管理的家校沟通方式,从而有助于获得家长对学校的积极支持。对于地方、区域和国家的教育行政部门来说，一是在资源规划方面，人工智能除了可以跟踪关键的人口统计信息、资本需求、人员配置和专业发展需求等之外，还可以协助提供服务，使规划者能够根据不断变化的环境主动提供足够的资源；二是在课程设计方面，人工智能可以为课程设计者提供相关的大数据资料并做出分析。①

毫无疑问，以人工智能、合成生物为代表的智能科技作为现阶段推动人类进步与社会发展的决定性力量，一定会深层次推动教育教学改革与创新发展，进而引发教育的模式变革和生态重构。

首先，人工智能改变了育人目标。正如机器取代简单的重复性体力劳动一样，人工智能将取代简单的重复性脑力劳动，司机、翻译、客服、快递员、裁判员等职业都可能消失，传统社会就业体系和职业形态也将因此发生深刻变化。适应和应对这种变化与趋势，教育必须回归人性本质，必须褪去工业社会的功利烙印。当人工智能成为人的记忆外存和思维助手时，学生简单地摄取和掌握知识以获取挣钱谋生技能的育人目标将不再重要。教育应更加侧重培养学生的爱心、同理心、批判性思维、创造力、协作力，帮助学生在新的社会就业体系和人生价值坐标系中准确定位自己。教育目标、教育理念的改变将加速推动培养模式、教材内容、教学方法、评价体系、教育治理乃至整个教育体系的改革创新。

其次，人工智能改变了校园环境。随着各种智能感知设备和技术的广泛应用，教师和学生不知不觉已经镶嵌到有形的校园物理空间和无形的虚拟数据空间中。传统校园历经了信息化、数字化，现正迈向更高层次的智能化、感知化、物联化，即打造所谓的"智慧校园"。

---

① UNESCO IITE. AI in education: change at the speed of learning[R/OL]. (2020-11-20)[2020-12-01]. https://iite.unesco.org/wp-content/uploads/2020/11/Steven_Duggan_AI-in-Education_2020.pdf.

在"智慧校园"里,学生踏进校园就可以完成签到,离开校园自动告知家人,进入教室多媒体设备已经开启,身体不适发出报警求助,上课开小差收到友情提醒,练习测验后自动生成学情分析报告……相较而言,智慧校园更强调对师生的行为、位置、时间、工具的感知和用户的服务体验,力求从环境的数据化到数据的环境化、从教学的数据化到数据的教学化、从人格的数据化到数据的人格化等一系列转变,旨在提供以人为本的个性化创新服务。

再次,人工智能也改变了教师角色。"创意工作者""人际连接者"和"复杂模式的判断者"这三类人是最不可能被人工智能替代的,教师这一职业同时满足这三类人的特点。因为教师必须适应变化的教学政策和教学环境,面向不同性格特点和需求的学生,处理多样化的教育教学问题,所以人工智能并不能轻易取代教师这个职业。但在未来,人工智能可以改变教师的角色和作用。教师可以从低附加值的简单重复工作中自我解放,从而更加专注于构建和谐稳固的师生关系和促进学生全面发展。教师不再仅仅是知识的传授者,而是满足学生个性化需求的教学服务提供者、设计实施定制化学习方案的成长咨询顾问。

最后,人工智能对学习范式进行了巨大改变。语音识别和语义分析技术可以用在口语测评,图像识别技术可用于作文批改和拍照搜题。人工智能可以让每个孩子拥有自己的智慧学伴,只要用手机拍一下、扫一下、说一下、点一下,就会实现答案解析、打分点评,知识点、考点、难点的自动生成和推送。随着认知科学、脑科学和学习科学的快速发展,人机协同增强智能、群体集成智能成为人工智能发展的新方向。人工智能不仅能从知识关联和群体分层方面分析学生知识掌握情况、推送学习建议,更能从大脑思考方式、个体性格特点、所处环境特征等方面,为每个学生提供个性化、定制化的学习内容和方法,激发学生深层次的学习欲望。

人工智能是人类在改造自然中的一次新的飞跃,将重新定义学校,重新定义教师,重新定义学生,由此开启教育的新纪元。当前教育最主要的弊端之一,就是教育者仍然在用过时的、非智能时代的方式去教育伴随着人工智能长大的孩子。摆在学校和教师面前最急迫的问题就是:如何利用技术去创造个性化学习体验,更好地满足学生发展需求。

人工智能不断演进,去往何处尚未可知,能否为人类所驾驭亦引发伦理担忧,其对未来教育发展提供机遇的同时也带来一系列挑战。2019年习近平总书记在给国际人工智能与教育大会的致贺信中提到:"人工智能将推动人类社会迎来人机协同、跨界融合、共创分享的智能时代,把握全球人工智能发展态势、找准突破口和主攻方向、培养大批具有创新能力和合作精神的人工智能高端人才,是教育的重要使命"[1]。正如蒸汽机取代马匹成为动力来源一样,人工智能作为新的生产力,如何拥抱它、运用它,是每个行业甚至每个人都需要思考的问题。对于人工智能,教育不仅要在姿态方面迎接未来、在态度层面正视未来、在认知层面读懂未来,更要抓住机遇、直面挑战,在管理决策、教人育人等实践层面积极构建属于自己的美好未来。

智能时代,未来已来,将至已至,唯变不变!

本书从人工智能这一世界性热点话题切入,梳理了"人工智能+教育"的应用场景,结合人工智能技术的研究热点,展望了未来"智慧教育新生态"的发展方向,基于对智能时代教师核心素养和角色定位的思考,讨论了人机协同教学和教师智慧生成的路径。书中论及了教育在智能科技时代面临的困境,以及教师自省、自觉的重要性。书中讨论的问题围绕人工智能引发的"奇点"假设展开,揭示了新兴科

---

[1] 新华网.习近平向国际人工智能与教育大会致贺信[EB/OL].(2019-05-16)[2020-12-12]. http://www.xinhuanet.com/politics/2019-05/16/c_1124502111.htm.

技在教育改革和教师专业发展中产生的广泛影响,体现了新科技时代的问题意识和前沿科技的思维方式。这是一种全新的尝试,旨在为各领域共同探索"人工智能+教育"变革的可能性和方向提供参考。

作为重庆市社会科学规划重点委托项目"智能时代'AI+教师'人机协同的学理、伦理、法理研究"(项目批准号:2020WT31)和重庆市研究生教育教学改革研究重点项目"基于循证实践的教育硕士在线学习探究式周期模型设计与应用"(项目批准号:yjg202011)的最终研究成果,本书是集体智慧的结晶。全书由周琴负责框架设计和统稿校对,各章节撰写分工如下:第一章,周琴;第二章,周琴、王贝、杨荔淇;第三章,陈思雨、文欣月;第四章,文欣月、周琴;第五章,徐蕊玥、向中秋;第六章,梁昊楠、周琴。除此之外,李琳轶、马梓瑜、强璐、杨琼、周钰青参与了本书的资料收集与校对工作,在此深表感谢!

感谢西南师范大学出版社李玲编辑的精心策划,使本书得以顺利出版。学无止境,出版并不意味着研究的终止。由于学识水平等方面的欠缺,书中的论述尚有诸多不足之处,敬请大家批评指正!

周 琴

2020年12月3日

目录

第一章 智能时代开启教育新征程 /001
- 智能时代,未来已来 /003
- 人工智能发展新纪元 /008
- 科技赋能教育变革 /016
- 人工智能+教育 /024

第二章 智慧教育新生态 /039
- 智能与智慧 /041
- 智慧教育 /049
- 智慧的人 /058
- 智慧学习 /067
- 智慧校园 /074

第三章 教师会被人工智能取代吗 /083
- 人机交互 /085
- 人机协同 /090
- 人机融合 /100
- 人机共生 /107

第四章 "AI+教师"人机协同教学 /115

AI代理+教师 /117

AI助手+教师 /126

AI导师+教师 /133

AI伙伴+教师 /142

第五章 数智融合的教师素养 /151

数字移民 /153

数字土著 /159

数字公民 /166

数智公民 /175

第六章 技术驱动下的教师专业发展 /185

教师的智慧生成 /187

信息技术与教育教学的深度融合 /201

双线混融教师教育 /213

参考文献 /221

附录 中英文名词对照 /237

附录一 英文缩写词 /237

附录二 专有名词 /241

第一章
智能时代开启教育新征程

人类历史上的数次科技革命,都带来了人类感知和认知能力的不断提升,从而使人类知道更多、做到更多、体验更多。每一次科技革命和产业变革,都会给教育带来新的面貌、新的愿景。今天,以人工智能为代表的新一轮科技革命和产业变革风起云涌,正深刻改变着人们的生产、生活、学习方式,它们将人类从简单的脑力劳动中解放出来,推动人类社会迎来人机协同、跨界融合、共创分享的智能时代。人类发展迎来了新纪元,那么教育将如何应对?

智能时代，未来已来

回顾人类发展历史，近500年发生过三次重大的科技革命。每一次科技革命，都会促发产业变革。1785年瓦特改良蒸汽机，以蒸汽动力驱动大机器生产，人类由此走入了机械制造时代。第二次科技革命以19世纪后半叶电力的广泛使用为标志。发电机(1866年)、电动机(1970年)、电话(1876年)、电机机车(1879年)等相继发明和普及，人类也因此进入电气与自动化时代。第二次世界大战后，以原子能技术、航天技术、电子计算机的应用为代表，包括人工合成材料、分子生物学和遗传工程等高新技术的先后出现，催生了第三次科技革命，人类由此迈入电子信息时代。21世纪，人工智能、基因编辑、大数据与量子计算、纳米技术等前沿科技正呼啸而至，谁将开启新一轮科技革命的大门？

▪ 第四次科技革命

所谓"革命"，一般指全面的、根本性变革。科学革命(Scientific Revolution)指的是科学理论、方法、知识等的巨大进步。科学革命的先导有时来自哲学思潮，有时来自技术与实验的突破。后者比如伦琴射线的发现引发了物理学革命，DNA双螺旋结构的发现推动了分子生物学的发展。科学革命往往会触发技术革命(Technological Revolution)，比如系统科学于计算机技术、遗传学于基因工程技术、系统生物学于合成生物技术。而工业革命，又称为产业革命(Industrial Revolution)，是建立在经济与产业结构变革基础上的新的革命形态，主要取决于技术革命能否生产出一系列新产品，乃至引发整个行业的变革，比如第二次工业革命之于电气化能源、照明、电动机、家用电器等的出现。

人类社会进入电子信息时代的主要标志是通信技术及计算机技术的飞速发展和广泛应用。计算机俗称电脑，是现代一种用于高速计算的电子计算机器，既可以进行数值计算，又可以进行逻辑计算，还具有存储记忆功能,是能够按照程序运行,自动、高速处理海量数据的现代化智能电子设备。1946年2月14日,由美国军方定制的世界上第一台电子计算机"电子数字积分计算机"在美国宾夕法尼亚大学问世,发明者约翰·冯·诺依曼(John von Neumann)。20世纪90年代后,随着互联网的普及,信息技术进入高速发展时期。信息领域的一些分支技术如集成电路、计算机、无线通信等的纵向升级,更主要的是信息技术整体平台和产业的代际变迁,横向渗透融合到制造、金融等其他行业,彻底改变了整个社会的运作模式。以信息化和工业化深度融合为主要目标的"互联网+"是信息技术赋能传统行业变革的集中体现。

  人类进入21世纪,人工智能、基因工程、纳米制造、无人驾驶、机器人、可穿戴设备等各类技术风起云涌。更新和更优的科技产生了持续性不断的颠覆,其发明和普及周期也出现显著的加速。像智能手机等新科技出现并实现大规模市场化的速度比飞机或电话等快了30~50倍[1]。研究者将这种现象称为科技采纳或创新扩散。美国哲学家雷·库兹韦尔(Ray Kurzweil)在2001年提出摩尔定律的扩展定理,即"库兹韦尔加速回报定律"(Kurzweil's Law of Accelerated Return)。该定律指出,人类出现以来所有技术发展都是以指数增长。[2]

  人类社会正在以不同寻常的加速度发展,现正处于半个世纪以来的又一次重大技术周期之中。人工智能根本性改变了机器,改变了生产资料;量子计算机可能是摩尔定律的加强版;基因工程可能解决诸如生、老、病、死等人类生存的基本问题;核聚变等能源生产技术以及电池存储技术的飞跃,根本上解决能源短缺、价格昂贵、环境污染等问题,重构世界政治经济格局。新一轮科技革命与产业变革已曙光可见,它正以前所未有的态势席卷而来!其发展速度之快、范围之广、程度之深丝毫不逊于前三次革命。

---

[1] 金.智能浪潮:增强时代来临[M].刘林德,冯斌,张白玲,译.北京:中信出版社,2017:8.
[2] 库兹韦尔.灵魂机器的时代:当计算机超过人类智能时[M].沈志彦,祁阿红,王晓冬,译.上海:上海译文出版社,2006:26.

·人工智能开启人类新纪元

进入21世纪后,人工智能的迅猛发展和广泛应用,为教育、医疗、能源等诸多领域带来了新的发展机遇。尤其是近10年,机器学习和人机交互等技术的出现使得人工智能迅猛发展,其已逐渐渗透到社会的各个领域,引起经济结构、社会生活和工作方式的深刻变革。全球产业界充分认识到人工智能技术引领新一轮产业变革的重大意义,纷纷转型发展,抢滩布局人工智能创新生态。2016年美国连续发布《人工智能、自动化与经济》(Artificial Intelligence, Automation, and the Economy)、《为人工智能的未来做好准备》(Preparing for the Future of Artificial Intelligence)、《国家人工智能研究和发展战略计划》(National Artificial Intelligence Research and Development Strategic Plan)等重要报告。2019年美国又发布了《美国人工智能倡议》(American AI Initiative)与《加速美国在人工智能领域的领导地位》(Accelerating America's Leadership in Artificial Intelligence),旨在从国家战略层面重新分配资金、创造新资源用于人工智能研发,以确保美国在人工智能和相关领域保持研发优势。此外,2017年澳大利亚制定《澳大利亚2030:通过创新走向繁荣》(Australia 2030: Prosperity Through Innovation)。2017年日本出台《人工智能技术战略》。2018年欧盟提出《欧盟人工智能》(Artificial Intelligence for Europe)。同一年英国发布《英国人工智能发展的计划、能力与志向》(AI in the UK: Ready, Willing and Able),德国发布《联邦政府人工智能战略要点》(Eckpunkte der Bundesregierung für eine Strategie Künstliche Intelligenz)。我国也于2017年印发《新一代人工智能发展规划》,其中写道:"人工智能作为新一轮产业变革的核心驱动力,将进一步释放历次科技革命和产业变革积蓄的巨大能量,并创造新的强大引擎,重构生产、分配、交换、消费等经济活动各环节,形成从宏观到微观各领域的智能化新需求,催生新技术,新产品、新产业、新业态、新模式,引发经济结构重大变革,深刻改变人类生产生活方式和思维模式,实现社会生产力的整体跃升"①。至此,世界上主要工业国家均已将人工智能上升为国家战略,纷纷出台与人工智能发展应用相关的政策和规划,力争抢占智能革命的制高点,在国际科技竞争中掌握主导权。

如同蒸汽时代的蒸汽机、电气时代的发电机、信息时代的计算机和互联网,人工智能正成为推动人类发展的决定性力量。在社会和技术指数级进步的推动下,继蒸汽驱动、电力革命、信息化浪潮后,人工智能极有可能开启新一轮科技革命。这将是人类历史上的第四次科技革命!

▪ 技术奇点

互联网、物联网、5G、云计算、大数据等新技术新概念层出不穷;智慧城市、智慧医疗、智慧教育、智慧农业、智慧政务……正在快速推进。人工智能正将科幻电影中描述的许多"未来场景"一步一步变为现实。

人们常用最具代表性的生产工具来代表人类文明发展的历史,如石器时代、红铜时代、青铜时代、铁器时代、蒸汽时代、电气时代、原子时代等。用这种思维模式来观照21世纪,或许可以说人类社会正从信息时代走向智能时代。

智能时代是一个社会科学概念,意指以人工智能为代表的智能技术与各产业的融合创新发展。如果说前三次科技革命是赋能,目标是拓展人的肢体能力,追求物质生产的自动化与最大化,其结果是将人类文明转向工业文明和进入信息文明,第四次科技革命则是赋智,目标是增强机器的感知力与判断力,追求物质与知识生产的自主化。这一发展过程将为人类实现劳动解放奠定物质基础,成为智能文明的缔造者。

智能时代是信息时代的升级迭代还是革命性颠覆?这引发了库兹

---

① 中华人民共和国中央人民政府.国务院关于印发《新一代人工智能发展规划》的通知[A/OL].(2017-07-20)[2021-02-26]. http://www.gov.cn/zhengce/content/2017-07/20/content_5211996.htm.

韦尔等人的"奇点"假设①。所谓"奇点",也被称为"技术奇点"(Technological Singularity),指科技进步达到了逃逸速度的时间点。技术奇点是一个根据技术发展史总结出的观点,认为未来将要发生一件不可避免的事件,即技术发展将会在很短的时间内发生极大的接近于无限的进步。之所以被称为奇点,就是好比物理学上引力接近无穷大时产生的黑洞的物理属性一样,已经超出一般正常模型所能预测的范围之内。

大部分相信"奇点"假设的科学家认为技术奇点将由超越现今人类并且可以自我进化的机器智能或者其他形式的超级智能的出现所引发。人工智能、生物工程、纳米材料是当代科技三大前沿。21世纪,这三大技术将合力打造出新的智能机器,将重塑人类的大脑和躯体。21世纪,人类和机器将难分彼此,人类将不再是万物之灵。机器将比人脑有高一万倍的智能。机器不仅具有智能,而且具有灵魂,将具有人类的意识、情绪和欲望。而人类身体中植入了用生物工程和纳米材料制成的电脑芯片、人造器官,将比现代人类更长寿,有更强的学习能力、更灵敏的视觉和听觉。这不是科幻小说,更不是天方夜谭,这是库兹韦尔所描述的"灵魂机器的时代"②。

如果技术奇点必定发生,那么人与科技的关系必须要重新定义。技术发展的愿景和初衷总是好的,人工智能也一样。它的研发初衷是为了把人从简单、机械、烦琐的工作中解放出来,然后从事更具创造性的工作。智能文明不仅是建立在科技基础上的文明,也必须是植根于人文土壤中的文明。基因编辑、脑机接口等技术的发展,可穿戴设备的普及,将会彻底改变人类生活的物质环境,迫使人类必须重新思考"人之为人"这一永恒议题,展开关于人类未来的伦理拷问。这表明,信息时代向智能时代的升级迭代,不仅仅是发展信念的转变,更是概念范畴的重建。

---

① 库兹韦尔.奇点临近[M].李庆诚,董振华,田源,译.北京:机械工业出版社,2011:10.
② 库兹韦尔.灵魂机器的时代:当计算机超过人类智能时[M].沈志彦,祁阿红,王晓冬,译.上海:上海译文出版社,2006:284.

人工智能发展新纪元

人工智能(Artificial Intelligence,简称AI)是研究、开发用于模拟、延伸和扩展人的智能的理论、方法、技术及应用系统的一门科学。广义的人工智能指研究计算机模拟人的某些思维过程和智能行为(如学习、推理、思考、规划等),以及从环境中获取感知并执行行动的智能体的描述和构建。相对狭义的人工智能包括人工智能产业(包含技术、算法、应用等多方面的价值体系)、人工智能技术(包括凡是使用机器帮助、代替甚至部分超越人类现实认知、识别、分析、决策等功能)。在新一轮科技革命和产业变革的浪潮中,人工智能从感知和认知两方面模拟人类智慧,赋予机器学习以及推断的能力。在5G通信技术、物联网以及云计算的协同下,AI正成为能够真正改变现有人类社会生产工艺的科学技术。

·人工智能发展历程

1956年美国达特茅斯学院(Dartmouth College)召开的会议上,约翰·麦卡锡(John McCarthy)等学者首次提出"人工智能"这一术语,意指要使机器像人那样认知、思考和学习。从深一层的理论基础看,人工智能发展的60年可分为两个阶段,前30年以数理逻辑的表达与推理为主,后30年以概率统计的建模、学习和计算为主,其中大致经历了三次浪潮。

第一次浪潮:20世纪50年代到70年代初,人们认为如果能赋予机器逻辑推理能力,机器就能具有智能,人工智能研究处于"推理期",以命题逻辑、谓词逻辑等知识表达、启发式搜索算法为代表。代表性事件包括:(1)1956年艾伦·纽厄尔(Allen Newell)等人做了一个名为"逻辑专家"(Logic Theorist)的程序,开启了以计算机程序来模拟人类思维的道路。(2)1960年麦卡锡建立了人工智能表处理程序设计语言"LISP"(Iist Processing)。上述成功使人工智能科学家们认为可以研究和总结人类思维的普遍规律并用计算机模拟它的实现,并乐观地预计可以创造一个万能的逻辑推理体系。

第二次浪潮：人们意识到人类之所以能够判断、决策，除了推理能力外还需要知识，人工智能在20世纪70年代进入了"知识期"，大量专家系统在此时诞生。1977年第五届国际人工智能联合会会议上，美国斯坦福大学计算机科学家爱德华·费格鲍（Edward Feigenbaum）在《人工智能的艺术：知识工程课题及实例研究》一文中系统地阐述了专家系统的思想，并提出"知识工程"的概念。随着研究深化，专家们发现人类知识无穷无尽，且有些知识本身难以总结后交给计算机，于是一些学者诞生了将知识学习能力赋予计算机本身的想法。到20世纪80年代，机器学习真正成为一个独立的学科领域，相关技术层出不穷，人工智能逐渐成为产业。随后由于早期的系统效果不理想，人工智能进入低谷。

第三次浪潮：2010年后人工智能相继在语音识别、计算机视觉领域取得重大进展，从量变实现质变。云计算带来计算能力的提升，互联网和大数据广泛应用带来海量数据的积累，使得深度学习算法在各行业得到快速应用，并推动语音识别、图像识别技术取得突破性进展，围绕语音、图像、机器人、自动驾驶等人工智能技术的创新创业大量涌现，人工智能迅速进入发展热潮，有望实现规模化应用。

2016年被称作人工智能元年[①]，因为人工智能表现出很明显的特征——超强的学习能力。2016年3月9日，由谷歌（Google）旗下DeepMind公司开发的围棋人工智能程序"阿尔法狗"（AlphaGo Lee）与围棋世界冠军李世石进行围棋人机大战，最终以4∶1取得了压倒性的胜利。"智能为王"的时代似乎已经到来。

---

① 王作冰.人工智能时代的教育革命[M].北京：北京联合出版公司,2017：序1.

案例 1.1 AlphaGo 升级迭代

2017 年 5 月,"阿尔法狗"与排名第一的世界围棋冠军柯洁对战,以 3 比 0 的总比分获胜。

2017 年 10 月 19 日,由 Google 子公司 DeepMind 研发的围棋人工智能程序 AlphaGo Master 迎来新版本 AlphaGo Zero。

DeepMind 详解了 AlphaGo Zero 的不同之处,如在识别棋盘盘面时,它直接识别黑白棋子,而非要将图像分类;它仅使用一张人工神经网络,此前的两张被合二为一。但更大的革新之处在于,AlphaGo Zero 采用了新的算法"强化学习"(Reinforcement Learning)。在每一次训练后,AlphaGo Zero 都能根据训练结果,进一步优化其算法。[1]

原来的 AlphaGo 需要与人类专家进行成千上万次对弈,才能从中获取数据,AlphaGo Zero 则截然不同。虽然它也是由 DeepMind 开发的,但它从零开始,面对的只是一张空白棋盘和游戏规则,仅仅通过自学使自己的游戏技能得以提高。

另外,AlphaGo Zero 也比前几代系统更加节能,AlphaGo Lee 需要使用几台机器和 48 个谷歌 TPU(Thermoplastic polyurethanes)机器学习加速芯片。其上一代 AlphaGo Fan 则要用到 176 个 GPU(Graphics Processing Unit)图形处理器芯片。AlphaGo Zero 只需要使用一台配有 4 个 TPU 的机器。

对于 AlphaGo Zero 的面世,柯洁这样说道:"一个纯净、纯粹自我学习的 Alphago 是最强的……对于 AlphaGo 的自我进步来讲……人类太多余了。"

▪ 人工智能研究领域

人工智能具有学科交叉属性,涉及的学科知识涵盖人类学、生物学、计算机科学、语言学、哲学、心理学、神经系统学等。它是多种应用的结合体,比如语音识别、图像识别、文本理解与内容生成等。这些技术可以根据行业特点有效适配结合,也就是领域内的人工智能应用。

由于历史发展的断代现象,人工智能自 20 世纪 80 年代以来,逐渐分

---

[1] DeepMind. AlphaGo Zero Paper [EB/OL]. (2017-10-18) [2021-01-01]. https://deepmind.com/documents/119/agz_unformatted_nature.pdf.

化为以下6大学科,相互独立发展。

计算机视觉:让计算机具备像人眼一样观察和识别的能力。更进一步地说,就是指用摄像机和电脑代替人眼对目标进行识别、跟踪和测量,并进一步做图形处理,使之被电脑处理成为更适合人眼观察或传送给仪器检测的图像。

自然语言处理:语音识别、合成,包括对话,均属于这个范畴。自然语言处理的终极目标是用自然语言与计算机进行通信,使人们可以用自己最习惯的语言来使用计算机,而无须再花大量的时间和精力去学习各种计算机语言。实现人机间自然语言通信意味着要使计算机既能理解自然语言文本的意义,也能以自然语言文本来表达给定的意图、思想等,前者称为自然语言理解,后者称为自然语言生成。

认知与推理:包含各种物理和社会常识,如将深度学习与大规模常识知识结合起来,实现认知推理与逻辑表达。

机器人学:机器人设计、制造和应用相关的科学,又称为机器人技术或机器人工程学,主要研究机器人的控制与被处理物体之间的相互关系,包括机械、控制、设计、运动规划、任务规划等。

博弈与伦理:主要涉及多个智能代理的交互、对抗与合作,机器人与社会融合等议题。

机器学习:即让机器具备人一样学习的能力,专门研究计算机怎样模拟或实现人类的学习行为,以获取新的知识或技能,重新组织已有的知识结构使之不断改善自身的性能。它是人工智能的核心,包括各种统计的建模、分析工具和计算的方法。

上述领域目前还比较分散,正处于交叉渗透、走向统一的过程。最终目标是希望形成一个完整的科学体系,从而形成一门真正的"智能科学"(Science of Intelligence)。

·人工智能应用场景

自2010年人工智能在语音和视觉两个领域产生突破性进展以来,人工智能进入了与传统产业广泛、深度融合的轨道,逐步融入人类社会的各个领域中。人工智能在日常生活领域的应用如实时在线地图、智能搜索引擎、Siri手机语音助手等;在教育领域的应用如自动批改作业、智能口语测评、语音学习助手、在线翻译学习等;在医疗领域的应用如疾病预测、精准施药、癌症研究等;在交通领域的应用如自动导航、无人驾驶交通工具等。斯坦福大学于2016年发布的报告《2030年的人工智能与生活》(Artificial Intelligence and Life in 2030)中详细阐释了人工智能在交通、家庭服务、医疗保健、教育、社区、公共安全、就业及娱乐等八个方面将产生的深远影响及颠覆性变革。[①] 机器智能已经在越来越多的领域帮助人类解决复杂的问题。

图1.1 人工智能赋能产业转型升级

智能医疗:人们将人工智能应用于医疗辅助诊断,让计算机"学习"专业的医疗知识、"记忆"海量历史病例、识别医学影像,构建智能诊疗系统,为医生提供一个"超级助手",帮助医生完成诊断。智能诊疗、医学影像分析、医学数据治理、健康管理、精准医疗、新药研发等场景中都可以看到人工智能的身影。2012年国际商业机器公司IBM(International

---

① Stanford University. Artificial intelligence and life in 2030[EB/OL]. (2016-09-06)[2020-05-20]. http://www.donews.com/news/detail/1/2959778.html.

Business Machines Corporation)的人工智能Watson通过了美国职业医师资格考试,现已部署在美国多家医院提供辅助诊疗的服务。"达·芬奇"手术机器人凭借灵活的关节、多功能的机械臂以及高分辨率的三维图像处理设备,协助世界各地的医生完成了无数起手术。

智能金融:人工智能在金融领域的应用主要包括"智能投顾"和金融欺诈检测等。"智能投顾"即智能投资顾问,通过机器学习算法,根据客户设定的收益目标、年龄、收入、当前资产及风险承受能力自动调整金融投资组合。而应用人工智能构建自动、智能的反欺诈技术和系统,可以帮助企业风控系统打造用户行为追踪与分析能力,建立异常特征的自动识别能力,逐步达到自主、实时发现新欺诈模式的目标。

智能安防:人工智能以图像、视频数据为核心,为安防行业事前预警、事中响应和事后处理提供技术支持。警用方向如利用人工智能技术实时分析图像和视频内容,识别人员、车辆信息,追踪犯罪嫌疑人,也可以通过视频检索从海量图片和视频库中进行检索比对。民用方向如利用面部识别、指纹识别、摄像头等智能技术实现安全监控,并对潜在的危险进行预警。

智能家居:智能家居基于物联网技术,以住宅为平台,由硬件、软件、云平台构成家居生态圈,可以实现远程设备控制、人机交互、设备互联互通、用户行为分析和用户画像等,为用户提供个性化生活服务。例如借助语音和自然语言处理技术,用户通过说话即可实现对智能家居产品的控制,如语音控制照明开关、切换电视节目、调节音量等。

智能驾驶:自动驾驶技术在海洋和天空这两块领域早已实现运行,但陆地上很长时间都停留于测试阶段。这与自动驾驶汽车需要考虑城市交通中行人、拥挤的车辆和突发情况等多种复杂因素有关。现今特斯拉(Tesla)和谷歌的自动驾驶汽车已经行驶在美国的道路上。全球智能驾驶汽车出货量在2021年增速有望超过25%,在2024年出货量预计超过5000万辆。①

作为普通人,最直观的感受是人工智能已渗透到社会生活的方方面面,例如音乐软件每天根据用户的喜好推荐的歌曲,网络浏览器自动推荐的网页,上百种语言间互译的在线翻译软件,等等。人工智能应用最成功的就是语音识别和人脸识别。语音识别目前主要应用在智能音箱、智能翻译等方面。人脸识别如远程身份认证、刷脸支付、安防影像分析等。目前人工智能的技术基础已经基本成熟,场景拓展是最大的瓶颈。从产业发展的角度来看,摩尔定律的突破、云计算的发展、海量数据的可得,三者共振使得人工智能应用具备了大范围普及的基础。据艾瑞咨询发布的报告预计,2022年国内人工智能赋能实体经济的市场规模将达到1573亿,其中教育将占据相当重要的比例。②

·智能机器与机器智能

传统的人工智能发展思路是研究人类如何产生智能,然后让机器学习人的思考方式和行为。现代人工智能概念的提出者约翰·麦卡锡认为,机器不一定需要像人一样思考才能获得智能,重点是让机器能够解决人脑所能解决的问题。③总的来看,人工智能是一个非常广泛的领域,是把多门学科综合在一起形成的一种应用技术。它主要借助计算机的运算存储功能,模拟人类大脑思维方式,从而获得诸如人类思维、判断、学习的能力。人工智能研究的一个主要目标是使计算机拥有判断复杂事件并拥有解决复杂问题的能力,使机器能够胜任一些通常需要人类智能才能完成的复杂工作。但不同的时代、不同的人对这种"复杂工作"的

---

① 艾瑞咨询.2019年中国人工智能产业研究报告[R/OL].(2019-06-27)[2020-12-20]. http://report.iresearch.cn/report_pdf.aspx?id=3396.

② 艾瑞咨询.2019年中国人工智能产业研究报告[R/OL].(2019-06-27)[2020-12-20]. http://report.iresearch.cn/report_pdf.aspx?id=3396.

③ MCCARTHY J,PAINTER J.Correctness of a compiler for arithmetic expressions[M]// SCHWARTZ J. Mathematical aspects of computer science. American Mathematical Society(AMS),1967:22-22.

理解是不同的。正如人类对自身智能的理解都非常有限,所以就很难定义什么是"人工"制造的"智能"了。因此人工智能的研究往往涉及对人的智能本身的研究,其他关于动物或其他人造系统的智能也普遍被认为是人工智能相关的研究课题。

智能是一种现象,表现在个体和社会群体的行为过程中。如何判定计算机拥有了人类才拥有的智能?答案是对计算机进行图灵测试[①]。按照实力和发展水平,人工智能可以分为三个等级。

弱人工智能(Artificial Narrow Intelligence,简称ANI):即擅长于单个领域的人工智能。AlphaGo就是弱人工智能的典型代表,它可以跟你对弈一场围棋,却不能跟你玩五子棋,因为AlphaGo的"大脑"里"学习"的都是围棋棋谱。与之相类似的还有苹果Siri,以及美联社、新华社等尝试的"机器人记者"。弱人工智能虽然能解决某些特定的问题,但其所谓的类推理能力是以现有的巨大体量数据为基础,由海量样本间相似性得到的,几乎没有创新。

强人工智能(Artificial General Intelligence,简称AGI):是能够达到人类级别的人工智能程序,在各方面都能和人类比肩,是弱人工智能向强人工智能升级的重要标志。不同于弱人工智能,强人工智能可以像人类一样应对不同层面的问题,而不仅仅只是下下围棋,写写财经报道。不仅如此,它还具有自我学习、理解复杂理念等多种能力。也正因此,强人工智能程序的开发比弱人工智能要困难很多。

超人工智能(Artificial Superintelligence,简称ASI):几乎所有领域都比最聪明的人类更聪明。英国牛津大学哲学家尼克·波斯特洛姆(Nick Bostrom)勾勒了这样一幅图景:它是能够准确回答几乎所有困难问题的先知模式,能够执行任何高级指令的精灵模式,能执行开放式任务,而且

---

① 图灵测试的方法如下:让一台机器和一个人坐在幕后,让裁判同时对人和机器做交流,如果裁判无法判断是机器(计算机)还是人,就说明机器有人的智力。——引自Turing A. Computing machinery and intelligence[J]. Mind,1950,59(236):433-460.

拥有自由意志和自由活动能力的独立意识模式。①

当前人工智能发展的现状是，AI能够在某些领域内完成一些原本必须由人类去做的事情，并且比人类更加出色。由于人工智能具有非生物、非社会的特质，所以AI具有很多优点。例如，AI不会有情绪上的影响，不会因为失恋而心情不佳影响工作，不会因为下雨而郁郁寡欢；AI不会有人情世故的考虑，也不会有政治、社会背景等因素；AI不需要像自然人那样吃饭休息，也不需要休假探亲。人工智能的出现就是人类利用各种现代技术去帮助自身完成多重任务，以实现"人的解放"，使人们的工作更加便捷、舒适、高效。

人类正处在弱人工智能时代，那么强人工智能还会远吗？至少从2018年谷歌助手（Google Assistant）在打电话帮主人预约理发时的一声"嗯哼"来看，部分通过图灵测试的强人工智能已经诞生。可以设想，未来人工智能带来的科技产品，将会是人类智慧的"容器"，能像人那样思考、甚至可能超过人的智能。不过英国认知科学家玛格丽特·博登（Margaret Boden）认为，"今天的机器比以前更善于理解了，已经能够解决一些微妙的问题……但这些都不是基于真正的人类理解"，人类拥有的智能具有多维度的特质，它不是一维的，而是"具备各种信息处理能力"。②在博登看来，目前的人工智能研究是孤岛式的。人工智能要取得理想的成就，需要以一种多学科的方式来研究，需要神经科学家、语言学家、心理学家、哲学家、人类学家、深度学习专家和其他专家走到一起。

科技赋能教育变革

人类历史某种意义上来说就是一部教育史。英国学者安东尼·塞尔登（Anthony Seldon）站在教育领域变革的维度，将人类的教育革命划分为

---

① 波斯特洛姆.超级智能[M].张体伟,张玉青,译.北京:中信出版社,2015:1.
② 博登.AI:人工智能的本质与未来[M].孙诗惠,译.北京:中国人民大学出版社,2017:2.

四个阶段,即以在家庭、团体和部落中向他人学习为特征的有组织学习和必要的教育构成了第一次教育革命;以制度化教育为特征的学校和大学的到来构成了第二次教育革命;以印刷与世俗化为主要内容的大众化教育构成了第三次教育革命;以人工智能、增强现实(Augmented Reality,简称 AR)和虚拟现实(Virtual Reality,简称 VR)等为主要内容的个性化教育构成了第四次教育革命。①

▪ 第四次教育革命

毫无疑问,社会生产力和科学技术水平的发展,一直是推动教育变革的根本性力量。从媒介信息技术的发展角度来看,迄今为止人类社会已经历了三次教育革命,以计算机和互联网为代表的信息技术正引发教育系统的第四次教育革命。

第一次教育信息技术革命发生在原始社会向农业社会的过渡期,标志是文字的创造。文字的创造将人们的思维、语言、经验以及社会现象记录下来,使文化得以传播交流、世代传承。伴随着文字的发展,出现了专门的教育机构——学校,有了专职的教育人员——教师,教育成为有计划、有组织的社会活动。一般认为,世界上最早的文字和最早的学校是苏美尔人的"楔形文字"和"泥版书屋"。而我国最早的文字甲骨文和最早的学校都出现在夏商周时期(夏曰校,殷曰庠,周曰序)。

第二次教育信息技术的革命发生在农业社会,标志是造纸术和印刷技术的发明。中国是世界上最早发明造纸术的国家。最早的纸张出现在西汉时期;到了东汉,蔡伦改进了造纸术;唐朝初年有了雕版印刷术;北宋时期毕昇发明了世界上最早的活字印刷术。欧洲文艺复兴前期,德国人古登堡发明了活字印刷机。造纸术和印刷术的发明与推广改变了书籍出版的方式,为知识的广泛传播创造了条件,极大地促进了人类文

---

① 塞尔登,阿比多耶.第四次教育革命:人工智能如何改变教育[M].吕晓志,译.北京:机械工业出版社,2019:7.

明的交流、文化的传承、学校的扩张和教育的普及。

第三次教育信息技术革命发生在工业社会,标志是电报、电话、广播、电视的发明和普及。教育电视节目以生动、形象、直观的方式表现教学内容,大大提高了教学质量。它打破时空限制,同时为数以万计的人提供服务,使教育规模空前扩大。代表性如二战时期美国在短短6个月内用电影和广播电视将600万名女工培训成合格的军事企业的工人,满足了工业大生产对人才的大量需求。英国的开放大学(Open University)在20世纪80年代初的注册学生已超过10万人,是英国甚至欧洲人数最多的大学。

第四次教育信息技术革命发生在信息社会,标志是计算机、互联网的发明和普及应用。计算机是人类智力的延伸,互联网是人类智慧的延伸。在计算机发明应用的基础上,实现联网,再到互联网的广泛普及,人类的信息交换不仅不受时间和空间的限制,还可利用互联网收集、加工、存储、处理、控制信息,彻底颠覆了信息传播"中央复杂,末端简单"的传统规律。电子信息技术的发展,推动了教育变革和创新。从早期投影机、多媒体应用,再到在线教育、大规模在线开放课程(Massive Open Online Course,简称 MOOC)的爆发,直至现阶段的移动学习、虚拟教室、云课堂,已触发教育领域包括目标、内容、方法、策略、资源等要素在内的结构性变革,正从根本上改变着教育的生态环境。

▪ 教育信息化

与历次革命一样,第四次教育革命也是一个教与学变革的漫长过程,其特征是教育信息化。

所谓教育信息化,即通过利用信息通信技术与教育的融合创新变革教育形态的过程。教育信息化主要有六个要素,即信息资源、信息网络、信息技术应用、信息技术和产业、信息化人才,以及信息化政策、法规和标准等。教育信息化具有突破时空限制、快速复制传播、呈现手段丰富的独特优势,既是促进教育公平、提高教育质量的有效手段,也是构建泛在学习环境、实现全民终身学习的有力支撑。

20世纪80年代以来,教育信息化已成为各国教育战略规划的重要内容之一,代表性如美国每5年发布一次的"国家教育信息技术规划"(National Education Technology Plan,简称NETP)和澳大利亚的"数字教育革命"(Digital Education Revolution)等。广义上的教育信息化改革我国早已有之。20世纪80年代,国内开始引进使用多媒体设备,教育信息化进入萌芽期。1994年中国教育和科研计算机网(China Education and Research Network,简称CERNET)搭建以来,启动开展了多项教育信息化建设项目,对教育的改革和发展起到了重要推动作用。2000年,教育部发布《教育管理信息化标准》,标志着我国教育管理信息化开始朝着网络化、标准化、一体化的方向发展。2010年7月,国务院发布《国家中长期教育改革和发展规划纲要(2010—2020年)》,第十九章指出要把教育信息化纳入国家信息化发展整体战略。为贯彻落实上述纲要,2012年3月20日教育部发布《教育信息化十年发展规划(2011—2020年)》,从国家层面对今后十年教育信息化工作进行了整体设计和全面部署,提出到2020年基本建成人人可享有优质教育资源的信息化学习环境,基本形成学习型社会的信息化支撑服务体系,基本实现所有地区和各级各类学校宽带网络的全面覆盖。①

2010	2012	2016	2017	2018	2019
《国家中长期教育改革和发展规划纲要(2010—2020年)》	《教育信息化十年发展规划(2011—2020年)》	《教育信息化"十三五"规划》	《新一代人工智能发展规划》	《教育信息化2.0行动计划》	《中国教育现代化2035》

图1.2 我国教育信息化发展历程

---

① 中华人民共和国教育部.教育部关于印发《教育信息化十年发展规划(2011—2020年)》的通知[A/OL].(2012-03-13)[2021-12-26]. http://www.moe.gov.cn/srcsite/A16/s3342/201203/t20120313_133322.html.

•教育信息化 1.0

《教育信息化十年发展规划(2011-2020年)》的发布标志着我国"教育信息化 1.0"时代的开启。2012～2017年是教育信息化 1.0 建设时期，关键业务主要有:①云平台:集成了教育信息化的各种软件应用,对各个业务子系统的数据进行存储和分析。②网络:完成云平台和子业务系统之间的数据通信。③校园信息化系统:完成不同场景下的教育信息化任务,具体包含终端(交互智能平板、电子书包等硬件设备)、应用(教育服务)、资源(优质教育内容)三个方面。其中"三通两平台"是核心。

"三通"即"宽带网络校校通、优质资源班班通、网络学习空间人人通"。"三通"工程建设 5 年进展:

——"宽带网络校校通"发展迅速。全国中小学互联网接入率从 2012 年的 25%上升到 2017 的 90%,多媒体教室比例从不到 40%增加到 83%,每百名中小学生拥有计算机从 8 台增加到 12 台。不少省市已建成教育城域网,教育信息化基础条件进一步夯实。

——"优质资源班班通"不断普及深化。连续开展了三轮"一师一优课、一课一名师"活动,截至 2017 年 10 月,参与的教师达到了 1500 万人次。经济发达地区教育资源建设重点已从教师备课资源向学生学习资源转变,数字教育资源实现从匮乏到富足的转变。"课堂用、经常用、普遍用"的教育信息化局面初步形成。

——"网络学习空间人人通"实现跨越式发展。师生网络学习空间开通数量从 60 万个激增到 6300 万个,应用范围从职业教育扩展到基础教育、高等教育和继续教育。在数量猛增的同时,质量和效果也在不断提升,很多地方运用网络学习空间进行个人成长记录和综合素质评价,带动了教育理念和教学模式创新。

"两平台"是教育资源公共服务平台和教育管理公共服务平台。"两平台"5 年建设进展:

——"教育资源公共服务平台"初具规模。国家教育资源公共服平台不断优化升级,数字教育资源服务由各省间彼此独立的平台建设向全国互通的教育资源公共服务体系转变。截至2017年10月,服务体系注册用户已达到6800万人,接入应用数百个,资源服务能力不断提升。

——"教育管理公共服务平台"建设全面开展。"两级建设、五级应用"的管理信息化格局已经建立,初步形成了覆盖全国学生、教师、学校的数据库,已收集到60万所学校(机构)、2.5亿学生、1700万名教师、227万座中小学校舍信息,基本实现了学校"一校一码",师生"一人一号",有效地支撑了教育核心业务的开展。政务信息系统共享工作有序推进,教育治理能力和现代化水平不断提升,教师信息技术应用能力不断提升。通过组织全国中小学教师信息技术应用能力提升工程项目,完成了1472万人次教师信息技术应用能力测评,近1000万名中小学教师、10多万名中小学校长、20多万名职业院校教师经过培训,信息素养得到有效提升。[1]

• 教育信息化2.0

2018年4月,教育部印发《教育信息化2.0行动计划》,标志着我国教育信息化从1.0时代进入2.0时代。

《教育信息化2.0行动计划》提出到2022年基本实现"三全两高一大"的发展目标。[2]"三全"即教学应用覆盖全体教师、学习应用覆盖全体适龄学生、数字校园建设覆盖全体学校。"两高"指信息化应用水平和师生信息素养普遍提高。"一大"指建成"互联网+教育"大平台。如何实现教育信息化2.0"三全两高一大"的发展目标呢?《教育信息化2.0行动计划》提到三点:

第一,"三通"提效增质,两平台融合发展。"宽带网络校校通"方面,

---

[1] 雷朝滋.教育信息化:从1.0走向2.0——新时代我国教育信息化发展的走向与思路[J].华东师范大学学报(教育科学版),2018,36(1):98-103+164.
[2] 中华人民共和国教育部.教育部关于印发《教育信息化2.0行动计划》的通知[A/OL].(2018-04-18)[2020-04-28]. http://www.moe.gov.cn/srcsite/A16/s3342/201804/t20180425_334188.html.

加快推进提速增质,努力实现所有学校接入互联网、带宽满足信息化教学需求、无线校园和智能设备应用逐步普及。"优质资源班班通"和"网络学习空间人人通"方面,以提质增效为目标,从"课堂用、经常用、普遍用"向"校校用平台、班班用资源、人人用空间"的方向发展进步。教育资源公共服务平台和教育管理公共服务平台进一步融合发展。

第二,教育信息化从融合应用向创新发展演进,全面提升师生信息素养。将信息技术和智能技术深度融入教育全过程,推动改进教学、优化管理、提升绩效;推动师生从技术应用向能力素质拓展,使之具备良好的信息思维,适应信息社会发展的要求,应用信息技术解决教学、学习、生活中的能力成为必备的基本素质。

第三,构建一体化"互联网+教育"大平台。引入"平台+教育"服务模式,整合各级各类教育资源公共服务平台和支持系统,逐步实现资源平台、管理平台的互通、衔接与开放,建成国家数字教育资源公共服务体系。充分发挥市场在资源配置中的作用,融合众筹众创,实现教学资源、优秀师资、教育数据、信息红利的有效共享,助力教育服务供给模式升级和教育治理水平提升。

图1.3 《教育信息化2.0行动计划》八大行动

教育信息化2.0与1.0有何区别?如果说教育信息化1.0是引入外部变量的话,那么2.0就是要把这些外部变量转化成内生变量。教育信息化1.0向2.0转变,即从重点关注量变向重点关注质变转变;从强调应用启动、融合发展,向注重创新引领、生态变革转变。具体来说,教育信息化2.0旨在推动从教育专用资源向教育大资源转变、从提升师生信息技术应用能力向全面提升其信息素养转变、从融合应用向创新发展转变，努力构建"互联网+"条件下的人才培养新模式，发展基于互联网的教育服务新模式，探索信息时代教育治理新模式。

•教育信息化3.0/教育智能化1.0

"以教育信息化带动教育现代化"是推进我国教育事业改革与发展的战略选择，对于构建教育强国和人力资源强国具有重要意义。教育信息化发展大致可分为起步、应用、融合、创新四个阶段。我国教育信息化1.0到2.0，经历了从起步阶段的基础设施建设，到普及阶段的教育应用，再到提高阶段的技术融合，目前与智能时代的要求仍存在较大差距，具体表现在数字教育资源开发与服务能力不强，智能化学习环境建设与应用水平不高，智能技术与教育教学深度融合不够，教师信息技术应用能力基本具备但数智素养（Data Intelligence Literacy）尚有缺失，高端研究和实践人才依然短缺。教育信息化3.0建设需要充分激发智能技术对教育的革命性影响，推动教育观念更新、模式变革、体系重构。在此意义上，与其说是教育信息化3.0，或称之为教育智能化1.0更为合适。

教育智能化1.0将开启智能时代教育新征程。教育智能化1.0的技术特点是物联、感知、智能与大数据，其基本特征是开放性、共享性、交互性、协作性。教育智能化1.0，教学对象由"数字移民"变为"数字土著"再到"数字/数智公民"；教学环境由线下教室到O2O（Online to Offline）在线学习再变为OMO（Online-Merge-Offline）线下线上融合；教学资源由传统的纸质教材教辅变为数字教科书再到完全意义上的开放教育资源；教学模式由课堂以教师为中心的单向知识传递变为以学生为中心的个性化智适应学习等，由此创新区域教育发展机制，打造纵向衔接、横向贯通，全方位、多层次、立体化的智能教育新格局，构建网络化、数字化、智能化、个性化、终身化的智慧教育生态体系，建立健全教育可持续发展机制，为构建智慧社会奠定基础。

人工智能+教育

"人工智能+教育",即"AI+教育",意指人工智能与教育深度融合的生态体系。2017年国务院印发的《新一代人工智能发展规划》,明确提出"用智能技术加快推动人才培养模式、教学方法改革,构建包含智能学习、交互式学习的新型教育体系。开展智能校园建设,推动人工智能在教学、管理、资源建设等全流程应用"[1]。2018年4月,我国教育部颁布的《教育信息化2.0行动计划》首次提出"以智能技术为手段、以智慧教育为先导理论"[2],这标志着"人工智能+教育"已成为未来教育发展的主攻方向。

"人工智能+教育"的融合形态

"AI+教育"是一个庞大的生态系统,其中包括多种人工智能与教育的融合形态,由此出现"智能教育""智慧教育""教育人工智能""人工能教育"等相关术语。

智能教育/智慧教育

"智能教育"与"智慧教育",一字之差,但两者并不等同。"智能教育"的英文表述为"Intelligence Education",智慧教育英文则为"Smart Education"。具体而言,"智能教育"是指使用先进的信息技术变革教与学的方式方法甚至教学模式,使教育管理与教育过程达到智能数字化[3]。智能教育兼具目的性和技术性。从教育的角度看,智能教育被视为育人的目的,旨在培养学生的信息素养和计算思维,即"促进人类智能发展的教育";从信息化的角度看,智能教育被视为育人的技术,侧重于将人工智

---

[1] 中华人民共和国中央人民政府.国务院关于印发《新一代人工智能发展规划》的通知[A/OL].(2017-07-20)[2021-2-26]. http://www.gov.cn/zhengce/content/2017-07/20/content_5211996.htm.

[2] 中华人民共和国教育部.教育部关于印发《教育信息化2.0行动计划》的通知[A/OL].(2018-04-18)[2020-04-28]. http://www.moe.gov.cn/srcsite/A16/s3342/201804/t20180425_334188.html.

[3] 赵银生.智能教育(IE):教育信息化发展的新方向[J].中国电化教育,2010(12):32-34.

能作为支撑教学的技术手段,即"利用人工智能改善教育"。"智慧教育"是基于物联网和云计算等新兴技术所形成的物联化、智能化的教育信息生态系统。[1]《教育信息化2.0行动计划》中明确指出"以智能技术为手段,以智慧教育为先导理念"。可见,"智慧教育"是"智能教育"的理念引领,而"智能教育"是"智慧教育"的技术使能。智能时代开启教育新征程,实现教育系统的生态变革,需要秉承"技术变革教育而非引领教育"的理念,使智慧教育在实践中发挥理念引领的作用,而智能教育则发挥技术"使能"的作用,从实践层面加以推进。

案例1.3 "智慧教育示范区"[2]

2019年教育部首次遴选出雄安新区、北京市东城区、湖南省长沙市等8个"智慧教育示范区"创建区。2020年度再度遴选出北京市海淀区、天津市河西区、江苏省苏州市、浙江省温州市等10个"智慧教育示范区"创建区域。

"智慧教育示范区"是为了推动教育信息化融合创新发展,实现教育理念与模式、教学内容与方法的改革创新,提升区域教育水平,探索积累可推广的先进经验与优秀案例,形成支撑和引领教育现代化的新途径和新模式。"智慧教育示范区"创建项目的建设与《教育信息化2.0行动计划》一脉相承,以教育信息化支撑和引领教育现代化,开启智能时代教育的新征程,使每个人都成为教育信息化2.0的参与者、实践者、推动者和创造者。示范区建立的预期目标是到2020年,全面提升区域内教育信息化发展水平,创新区域教育信息化协同发展机制,完善区域教育信息化公共服务体系;到2022年,实现全面提升区域教育的智能化水平,建成能够支持个性化和适应性的智慧学习环境,能够为新时代创新人才培养提供全面的支持,加快实现教育现代化。示范区建设的重点在于统筹规划,结合"互联网+"、大数据、人工智能、智慧城市和智慧社会等重大战略,建立跨部门的协作机制,引导多方参与,

---

[1] 杨现民.信息时代智慧教育的内涵与特征[J].中国电化教育,2014(1):29-34.
[2] 中华人民共和国教育部.教育部办公厅关于"智慧教育示范区"建设项目推荐遴选工作的通知[A/OL].(2019-01-03)[2020-03-15]. http://www.moe.gov.cn/srcsite/A16/s3342/201901/t20190110_366518.html.

充分利用信息技术构建智慧学习环境、创新教学模式、建立现代教育制度，以满足新时代对教育发展改革的要求，为培养新时代所需的创新人才提供全面支撑。

• 教育人工智能/人工智能教育

教育人工智能和人工智能教育，两者也有所区别。一般认为，人工智能教育是计算机科学、教育研究、认知心理学、教学设计等多个领域的交叉产物[①]。更确切地说，人工智能教育的学习研究对象是人工智能，它包括知识表征、推理与专家系统等内容的教学，目的是使学生能够对人工智能技术建立基本认知，并进一步培养其信息素养和计算思维。教育人工智能则是利用人工智能技术优化学习环境，并为学生推荐适宜的学习路径和内容，旨在给学生提供个性化的学习体验，它包括学习者模型、领域知识模型和教学模型三大核心内容[②]。

对"AI+教育"的理解既要回归技术的本质，始终围绕基础数据、核心算法与服务目的，也要回归教育教学活动的出发点，始终关注教育目标及其评价方式。因此，"AI+教育"是指在人工智能与教育深度融合与发展的条件下，以基于教育场景的人工智能应用为路径，促进教育公平，提升教育质量，实现教育个性化。总体来看，"AI+教育"是人工智能在教育领域中创新应用的技术、模式与实践的集合，可划分为"计算智能+教育""感知智能+教育"和"认知智能+教育"，即"AI+教育"正从"能存会算"向"能听会说与能看会认"发展，最终实现"能理解与会思考"（图1.4）。[③]

---

① TMMS M. Letting artificial intelligence in education out of the box: Educational cobots and smart classrooms [J]. International Journal of Artificial Intelligence in Education, 2016, 26(2): 701-712.

② 闫志明,唐夏夏,秦旋,等.教育人工智能(EAI)的内涵、关键技术与应用趋势——美国《为人工智能的未来做好准备》和《国家人工智能研发战略规划》报告解析[J].远程教育杂志,2017(1):26-35.

③ 艾瑞咨询.中国AI+教育行业发展研究报告(2019年)[R/OL].(2020-03-03)[2020-12-03]. http://report.iresearch.cn/report/202003/3532.shtml.

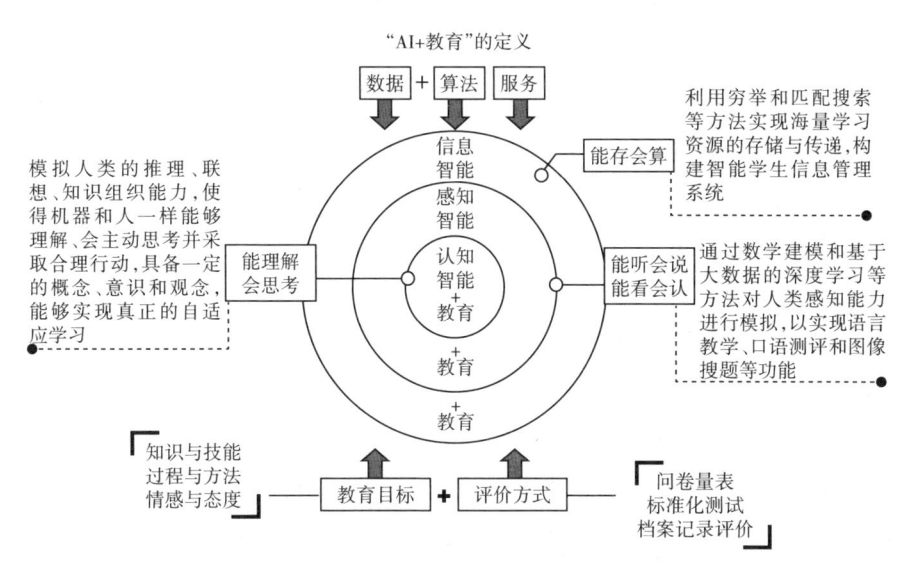

图1.4 "人工智能+教育"的融合形态

▪"人工智能+教育"的技术基础

"AI+教育"的关键技术包括算法、图论和推理等。其中"机器学习"是实现"AI+教育"的一种方法。机器学习(Machine Learning)的核心价值是通过特定算法分析已知数据,识别隐藏在数据中的可能性,并基于此独立或辅助使用者进行预测与决策。[1]"深度学习"(Deep Learning)是一种实现机器学习的技术,是通过构建分层模型,从低到高依次提取数据,并最终建立从底层信号到高层语义的映射。基于深度神经网络和卷积神经网络的深度学习可通过高效的数据处理技术,从数据中提取价值。[2]机器学习依据不同学生的个性偏好、学习习惯和学习风格,推荐最匹配的学习内容。深度学习则分析学生画像和学习内容,从海量内容池中自动挑选合适学习内容给到学生。

机器学习的根基和动力来源于数据。大数据是AI智能化程度升级

---

[1] BUNDY A. Preparing for the future of Artificial Intelligence[J]. AI & Society,2017,32(2):285-287.
[2] 琼斯,张臣雄.人工智能+:AI与IA如何重塑未来[M].北京:机械工业出版社,2018:11.

和进化的基础。大数据,或者称之为巨量资料,指的是需要全新的处理模式才能具有更强的决策力、洞察力和流程优化能力的海量、高增长率和多样化的信息资产。也就是说,从各种各样类型的数据中,快速获得有价值信息的能力,就是大数据技术。拥有大数据,AI才能够不断地进行模拟演练,不断向着真正的人工智能靠拢。

"AI+教育"的技术框架共分为四层:第一层,基础设施层,以云平台为基础,提供了计算与储存功能;第二层,大数据层,该层汇集了教育教学中的管理数据、行为数据、资源数据等数据信息,为智能计算提供了数据基础;第三层,算法层,它提供了计算机视觉、语音识别、自然语言处理等先进算法;第四层,应用层,致力于借助人工智能技术开展自适应学习、智能化测评,开发教育机器人、虚拟学伴等教学应用,使高效教学和个性化教育由理论走向实践。[1]

国内对于"AI+教育"的技术开发主要集中在大数据层,一方面是由于核心技术的研发相对滞后,另一方面则是缺乏构建算法层的专业技术人员。在大数据时代背景下,以往零散的、碎片化的教育数据得以整合,并通过技术转换呈现给教育者,使教育者能够了解每个学生的学习状态,有利于实现因材施教。"大数据"包含了教育管理数据和教学行为数据等,人工智能技术的引入使教育者可以全过程监测学生的动态数据,并开展实时分析和深度挖掘,以判断学生当前的学习状态,对其实施针对性的辅导。国内学者致力于大数据层的构建,通过大数据的精准分析为学生构造个性化的学习空间,进而推动教育从过去的"经验主义"逐步迈向"数据主义"。

算法层是"AI+教育"的核心。国外(主要是美国)致力于构建多样化的算法和模型,为"AI+教育"应用落地提供强大的技术支撑。模型为系统运行提供了框架基础,是指引系统运行的蓝图。而算法层的构建是系统运行的核心。以国外"AI+教育"应用平台 Knewton、DreamBox 和

---

[1] 李振,周东岱,刘娜,等.人工智能应用背景下的教育人工智能研究[J].现代教育技术,2018(9):19-25.

ALEKS为例,均有各自的算法和模型。Knewton利用心理测量模型和贝叶斯网络概率模型,配合统计学和概率学算法来检测学生现阶段的认知水平,并基于此为学生推荐最优的学习路径。DreamBox通过实时监测学生的行为数据,采用机器学习算法为学生推荐学习内容,培养其对于数学概念的理解能力。ALEKS则基于知识空间理论和多轨道模型,运用机器学习算法和遗传基因算法等为学生提供个性化的学习体验。显然,单一的算法已经不能匹配复杂的系统,需将多种算法应用于系统运行流程的不同阶段,以使每一种算法都在各自的流程中发挥最大功效。

·"人工智能+教育"的应用场景

从教育教学活动的角度来看,当前的教育场景可划分为"教、学、管、考"。其中,"教"和"管"的主体是教育者。前者负责执行教学任务,主要工作包括教研、备课、授课、答疑、出题、阅卷等,工作内容烦琐,核心需求是减轻负担,实现精准化教学。后者负责统筹管理环节,主要工作包括教职工招募、师生督导、招生、分班排课、校园建设等,核心需求是提高效率,实现科学化管理。"学"与"考"的主体是学习者。"学"的场景下,学生的主要任务包括预习、听课、看书、做作业、复习、考试、实习等,由于学生个体差异大,核心需求是自适应,实现个性化学习。"考"的场景下,主要面向大规模标准化测试,组卷阅卷的工作庞大,部分测评环节劳动力密集且效率低下,核心需求是保证准确性的前提下实现自动化评阅。[1]

如图1.5所示,人工智能在教育领域的具体应用,主要包括自适应系统、拍照搜题、智能排课、智能评测、教育机器人、语言类口语考试等,基本覆盖了"教、学、考、管"的全产业链条,大致可分为智能化的基础设施、学习过程的智能化支持、智能化的评价手段、智能化的教师辅助手段和

---

[1] 艾瑞咨询. 中国AI+教育行业发展研究报告(2019年)[R/OL].(2020-03-03)[2020-12-03]. http://report.iresearch.cn/report/202003/3532.shtml.

智能化的教育管理五大类型典型场景[①]。

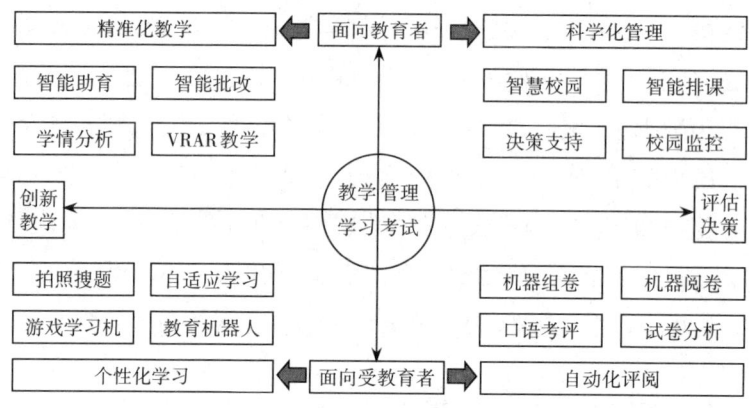

```
              精准化教学  ←  面向教育者  →  科学化管理
         智能助育 | 智能批改              智慧校园 | 智能排课
         学情分析 | VRAR教学              决策支持 | 校园监控
    创新                    教学 管理                    评估
    教学                    学习 考试                    决策
         拍照搜题 | 自适应学习            机器组卷 | 机器阅卷
         游戏学习机 | 教育机器人          口语考评 | 试卷分析
              个性化学习  ←  面向受教育者  →  自动化评阅
```

图1.5 "人工智能+教育"的应用场景

智能化教育环境:利用普适计算技术实现物理空间和虚拟空间的融合、基于人工智能技术作为智能引擎,建立支持个性化学习需求的智能感知能力和服务能力,实现以泛在性、社会性、情境性、适应性、连接性等为核心特征的泛在学习。

智能学习过程支持:在人工智能的支持下构建认知模型、知识模型、情境模型,并在此基础上针对学习过程中的各类场景进行智能化支持,形成诸如智能学科工具、智能机器人学伴与玩具、特殊教育智能助手等学习过程中的支持工具,从而实现学习者和学习服务的交流、整合、重构、协作、探究和分享。

智能教育评价:人工智能技术不仅仅在试题生成、自动批阅、学习问题诊断等方面发挥重要的评价作用,更重要的是可以对学习者学习过程中身体、心理状态进行诊断、给予反馈,在学生的全面发展和综合素质评价中发挥不可替代的作用,包括学生问题解决能力的智能评价、心理健康检测与预警、体质健康检测与发展性评估,学生成长与发展规划等。

智能教师助理:人工智能将替代教师处理重复的、单调的、规则的工

[①] 北京师范大学未来教育高精尖创新中心.人工智能+教育[R/OL].(2018-11-10)[2020-12-02]. https://aic-fe.bnu.edu.cn/xwdt/zxxw/57158.html.

作,缓解教师各项工作的压力,成为教师的贴心助理。人工智能技术还可以增强教师的能力,使得教师能够处理以前无法处理的复杂事项,对学生提供以前无法提供的个性化、精准的支持,教育教学效率大幅度提升,有更多的时间与精力来关注每个学生的身心全面发展。

教育智能管理与服务:通过大数据的收集和分析建立起智能化的管理手段,管理者与人工智能协同,形成人机协同的决策模式,可以洞察教育系统运行过程中的问题本质与发展趋势,实现更高效的资源配置,有效提升教育质量并促进教育公平。

人工智能在教育领域的应用意味着对传教育模式的挑战和颠覆。首先,"AI+教育"提供更加个性化的教学,使因材施教成为可能。大数据和机器学习使得学生的评估和分析更为准确,尊重学生个体差异,有的放矢改进学生学业成就,真正落实"育人为本"的教育目标。其次,智能机器人助理将替代教师进行重复枯燥的试卷批改、日常管理工作,"AI+教师"的协同模式使工作效率和工作质量大幅提高。再次,"AI+教育"实现内部、外部信息流通以及跨区域的资源互通,打通了信息以及资源流通壁垒。如"智慧校园"促使校园内的硬件设施上网联通,并加快校园内各部门整合,实现信息交流整合,为管理决策以及风险应对提供数据层基础。目前"AI+教育"已经在早教、学前、K12、高等教育、职业教育等各领域布局,但具体应用场景还主要停留在学习过程的辅助环节上,越是外围的学习环节,越先被智能化;越是内核的学习环节,越晚被智能化。未来,人工智能有望逐步渗透到教育教学的核心环节中,从根本上改造传统教育并创造新价值。

▪ "人工智能+教育"的发展诉求

如前所述,"AI+教育"从教学质量、教学效率以及教学公平等多方面创造了传统教育所缺失的价值,对于学生、教师、学校以及区域教育系统等各有意义。但"AI+教育"目前尚处在初始阶段,大多数为替代重复工作、提高效率而存在,对教育教学效果的影响有限,距离真正实现教育的生态重构还有很长的路要走。

美国计算与学习科学综合研究中心(Center for Integrative Research in Computing and Learning Sciences,简称CIRCLS)2020年11月发布的《人工智能与学习的未来:专家小组报告》(AI and the Future of Learning: Expert Panel Report)讨论了人工智能在教育中应用的三种风险:一是普遍所关注的与数据相关的隐私、安全、偏见、透明度和公平性等;二是人工智能在教育中的设计缺陷可能会放大教师、学习者和资源之间的非良性互动;三是利益相关者缺乏参与的风险意识,以及相关技术障碍。① UNESCO IITE于2020年11月发布的报告《教育中的人工智能》也提出了人工智能在教育变革中的一些挑战:一是在教育公平与平等方面,目前"数字鸿沟"的现象仍然还存在。一些学习者获得学习所需信息的机会有限,并且无法生成和共享电子数据,因此在建立个性化的学习途径时可能处于不利地位;二是在伦理方面,人工智能在教育中的应用将涉及隐私保护,另外如何确保在编写程序时不引入性别、种族、社会经济和能力偏见,如何确保社会和文化定型观念不被传播,如何确保人工智能在教育中的应用让住在不同地方的所有的学习者都能获得同样的回报等;三是人工智能的应用可能会增加人们的技术依赖,削弱一些人们执行某些任务的能力;四是随着人工智能技术的迭代发展,教育工作者需要有持续的专业发展。总体而言,"AI+教育"的未来发展,必须破解人才匮乏、技术壁垒、数据孤岛等诸多难题,需要从人才、技术、应用、理念等方面做出努力,取得突破性进展。

• "AI+教育"专业人才培养

AI专业人才,即人工智能产业人才,指的是在人工智能企业或相关

---

① ROSCHELLE J, LESTER J, FUSCO J. AI and the future of learning: Expert panel report[R/OL]. (2020-11-16)[2020-12-02]. https://circls.org/wp-content/uploads/2020/11/CIRCLS-AI-Report-Nov2020.pdf.

岗位上发展人工智能算法及相关技术研究、推动人工智能产品和服务落地应用的各类人才。早在2017年全球的AI人才缺口就已经突破百万量级。全球现存AI专业人才也仅有30万+，其中10万+在高校，20万+在产业端。《2020全球人工智能人才培养研究报告》数据显示：全球367所具备人工智能方向专业的高校，每年向社会输出的AI专业毕业生仅2万。[①]2020年中国工业和信息化部发布的《人工智能产业人才发展报告（2019-2020年版）》预计当前我国人工智能产业有效人才缺口达30万，指出人工智能领域仍然面临人才储备不足且培养机制不完善等问题，人才供需比严重不平衡。[②]

鉴于"AI+教育"尚处于初步发展阶段，急需要构建一个完善的人才培养体系，以获取推进"AI+教育"纵深发展的原生动力。国务院于2017年7月印发的《新一代人工智能发展规划》从六个方面对人工智能人才的培养提出了要求：第一，开展基础教育人工智能科普活动，提升学生对于人工智能的基本认知；第二，开设高等教育人工智能学科，完善人才培养体系，打造坚实的学科基础和建设人才培养基地；第三，组建人工智能的高端人才队伍，作为促进技术革新的原生力量；第四，加强人工智能的劳动力培训，提供大量的产业工人；第五，培育重大的科技创新基地，提供理论基础和技术支持；第六，持续推进智能教育，深化人才培养和环境建设。[③] 2019年3月，教育部批准35所高校新增人工智能本科专业，2020年新增人工智能专业的高校达到了180所。假设每个学校每年平均培养100名人工智能毕业生，形成稳态后每年可以为社会输送1.8万AI专业人才。就教师专业人才培养而言，也需要基于"AI+"的思维方式重构

---

① 亿欧智库.2020全球人工智能人才培养研究报告[R/OL].(2020-07-10)[2020-12-28]. https://www.iyiou.com/research/20200710718.

② 工业和信息化部人才交流中心.人工智能产业人才发展报告(2019—2020年版)[R/OL].(2020-03-29)[2021-12-02]. https://www.miitec.org.cn/home/index/detail?id=2249.

③ 中华人民共和国中央人民政府.国务院关于印发《新一代人工智能发展规划》的通知[A/OL].(2017-07-20)[2021-02-26]. http://www.gov.cn/zhengce/content/2017-07/20/content_5211996.htm.

教师教育，引发目标、内容、方法、策略、技术与资源等要素在内的结构性变革，从根本上改变教师专业发展的生态环境。

·"AI+教育"核心技术的重大突破

技术层面上"AI+教育"的表现也尚未成熟，产品不够智能、学习数据稀疏、学习模型以偏概全等问题亟待破解。随着自然语言处理、计算机视觉等技术瓶颈的突破，AI 与 VR、物联网等新兴技术融合，将"人的连接"扩展到"万物的连接"，以此为"AI+教育"的发展搭建一条更宽更快的高速公路。

第一，注重多样化算法的融合。每种算法都有自己的优势和劣势，要寻找与其相匹配的运行流程，构建最佳契合点。在决策层面上，单一的智能算法无法适应复杂多变的教育场景，有以偏概全的风险，需要多个智能系统联合决策，加强人工干预，并实现人机联合决策。

第二，创建社会交互网络，创新社会交互模式。物联网技术的嵌入使构建学习环境、教师、学生三位一体的智慧学习空间成为可能。如在教室中放置传感器，通过构建"智慧教室"来帮助老师完成课堂管理任务和教学任务。随着机器智能的提升与优化，教育机器人或将成为具备主体性的独立个体，可探索师生与 AI 之间的新联系，研发类人的教育合作机器人，与师生共同构建学习共同体。

第三，拓展 AR、VR、MR 在教育领域的应用。三者与教育人工智能的融合，可以增加知识的表征形式，提供更加丰富多元的学习体验，从而为学生创造力和想象力的培养奠定基础。

第四，打破数据孤岛，保护数据隐私。数据是人工智能的"养料"。"AI+教育"发展的关键瓶颈在于数据没有开放和共享，信息孤岛现象严重。加强数据汇聚，消除数据壁垒，一方面需要尽可能全面的获取数据以扩充样本规模，另一方面出于隐私与安全的相关要求又不能随意收集、融合和使用数据进行 AI 处理。解决这一难题的最佳方案即联邦学习[1],由此促进数据的流通与流转,在保护学生和家长隐私的前提下,合理、平衡利用数据来发展教育智能。

- **"AI+教育"多元应用场景开发**

近年来人工智能在教育领域已开发出几种类型的应用,但智能技术与教育的结合仍不够紧密,多数应用服务仅关注教育单一狭窄领域,对学生成长、综合素养等方面的关注较少。随着人工智能的增强,"AI+教育"要在降低教师"重复性、机械化、程序式"工作负担、降低学生学习知识负担、促进人的全面发展和智慧生成等方面起到更加积极的作用。

第一,以人为本,致力于全阶段、全类型、全模式的教育应用场景覆盖。人工智能需要关注残疾学习者、学习者的变化性、学习应用APP的通用性等。从纵向看,覆盖初等教育、中等教育、高等教育等全学段;从横向看,覆盖职业教育、工程教育、医学教育等全类型;从方式看,覆盖线上教育、线下教育、正式教育、非正式教育等全模式。此外,还应注重综合性系统的研发,为学生提供全方位教育。

第二,拓展人工智能多元学习评价的应用与研究。改变单一以"讲、测、考、练"为核心的"AI+教育"应用现状,避免强化应试教育。这需要扩大能够自动评估的学习活动、可捕捉能力的范围、跨时间和跨环境的范围。同时需要计算机科学、脑科学、学习科学、教育学的融合发展来促进人工智能多元学习评价的科学性、有效性和公平性。

第三,关注教师发展,强化AI辅助教学的功能。目前对人工智能的研究大多是以学生为导向的,对教师需求的探索不够。未来要更多地以帮助、支持、改进教师教学行为及体验为中心,为教师也提供持续不断的学习和成长的机会。

---

[1] 联邦学习的主要思想是基于分布在多个设备上的数据集构建机器学习模型,同时防止数据泄漏,通过安全多方计算、差别隐私、同态加密等技术为模型提供隐私保证。作为一种创新的建模机制,联邦学习的核心价值在于它并不改变机器学习和数据存储的基本实现方式,而是改变了不同AI模型之间的协作模式,可以针对来自多方的数据训练统一模型而又不损害这些数据的隐私和安全性。

第四，提供开放平台和服务。大型企业和研究机构要多开发开源的人工智能组件库和算法库，提供人工智能开放云服务，对中小型企业开放其计算能力，实现人工智能服务人人可用，打造智能教育服务新生态。

- **"AI+教育"思维观念转变**

当前教育界对人工智能的价值认识存在两极化，或对人工智能全盘肯定，或对其全盘否定，这就需要重新定义"教育"和"技术"的关系。就教育而言，人工智能意味着"解放"而非"取代"，其与生物人的关系不是"适者生存"的替代关系，而是"协同共生"的盟友关系。他们在人机协同的教育过程中有各自的"生态位"和独特优势。具体而言，人工智能在大规模数据处理、运算速度、逻辑思维方面具有独特优势；生物人在创造力发挥、情感沟通、意义阐释方面具有独特优势，二者应优势互补、各司其职。发展人工智能的最终目的不是用来替代人类，而是帮助人类变得更加智慧。因此对于"人工智能"，既不高估、也不低看，应致力于从人机交互到人机协同再到人机融合，最终指向人机共生。

当今教育面临的主要问题之一，是人们的思维方式和思维类型还停留在工业时代。相比金融、游戏、广告传媒等行业，信息技术对教育的影响迟缓而轻微。"迄今为止，计算机对学校的影响小得令人吃惊——比对诸如媒体、医药和法律等其他社会领域的影响小得多"，这便是所谓的"乔布斯之问"。这个问题或许有夸大的嫌疑，但"AI+教育"的发展确实急需从工具思维转向智能思维，需要及早规划如何以公平、道德和有效的方式在教育中更好地开发和使用人工智能，并减轻其弱点、风险和潜在危害。教育领导者、管理者、研究者、一线教师以及相关行业从业人员，更是需要深刻地自省、自觉，基于"AI+教育"的思维方式重塑教育理念、重构教育生态。

值得一提的是，"AI+教育"的未来发展，还需要注重其科学合理的框架设计。这是大方向，是整个系统的框架和蓝图，对"AI+教育"的良好发展起着决定性作用。未来"AI+教育"发展的框架设计首先应保证科学性和合理性,同时兼具实践性和可操作性;其次应更好地与学习环境、教师及其实践、文化规范、现有资源以及学生的日常生活和学习任务紧密结合。[①]总而言之,"AI+教育"的发展应指向未来,以促进未来教育、未来人的发展为终极目标。

[①] ROLL I, WYLIE R. Evolution and revolution in artificial intelligence in education[J]. International Journal of Artificial Intelligence in Education, 2016, 26(2):582-599.

第二章
智慧教育新生态

科技发展和社会转型赋予了教育人才培养新的使命。人工智能的升级换代,带来了全新的教育理念,如个性化、智慧化、远程化、定制化、差异化、分散合作、扁平式组织结构等等[1],由此进一步推动了物联网、云计算、大数据、3D数字制造技术、新型交互媒体等智能技术在教育中的应用,为整个教育变革带来了新的生机与活力。智慧教育作为教育系统生态变革的产物,是智能技术与智慧理念的深度融合,旨在培养具有创新思维能力和人文素养的新型智慧人才。

---

[1] 周洪宇,鲍成中.第三次工业革命与人才培养模式变革[J].教育研究,2013,34(10):4-9+43.

智能与智慧

谈及智能或智慧,势必涉及其他几个容易混淆的概念,如智力、智商等。它们彼此之间存在着怎样的区别和联系呢?

智力通常是指大脑的记忆分析、逻辑推理等能力,属于大脑及其神经系统的基本活动。国外著名心理学家让·皮亚杰(Jean Piaget)和列夫·维果斯基(Lev Vygotsky)都对人类智力的认知发展进行过详细的研究。智商则是用以衡量智力发展的高低,依托于一系列的量表和数据而存在。因此智力与智商的概念基本可以等同。

智能是指个体从有利于自身未来发展的角度明辨是非,并且使智力转化为现实力量的能力。从这个角度看,智力是智能发展的基础,同时智能也对智力发展起着反作用。

智力(智商)有"高低",智慧却无"高低"之说。一个人是否有智慧无法以具体的数值来衡量,它是集智商、情商等能力于一体的整体表征,是为了改造和创造而拥有的优秀品质。

总的来说,最初无论在心理学还是哲学领域中,智力(智商)、智能以及智慧作为研究对象,其主体仅仅指向人类。随着信息技术与人类生活的联结日益加深,智能机器也在以难以想象的速度向人类传递信息,不断更新、完善、升级。在此背景下,智力(智商)、智能以及智慧是否还能作为一种人类所独有的属性而存在?

▪ 智力、智商、智能

智力这一术语最早由英国心理学家和统计学家查尔斯·斯皮尔曼(Charles Spearman)于1904年提出。斯皮尔曼认为,智力主要包括两个部分,一种是普遍而概括的能力,即普通因素(G因素)。人的所有智力活动,如掌握知识、制定计划、完成作业等,都依赖于G因素,这是每个人都具备的基本能力。另一种是特殊能力,即特殊因素(S因素),它仅在某些特殊方面体现出来,包括口头能力、算数能力、机械能力、注意力以及想象力。如果说G因素参与所有智力活动的话,那么S因素则以不同形式、不同程度地参与到不同的智力活动中[1]。

虽然在心理学上对于智力的研究和定义多样,但不变的是智力始终随着个体年龄的增长而拥有自己的发展曲线,并且表现为先稳定再衰退的趋势。受到遗传因素和后天学习环境及社会实践等因素的影响,不同个体间的智力也存在差异,由此出现了可以量化智力的测验。量化智力的尝试始于法国实验心理学家阿尔弗雷德·比奈(Alfred Binet)和医生西奥多·西蒙(Theodore Simon)于1905年编制的第一个标准化的智力测验量表——比奈-西蒙量表,后经修订为斯坦福-比奈量表。

案例2.1 智商VS情商

1912年,德国心理学家威廉·施特恩(William Stern)提出一种表示人的智力高低的数量指标——智商(Intelligence Quotient,简称IQ)。智商是智力商数的简称,即智力年龄被生理年龄相除而得出的商数[2],其计算公式如下:IQ=MA÷C.A×100。

情商(Emotional Quotient,简称EQ)则是一个相对智商而言的心理学概念,它反映出一个人控制自己情绪、承受外界压力、把握自己心理平衡的能力,是衡量人的非智力活动的重要指标[3]。简单说就是个体对自己和他人的情绪和情感的掌控、识别和利用,并将获得的有关情绪信息用于指导自己的思想和行为的能力。情商也是个体的重要生存能力,是一种发掘情感潜能、运用情感能力影响生活各个层面和人生未来的关键品质因素[4]。

---

[1] 李长青.PASS理论及其认知评估系统(CAS)与传统智力测验的比较研究[D].北京:首都师范大学,2003:1.

[2] 生理年龄指的是儿童出生后的实际年龄。智力年龄或心理年龄是根据智力测量测出的年龄。

[3] 董宇艳.德育视阈下大学生情商培育研究[D].哈尔滨:哈尔滨工程大学,2011:37.

[4] 克摩斯.情商:决定个人命运的最关键因素[M].谭春虹,编译.北京:海潮出版社,2004:2.

可测量的智力也是如今研究人工智能的理论基础之一。智能基于智力又高于智力。如果说智力偏向人类认知的心理活动,那么智能更偏向实践活动,因此智能相较于智力具有更加广泛丰富的含义。人工智能研究企图解析智能的实质,并生产出一种新的可以与人类智能相似的方式做出反应的智能机器。

美国认知心理学家罗伯特·斯滕伯格(Robert Stenrberg)提出了三元智能理论[①](Triarchic Theory of Intelligence)。他认为智能是主体实现对主体有关的现实世界的环境有目的的适应、选择和改造的心理活动,主要由情境、经验与智力要素所构成,并从问题解决的视角,将人的智能分为分析性智能(Analytic Intelligence)、实践性智能(Practical Intelligence)和创造性智能(Creative Intelligence)三类。[②]

美国教育心理学家霍华德·加德纳(Howard Gardner)1983年提出了"多元智能理论"(Theory of Multiple Intelligences,简称MI理论)[③]。该理论认为,智能是解决某一问题或创造某种产品的能力,解决不同的问题需要使用不同的智能。就其基本结构来说,智能是多元的,每个人身上至少存在七项智能,即语言智能、数理逻辑智能、音乐智能、空间智能、身体运动智能、人际交往智能、自我认识智能。当然,智能的分类也不仅仅局限于这七类。随着研究的深入,更多的智能类型被鉴别出来或者在原有智能分类的基础上提出,例如1996年加德纳提出了第八种智能——认识自然的智能。多元智能理论因难以准确测量而缺乏实证上的严谨性,但它能够被教育界所普遍接受和广泛应用,部分原因在于它痛击了传统教育的弊端:单一的标准,狭隘的体系,片面的发展。

综合来看,智能主要指各种认知能力和综合能力,而绝不仅仅只是人类智力(智商)水平或处理某一领域问题的单一能力。随着信息技术

[①] 斯滕伯格.超越IQ:人类智力的三元理论[M].俞晓琳,吴国宏,译.上海:华东师范大学出版社,2000:20.

[②] 李润洲.智慧教育的三维阐释[J].中国教育学刊,2020(10):9-14.

[③] 加德纳.多元智能[M].沈致隆,译.北京:新华出版社,1999:9-10.

的飞速发展,整个人类社会图景也发生了改变,与人类自然智能相对应的人工智能应运而生,即通过计算机来对人的智力,例如知觉、学习、推理以及交流等系列人类复杂活动进行模拟的人造智能体[1]。人工智能的产生就好比人类智能在机器上的实现,是人类智能的延续。两者不同之处在于人工智能可以省去代谢与繁殖等有机活动[2]。不仅如此,智能机器的开发和使用还能够模仿和延伸人体器官的功能,以人类智能的方式做出相应反应,由此代替人类很多简单重复、具有难度的工作。互联网的发展和计算机性能的不断提升,让人工智能在强化学习、深度学习、机器学习等方向取得了巨大进步,形成了智能机器人、语言识别、模式识别、图像识别、专家系统、自然语言处理等诸多研究方向,其本质是基于海量的数据、图形以及数学方程来进行自我学习从而形成智能决策,这也使得人工智能呈现出多元化的发展态势。人工智能是人类社会发展到一定程度的科学技术产物,也是自动化技术发展的必然趋势。智能化正在发展成为继机械化、自动化之后的又一个全新技术领域。

智慧

何为智慧?"智慧"通常被认为是人类专有属性与特点,是一种高阶思维能力和复杂问题解决能力[3]。从历史发展的角度来说,智慧伴随着人类实践的发展而发展。凡科技发明、制度改革、文化创新等无一例外都包含着人类智慧的结晶。整个人类的发展史就是智慧的不断生成及其运用的历史。

"智慧"的不同界说

《辞海》中"智慧"有三层意思:一是对事物认识、辨析、判断和发明创

---

[1] 钱玲.人工智能技术风险研究[D].南昌:南昌大学,2018:12.
[2] 王万森.人工智能原理及其应用[M].北京:电子工业出版社,2012:19-21.
[3] 王枫.面向2035的中小学智慧学校建设:内涵、特征与实践[J].中国教育学刊,2018(9):25-33.

造的能力;二是才智,智谋;三是梵文般若,译作"智慧",意为如实了解一切事物。①《新华字典》对"智慧"的解释是"能迅速、灵活、准确地理解事物,并具有解决问题的能力",即从实践中得来的聪明才干②。综合来看,中文语境中"智慧"一词主要有三方面的含义:一是强调个体对事物的认知与思考;二是指个体的聪慧与才智,即在思维层面具有创造性;三是指理解、判断或解决复杂问题的能力。

英文语境中与"智慧"对应的词汇有三个,即 intelligent、wisdom 和 smart。intelligent 是指"有才智的,具备善于学习以及理解新事物的能力"③。wisdom 是指"利用知识、经验做出明智的决定给出良好建议的能力"④,即指向人运用经验、知识所展现出的高级思维能力。牛津在线词典对 smart 的解释是:一为聪明的、机智的(intelligent);二为干净的或整洁的(clean/neat);三为流行的(fashionable);四为迅速的、敏捷的(quick);五为计算机控制的(computer controlled),即设备或机器智能的,并能独立运行⑤。显然,smart 与 intelligent、wisdom 在含义上存在着重叠的部分,但也有区别。首先,smart 的含义要比 intelligent 的含义广泛,属于包含与被包含的关系,但在特定语境中,smart 可以等同于 intelligent;其次,smart 既可以表述人的智慧,也可以表征物质和环境的智慧,而 wisdom 则是从哲学的视角考察智慧,强调人们在人生观、世界观等方面所掌握的知识、才能、经验及学问等内容。

古希腊哲学家亚里士多德(Aristotle)在其著作《形而上学》(*Metaphysics*)中提出:"智慧即是有关某些原理与原因的知识"。在他看来,智慧不仅是人类所特有的,还是人与更高的存在物共享的、不变的存在的科

---

① 辞海编辑委员会.辞海[M].上海:上海辞书出版社,1999:3775.
② 新华词典编纂组.新华词典(修订版)[Z].北京:商务印书馆,1989:1154.
③ Oxford University Press. The Oxford Learner's Dictionary [DB/OL]. [2020-12-25]. http://www.oxfordlearnersdictionaries.com/definition/english/.
④ Oxford University Press. The Oxford Learner's Dictionary [DB/OL]. [2020-12-25]. http://www.oxfordlearnersdictionaries.com/definition/english/.
⑤ Oxford University Press. The Oxford Learner's Dictionary [DB/OL]. [2020-12-25]. http://www.oxfordlearnersdictionaries.com/definition/english/.

学[1]。近代法国哲学家、物理学家、数学家勒内·笛卡尔(Rene Descartes)认为智慧就是对知识的把握,即通过理性对真理的认识[2]。美国实用主义哲学家约翰·杜威(John Dewey)主张智慧是利用已有的知识、经验等处理事务的能力和本领。他认为"智慧"更像是一种经验上的累积,人们通过对以往成功案例的总结和分析来创造性地提出未来问题的解决策略,具有一定的指引性[3]。英国哲学家阿尔弗雷德·怀特海(Alfred Whitehead)则认为:"我们必须求助于我们所继承的知识,但是在智慧的发展过程中,有条伟大的原则经常被遗忘了。为了获得知识,我们首先必须使自己不受知识的束缚"[4]。我国哲学家冯契认为"智慧"区别于人们的常识,它是对事物本质或规律性的把握,并且依赖、扎根于现实生活中,在此基础上提出自身独特的理解[5]。

综上,对于"智慧"的界定多种多样,但究其实质即是指一个人能够独立思考,运用知识和技能解决复杂情境中的问题的人格特质。在斯滕伯格看来,区别于"智力","智慧"更强调高等生物独有的创造性思维模式,即在一段时期内运用创造力和相关知识平衡个人内部、人际间以及个人外部的利益,以此更好地适应生存环境并且塑造环境,因此智慧涉及知、情、意、行等方面的因素[6]。而智能极少涉及价值、道德、情感等非智力因素,因此智能不等同于智慧。

• **"智慧"的时代意蕴**

随着智能时代的到来,人类社会的进步与科技发展为智慧的内涵增添了富有当代特色的阐释。2008年,IBM公司率先提出了"智慧地球"[7]

---

[1] 邵琪.智慧教育史论[D].杭州:浙江大学,2019:45.
[2] 张汝伦.重思智慧[J].杭州师范大学学报(社会科学版),2010,32(03):1-9+28.
[3] 杜威.人的问题[M].傅统先,邱椿,译.上海:上海人民出版社,2006:4.
[4] 怀特海.思维方式[M].刘放桐,译.北京:商务印书馆,2004:42.
[5] 冯契.认识世界和认识自己[M].上海:华东师范大学出版社,1996:23-30.
[6] STERNBERG R.Words to the wise about wisdom? A commentary on Ardelt's critique of Baltes [J].Human Development,2004,47(5):287.
[7] PALMISANO S.A smarter planet: The next leadership agenda [EB/OL].(2008-11-06)[2020-12-25].http://www.ibm.com/ibm/ideasfromibm/ca/en/smartplanet/20090210/sjp_speech.shtml.

这一战略构想,其核心理念是借助新一代信息技术的强力支持,使地球上包括任何物理、对象、过程或者系统在内的所有东西都可以被感知化(instrumented)、互联化(interconnected)和智慧化(infused with intelligence)。此后,智慧城市、智慧医疗、智慧电力、智慧交通等业态迅速崛起,加上物联网、云计算、人工智能等新兴技术对人类社会变革的深刻影响,智慧一词被注入了新的元素,凸显出强烈的时代感,显露出与传统"智慧"所不同的全新内涵。

首先,"智慧"表现为智能技术催生的一种系统性思维,即智慧理念。智能技术打破了各行各业当中传统的思维方式与运作模式,赋予智慧新的意涵,即感应器嵌入与人类生活相关的各类物体之中,并连接起来,形成物联网,随后利用超级计算机和云计算技术将物联网整合起来,从而实现虚拟网络与人类社会及物理系统的整合,实现万物的互联互通、高度智能化。由此,人与人、人与机器、人与环境之间的关系被重新定义,由过去单向度的交互、甚至与环境空间的相互离散,转变为全面、协同、多向度的全新协作关系[①]。在此背景下,人类可以及时、精准地洞察、获取、传递和共享信息,即形成一种系统性思维,促使生活和工作方式更加快捷、方便和自由,达成一种基于信息技术的智慧运行状态,这也能更好地解决当今世界面临的问题。反过来看,系统性思维的形成又能够作用于系统的智慧行为,并且能够在整个生态系统中进行自我变革、预见未来,从而达到智能技术使用的最好效果以及最大效率。

其次,"智慧"表现为人类智慧与机器智能的融合共生。物联网、大数据、云计算等作为高级的技术形态,展现出强大的信息感知、储存、处理、传递和共享功能,为人类的生产、生活创建了一个能够提供海量信息服务的高度智能化环境。人类智慧也可以用于表征灵巧的物质设备和智能的环境,表现出与时代发展契合的灵动性和人文底蕴。建立在新兴技术层面的当代"智慧"涵盖了传统含义,又在此基点上生长出新的内涵

---

① 和学新,鹿星南.智慧时代的学校教学形态探讨[J].课程·教材·教法,2020,40(2):43-50.

意蕴,具备了智能时代特有的网络化、智能化、数字化、数据化外延,彰显出历史性与时代性对接、传统与现代融合的特点。

一般习惯将人类智慧和机器智能相对应而言。如"智能化"侧重的对象是机器,指事物在网络、大数据、物联网和人工智能等技术的基础之上,所具有的能满足人类需求的属性,使得机器具备人的能力。"智慧化"侧重对象则是人,即通过对信息和数据的分析利用,不断增强人自身的能力。而随着智能技术的发展,机器是否也具备"智慧"？在计算机领域,智慧一词从语境和理解两个维度,经历了从数据(data)到信息(information)、再到知识(knowledge)和智慧(wisdom)的过程(图2.1)。相比于过去人们关注的"数据"和"信息",强调对经验的理解,未来人们将更多关注"知识"和"智慧",重视对新奇事物的探究[①]。一方面,从"语境"来看,"数据"强调对某些"部分"的收集,"信息"强调若干"部分"的联结,"知识"强调一个"整体"的形成,"智慧"则强调多个"整体"之间的联结。另一方面,从"理解"来看,研究、吸收、操作、互动和反思是人类认识探索知识的五个阶段,即数据挖掘的过程。

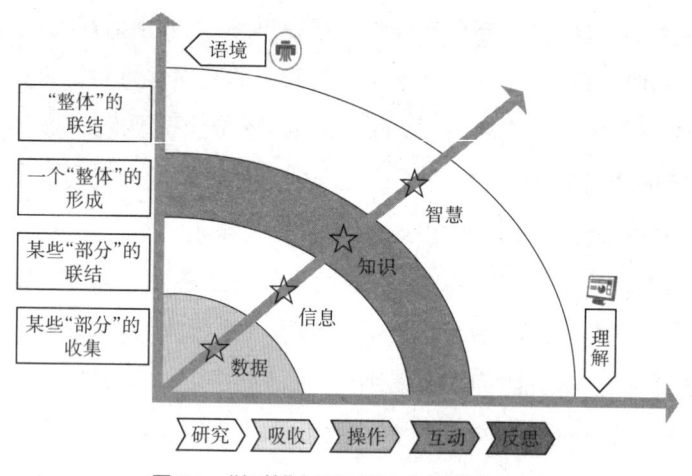

图2.1 "智慧"在不同维度上的关系

---

① 黄荣怀.智慧教育的三重境界:从环境、模式到体制[J].现代远程教育研究,2014(6):3-11.

智慧教育

随着智能技术与教学的贯通融合,教育也表现出了新的时代特征,智慧教育应运而生。所谓智慧教育,是以学习者为中心,充分运用智能技术建构智慧学习环境,通过定制化和个性化的教育服务促进人的智慧生成,从而发挥全方位环绕的教育职能,最终实现信息资源共享、行为数据化、时空泛在化、关系网络化的新型教育系统。

▪ 智慧教育战略构想

继"智慧地球"之后,IBM 公司 2009 年又提出"智慧教育"一词,并阐释了智慧教育的五大特征:①面向学生的自适应学习项目和学习档案袋;②面向师生的协同技术和数字化学习资源;③计算机化管理、监控和报告;④为学习者提供更好的信息;⑤无处不在的在线学习资源[1]。此外 IBM 公司还提出智慧教育的五大路标:学习者的信息技术沉浸,个性化和多元化的学习路径,服务型经济的知识技能,系统、文化与资源的全球整合,以及教育在 21 世纪经济发展中的关键作用[2]。显然,IBM 公司关于"智慧教育"的设想,强调教育就是要利用信息技术"改善教学效率和学习成果",要为教师和学生提供信息技术解决方案和服务,帮助学生从学前、中小学、大学,直到就业的完整过程中获得成功,并未超出教育信息化的层次和范畴。

---

[1] IBM.Smart education[EB/OL].(2009-02-10)[2021-01-20].http://www -03.ibm.com/press/au/en/attachment/27567.wss? fileId =ATTACH_FILE5&fileName =Smarter% 20Planet% 20POV% 20-%20Education.pdf.

[2] IBM. Education for a smarter planet: the future of learning[EB/OL].(2009-02-10)[2021-02-10].http://www.redbooks.ibm.com/redpapers/pdfs/redp4564.pdf.

表2.1 韩国智慧教育的内涵特征

首字母	特征	解释说明
S 自主	知识制造商	改变学生从消费者到提供者的角色,教师从知识信使到教育导师的角色
	智能	自我学习系统,具有在线成就评估和处方
M 动机	经验中心	重视标准化教科书教学中以体验为中心的学习方法
	问题解决	旨在解决创造性问题和基于流程的个性化评估
A 自适应	灵活性	根据偏好或未来的职业,强化教育系统的灵活性以及个性化的学习体验
	个性化	学校的作用从提供大量知识转变为提供有关学生水平和能力的个性化学习
R 免费资源	开放市场	基于云教育服务,公众、私人和个人开发的各种内容被应用于教育
	社交网络	利用集体智慧与社会学习,利用国内和海外学习资源扩大协作学习
T 嵌入式技术	开放教育	开放的教育环境,无论时间和地点,都能提供所需的学习体验,并通过各种教育保证最大的学习选择

韩国于2011年6月发布《通往人才大国之路:推进智慧教育战略》,希望通过将互联网、多媒体等信息技术升级为以物联网、云计算、情感感知为支撑的智能技术,构建智慧型教育生态系统[①]。为了解决教育信息化下学校缺乏个性化的学习系统、学生学习热情不足、缺乏自主性与创造性等问题,韩国教育科学技术部(Korea Ministry of Education Science and Technology,简称MEST)、韩国教育研究信息院(the Korean Educational Information and Research Service,简称KERIS)与总统信息化战略委员会(The Presidential Council on Informatization Strategy,简称PCIS)结成三方联盟共同制定智慧教育战略,以此紧跟国家发展战略,竭力打造智能化的教育环境,培养智慧型人才,提升国家竞争力。该战略将"智慧教

---

① 陈耀华,杨现民.国际智慧教育发展战略及其对我国的启示[J].现代教育技术,2014,24(10):5-11.

育"的内涵特征归纳为五点,如表2.1所示,即S——自主(self-directd)、M——动机(motivated)、A——自适应(adaptive)、R——免费资源(resourcefree)、T——嵌入式技术(technology-embedded),组合而成正好是英文"SMART"。[1]韩国智慧教育战略的提出旨在打破传统教育将升学率或考试成绩作为学生学习和教师教学的学术评估标准,其终极目标是利用智能技术促进学生个性化学习,培养全面发展的智慧型全球顶尖人才,为此提出了"7C素养"的战略目标并确立了五项任务以推进智慧教育改革落地。

案例2.2 韩国智慧教育战略的目标与任务

韩国智慧教育战略将过去以阅读、算术、写作(Reading, Arithmetic, Writing,简称3R素养)为重心的培养目标转变为以思辨能力、创造能力、合作领导能力、跨文化理解能力、沟通能力、读写能力、职业与生活能力(Critical Thinking and Problem Solving, Creativity and Innovation, Collaboration and Leadership, Cross-Cultural and Understanding, Communication, Literacy, Career and Life Skills,简称7C素养)为核心的教学目标[2]。上述7C素养又可归纳为三个维度:文化积淀、自主发展和社会适应。文化积淀是由3R素养转化而来,重在强调人文、科学等领域的知识和技能,提升内涵和修养,培养具有文化基调和高尚情操的学生;自主发展即是培养人作为主体的内在本质,思辨性和创造力是21世纪学生必须具备的根本属性,明确自身任务及能力需求,发展成为符合时代需求的现代化人才;社会适应则是为学生进入社会做好准备,合作能力、领导能力、沟通能力都是必备的基本素养,为学生融入社会、实现个人价值打下基础。

为落实智慧教育战略,实现提升7C素养的战略目标,韩国智慧教育战略确立了五项任务来推进改革进程。第一,开发和应用数字教科书。以智能化电子产品代替传统的纸质课本,是韩国智慧教育战略中的重点任务。

---

[1] PARK J, CHOI J, LEE Y. Analysis of instruction models in smart education[C]. Paper presented at the International Association for Development of the Information Society International Conference on e-learning, Prague, Czech Republic, July 23-26, 2013.

[2] CHUN S. Korea's Smart Education Initiative and its pedagogical implications[J], CNU Journal of Educational Studies, 2013, 34(3):1-18.

第二,发展在线网络课程平台,建构在线评估系统。韩国教育部通过线上课程最大化地提升了教育普及度,力争通过在线学习常态化来保证那些无法进入学校正常学习的学生的受教育权。此外,韩国通过开发评估系统监测在线教学的质量、拟定在线学习评估标准、减轻教师的工作量。如引入"基于互联网测试的评价体系"(Internet-based Test)以完善国家英语能力测评。第三,促进公共教育资源的有效运用,加强信息通用技术的伦理道德教育。科技是一把双刃剑,在促进社会进步的同时负面影响也随之而来。因此,韩国政府理清问题的本质,认识到智能技术发展带来网络危害,拟推出一系列法规政策和网络伦理教育营造绿色网络空间。第四,培养教师信息素养,发展智慧教育教学能力。教师是践行和宣传智慧教育的核心力量,韩国教育部拟通过面向全体教师的信息与通信技术教育加强其对智慧教育内涵、目标和任务的认识。第五,开发基于云计算的服务系统大力推进智慧教育的技术支撑。韩国政府在高水平信息化建设的基础上,拟建立云计算服务系统。因此韩国需要利用大数据等技术开发可支持云计算的智能设备,搭建基于云的教学服务平台。

2018年4月,我国教育部颁布的《教育信息化2.0行动计划》首次提出"以智能技术为手段、以智慧教育为先导理论"[①],这标志着"智慧教育"正式纳入了国家教育信息化战略体系。《教育信息化2.0行动计划》明确提出以人工智能等新兴技术为基础,依托各类智能设备及网络,积极开展智慧教育创新示范,构建智慧学习的空间环境,以区域间教育水平的提高促进人才培养质量的提升。与此同时也要进一步推进智能技术的开发与实践,并且推动技术与教育的融合与联结。

·智慧教育"本质"之争

自"智慧教育"提出之日起,国内学术界就对智慧教育的本质产生了

---

① 中华人民共和国教育部.教育部关于印发《教育信息化2.0行动计划》的通知[R/OL].(2018-04-18)[2020-04-28]. http://www.moe.gov.cn/srcsite/A16/s3342/201804/t20180425_334188.html.

三类不同的认识,即"目的论""手段论"以及"融合论"。

·目的论

该观点认为智慧教育是以"智慧"为目的的教育,旨在培养学生举一反三的思维能力,同时启发心灵与智慧,从而做到学、思、行并重。[1]目的论将智慧视为人类教育终极美好的期待和愿望,教育者并未奢望在操作层面上真正实现它。因而在论及智慧时,为便于和教育的实践性对接,往往将话语转向"知识""智力""道德"等要素。有研究者将智慧分解为"德"和"才",认为"修德育才"是培育智慧的通用策略,即"道德教育"与"才智教育"之和等于"智慧教育"。[2]另有学者从教育学的视角提出,狭义的智慧教育即传统的智育;而广义的智慧教育是指一切以增加人的智慧为目的的活动,是一种更为多元、综合、全面、丰富的智慧教育,它主要包含三个既相互区分又彼此联系的方面,即理性(求知求真)智慧的教育、价值(求善求美)智慧的教育和实践(求实求行)智慧的教育。[3]上述观点虽然对智慧教育进行了描述,但在实践层面上又回归心理学领域,借用了斯腾伯格的三元智能理论和加德纳的多元智能理论,并没有深入揭示智慧的真正内涵。

·手段论

这一观点认为智慧教育是以"智慧"为手段的教育,即在教育领域充分应用智能技术以促进教育改革与发展。换句话说,智慧教育是教育信息化发展的高级阶段[4],有论者称其为"教育信息化的新境界"[5],是在教育领域全面深入地运用新兴智能技术来推动教育改革与发展的过程。有学者直言不讳:"智慧教育是依托移动新一代信息技术通过实现教育

---

[1] 邵晓枫,刘文怡.智慧教育的本质:通过转识成智培育智慧主体[J].中国电化教育,2020(10):7-14.
[2] 汪凤炎.智慧心理学的理论探索与应用研究[M].上海:上海教育出版社,2014:48.
[3] 杨现民.信息时代智慧教育的内涵与特征[J].中国电化教育,2014(1):29-34.
[4] 王益华,周顺.依托区域教育平台构建智慧教育体系[J].中国教育信息化,2019(17):63-66.
[5] 陈琳,陈耀华,张虹,等.教育信息化走向智慧教育论[J].现代教育技术,2015,25(12):12-18.

环境的智慧化、教育资源的智慧化、教育管理的智慧化,最终为教育活动所涉及的各类主体提供智慧化的教育服务"[1]。手段论彰显了技术乐观主义精神,强调"服务性"功能,为教育的未来描绘了理想化蓝图。近几年大至地球、国家、城市,小及园林、社区、家电、校园、图书馆、教室,甚至教学、学习、课程无不冠以"智慧"之名。这种"爱智慧"的繁荣景象表达了人们追求进步的良好愿望和敢于创新的精神。但"智慧"概念外延的无限制放大会导致内涵的消解,最终导致概念所指严重偏离其本质规定性,无法再从概念本身找到智慧"是其所是"。

·融合论

手段论将智慧教育理解为教育信息化高级发展阶段,认为运用了物联、感知、大数据、云计算等新兴智能技术就是智慧教育,事实上只是"智慧"理念的简单化和表象化。无论智能技术未来将在多大程度上影响教育,如果仅仅从"技术"视域来解释智慧教育的内涵意蕴,实际上完全偏离了教育"育人为本"的本质。因此有学者尝试将"技术"与"教育"融合,将注意力指向未来。"智慧教育是高度信息化支持发展的教育新形态,是适当而有效地利用物联网、云计算、新型显示、大数据、多维打印、虚拟仿真、智能化等现代信息技术实现智慧化教学、智慧化学习、智慧化评价、智慧化管理、智慧化服务以及增进学生高级思维能力和创新创造能力培养的教育,是信息时代教育现代化的核心与标志。"[2]"智慧教育的真谛就是通过构建技术融合的学习环境,让教师能够施展高成效的教学方法,能够让学生获得个性化学习服务和美好的发展体验,由不能变为可能,由小能变为大能,培养具有良好的价值取向、较强的行动能力、较好的思维品质、较深的创造潜能的人才。"[3]

---

[1] 钟晓流,宋述强,胡敏,等.第四次教育革命视域中的智慧教育生态构建[J].远程教育杂志,2015(4):34-40.
[2] 陈琳,王运武.面向智慧教育的微课设计研究[J].教育研究,2015,36(3):127-130+136.
[3] 祝智庭.智慧教育新发展:从翻转课堂到智慧课堂及智慧学习空间[J].开放教育研究,2016,22(1):18-26+49.

融合论将智慧教育视为智能技术与智慧理念的融合创新,是教育生态系统的整体变革,认为智慧教育要借助新兴智能技术对学习环境、教学方法、教育评价和管理等进行智能化改造,进而提升学生的复杂问题解决能力和创新创造能力等素养,最终启迪人类智慧。融合论从人的智慧与人工智能融合共生的视角出发,重点关注未来社会中人和教育发展。

如何正确看待"人工智能+教育"？首先要秉持"技术改变教育非并引领教育"的理念,既要反对盲目拒斥人工智能的心态,也要反对盲目推崇人工智能的做法。无论人工智能未来可以在多大程度上改变人类生活,都无法改变教育的实质是一种人类智慧创生的活动,其宗旨在于实现人的自我精神建构,即培养"智慧的人"。

▪ 智慧教育内涵特征

智慧教育是一种新型的教育生态系统。此系统以智慧理念为指导,以大数据、物联网、云计算、虚拟、感知等智能技术为依托,旨在培养和发展学生的智慧,如自主学习能力和创造性思维。智慧教育是智能技术与教育教学深度融合的产物,处于不断发展的动态过程之中。与传统教育相比,智慧教育主张去教师中心化,强调以学生为中心,力求通过技术的推动以及基础设施的智能化,使学习者能更加主动地学习,促进更加有效的人机协同运作,以个性化、自主化的学习服务提高学生学习兴趣及效率,从而获得更为丰富和完整的学习体验。智慧教育呈现出智能技术与教育教学的深度融合,主要表现为全球教育资源无缝连接整合共享、基于大数据的学情分析与学业评价、全向交互以及智能管控,等等。因此,智慧教育的内涵特征可大致归纳为两方面——"教育"和"技术"。[1] "教育"赋智,"技术"赋能,共同作用催生教育系统的生态变革。

---

[1] 杨现民.信息时代智慧教育的内涵与特征[J].中国电化教育,2014(1):29-34.

· "教育"赋智

就"教育"而言,智慧教育的特征主要表现为自主性、交互协作性、个性化、开放性,以及学习目标的高阶化。自主性是指培养学生的自适应学习能力,实现教育系统的灵活性,并可以根据学生个人偏好和未来职业发展要求个性定制适合的学习路径。交互协作性是指实现了人—人、人—机之间的远距离交互学习和双向交流。个性化体现在学习资源的个性、学习方法的个性、学习支持的个性、学习服务的个性等方面。在当前这样一个知识爆炸、数据剧增的年代,任何人都需要依靠数据生活、学习和工作。在全球数据总量每两年增加一倍的背景下,人们对个性化教育的渴望更为强烈。因此,智慧教育以数据分析技术作为教育变革的基石,通过对学生学习过程中零星松散的数据进行系统分析,为师生提供更加直观、更具针对性的反馈和建议。个性化的教育形态为学生自主性的学习提供了源源不断的动力和活力。开放性则改变了以学校作为固定教学地点和以纸质材料作为统一教科书的传统教育体系,打破了教育场所的时空限制以及丰富了教学的可利用资源。智慧教育强调知识共享、资源开放的重要性,旨在通过智能技术设备高效整合分布于全球的学习资源和学习群体,为每一位学生提供更全面的学习支持服务。

智慧教育的另一大特征就是学习目标向更高一级的转化,即思维的高阶化提升,以此培养具有高智能和创造力的人才。美国教育学家本杰明·布鲁姆(Benjamin Bloom)将教学目标分为六类,即知识、领会、应用、分析、综合、创造。其中"知识、领会、应用"通常是发生在较低认知水平层次的心智活动及认知行为,其对应的是低阶思维能力;而"分析、综合、创造"是发生在较高认知水平层次上的心智活动或认知行为,它对应的就是高阶思维能力。[1]除关注传统学习中客观知识的识记与技能的掌握和应用以外,智慧教育更注重学习者高阶思维能力的培养,如21世纪核

---

[1] 塞尔登,阿比多耶.第四次教育革命:人工智能如何改变教育[M].吕晓志,译.北京:机械工业出版社,2019:173.

心素养中强调的学习和创新的技能,其中就包括批判性思维、交流能力、合作能力及创造力。

• "技术"赋能

从"技术"上看,智慧教育的特征主要表现为智能化、网络化和数字化。

首先,智慧教育的生根发芽得益于现代信息技术的智能化发展。智能技术使教育系统、教学应用不仅能处理繁杂数据、任务,还可以提供人性化的教学服务。在云计算、物联网、大数据等智能技术的协同作用下,人类的情感、认知已经可以被计算,学生复杂的思维及学习过程已然能够借助智能机器的使用以及数据形式达到量化、表达和预测的功能。智慧教育以智能技术为基本支撑,从读懂学生到通过智能的推拉技术为学生设计更具适应性、更具灵巧性、能够动态更新的学习环境,以此促进人的智慧养成。

其次,物联网让在传统的信息交流环境中处于特权地位的中心被解构,去中心带来了教育的扁平化、泛在化[1]。人人都可以参与、人人都可以分享,最终形成多元化的合作探究学习环境。微软公司认为未来教育得以成功主要依靠五大关键因素,其中之一就是建立联通的学习社区。社区里的智能设备克服了语言和经济的障碍,允许来自全球的学生、家长、管理者、教师和其他利益相关者,在社区里进行多元化的交流和信息共享,帮助学习者培养和发展多种智能。[2]

最后,数字化既实现了教育系统设备的性能可靠、标准统一,也实现了教育资源的共享服务。如使用电子教材替代书本、黑板等传统教学工具,通过搭建云端服务,使得学习过程互动联通、学习资源共享共生。智

---

[1] 张立新,朱弘扬.国际智慧教育的进展及其启示[J].教育发展研究,2015,35(5):54-60.
[2] Microsoft.Building the school of the future: A guide for 21st century learning environments[EB/OL].(2021-2-18)[2021-2-25].http://download.microsoft.com/download/2/a/a/2aa67f06-08c3-478e-babf-9e9290a34f62/SOFBriefs.pdf.

慧的教育系统下，碎片化的需求与碎片化的资源已经可以自由对接，知识的生产者和消费者已经开始融合，任何人都可以很容易地从一个消费者或旁观者转变为一个生产者，从而成为整个知识生产体系的一部分。

总而言之，智慧教育是以学习者为中心，打造网络化、数字化、智能化的环境，形成互联互通的、虚实结合的学习共同体的同时，将教育目标指向共赢，促进人的个性化自主发展，真正实现智慧理念与智能技术的统一与联结。

智慧的人

不论如何定义智慧教育，其本质是智慧理念与智能技术的创新融合贯穿教育教学全过程，终极目标是提升人的智慧、培养智慧型人才。不过，智慧是一个历史性的概念，在不同的历史发展阶段呈现出不同的发展样态与阶段性特征。同理，对于"智慧的人"的理解也随着时代的发展而不断演化。那么，智能时代的人类2.0应当具备什么样的素养？什么样的人才能称得上是"智慧型人才"呢？

目前"核心素养"（Key Competences）一词在教育理论与实践研究领域广受关注，原因在于其反映了社会变革对于人类素质更新换代的新要求，这与智能时代对"人之为人"的思考不谋而合。下文将基于对"核心素养"的理解，从学习者和教育者两个角度对"智慧的人"做出思考和回答。

▪ 21世纪学生核心素养

人类迈入21世纪，各国及各国际组织纷纷聚焦新时代人才培养要求，从国际、国家、社会以及个人成长等多维度探讨"核心素养"。"核心素养"又可称为"21世纪素养"（21st Century Competences）或"21世纪技能"

(21st Century Skills)。它是价值观念、关键能力和必备素养的有机融合，凸显了现代学校教育人才培养的根本目的和前进方向。

• **国际组织**

经济合作与发展组织(Organization for Economic Co-operation and Development，简称OECD)自1997年就开始启动"21世纪核心素养框架"的研制工作。2005年，OECD明确提出了核心素养的内容结构，并对每项要求都配有详细的解释说明，其中包括3个一级指标(能够运用多种工具互动、基于不同社会群体的互动、开展自主行动)以及9个二级指标(对一级指标的具体细化)。[1]具体来说，能运用多种工具互动是指个人能通过语言符合、逻辑文本、观念思想、知识信息的交流等能力去实现个体与社会之间的交互作用；基于社会不同群体的互动则是要求个人与他人在异质的团体中寻求与他人建立顺畅关系，进行团队之间的合作，解决个人与团体之间的冲突；开展自主行动则是个人按照自己的需要，将个体预设的愿景通过自身努力而转化为现实目的与行动，进而可以实现自我监控和维护自我权益的系列目标。显而易见，OECD所提出的核心素养，旨在培育学生适应全球化、知识经济与技术变革时代要求的综合素养，以实现个体与社会的共赢。

受OECD的影响，欧盟(European Union，简称EU)也于2006年12月通过了关于核心素养的建议案——《以核心素养促进终身学习》(Key Competences for Lifelong Learning)，将核心素养定义为"在知识社会中每个人发展自我、融入社会及胜任工作所必需的一系列知识、技能和态度的集合"[2]。欧盟列出的核心素养包括8项指标，即母语交流、外语交流、社会与公民素养、文化意识与表达、数学与科学技术素养、数字素养、学

---

[1] OECD.The definition and selection of key competencies: Executive summary[Z/OL]. (2005-05-27)[2020-12-25]. http://www.oecd.org/pisa/35070367.pdf. 2005

[2] European Commission. Key competences for lifelong learning: European reference framework. [EB/OL]. (2013-02-15)[2020-12-25]. http://www. alfa-trall. eu/wp-content/uploads/2012/01/EU2007-key Competences L3-brochure.pdf.

会学习以及主动意识和创新精神,每项指标均从知识、技能和态度三个维度进行描述。该建议案对核心素养的形成过程以及对于社会、个人的必要性等方面做出了阐述,此外还指出学校及教师应当具备相应的专业资质和能力从而确保公民核心素养的生成。

联合国教科文组织于2013年发布的报告《走向终身学习——每位儿童应该学什么》(Toward Universal Learning: What Every Child Should Learn)中明确提出一个转变以及七个维度。"一个转变"即教育应由工具性目标转变为人本性目标,使得学生情感、智力、身体、心理诸方面的潜质与素质都能通过学习得到发展。"七个维度"即教育应从身体健康、社会情绪、文化艺术、文字沟通、学习方法与认知、数字与数学、科学与技术七个维度的核心素养展开。[1]

综上所述,三大国际组织各自提出了对核心素养的理解,并且研制了核心素养的结构框架。总结来看,将核心素养定位于"人类发展不可或缺"是三大国际组织的共识;其核心素养的构成要素和具体要求等内容在强调操作性的同时也准确反映出时代发展的要义。它们还非常重视核心素养在学校教育领域中的培育,致力于塑造学生正确的价值观以及团队合作精神,从而锻炼学生解决问题以及与他人相处的能力,适应社会并反作用于社会发展,学会终身学习。

• 各国

美国"21世纪技能联盟"(Partnership for 21st Century Skills,简称P21)于2007年公布"21世纪核心技能框架体系"(P21 Framework Definitions)。[2]该框架指出核心素养主要包括"学习与创新技能"(创造力与创

---

[1] Center for Universal Education at the Brookings Institution. UNESCO Institute for statistics and toward universal learning: What every child should learn. [EB/OL].(2013-02-14)[2020-12-25]. http://www. brookings. edu/~/media/Research/Files/Reports/2013/02/learning-metrics/LMT-FRpt1Toward Univrsl Learning.pdf? la=en.

[2] Partnership for 21st century learning.Framework for 21st century learning[EB/OL].(2007-07-08)[2020-01-25].http://www.p21.org/about-us/p21-framework.

新、批判思维与问题解决、交流沟通与合作)、"信息、媒体与技术技能"(信息素养、媒体素养、信息通信技术素养)、"生活与职业技能"(灵活性与适应性、主动性与自我导向、社会与跨文化素养、效率与责任、领导与负责)三个方面。这三方面主要描述了学生在未来工作和生活中必须掌握的技能、知识和专业智能,是内容知识、具体技能、专业智能与素养的融合[1]。

英国惠灵顿学院2008年构建了"八种能力"的核心素养四联模型[2],包括逻辑和语言能力、个人和社交能力、文化/创意和自然能力、精神和道德能力。

澳大利亚《墨尔本宣言》中提出七项通用能力,即跨文化理解能力、伦理理解能力、个人和社会能力、批判性及创造性思维能力、信息通信技术能力、数学能力、读写能力。[3]宣言从长远规划的视角出发,为澳大利亚未来教育的发展提供了战略性的思路和发展方向——促进教育的公平与卓越,培养青少年成为成功的学习者、自信且富有创造力的个体和主动明智的公民是其总体目标。[4]

新加坡政府2010年提出的"21世纪核心素养"框架,主要包括三项内容:一是交流、合作与信息技能;二是公民素养、全球意识和跨文化交流技能;三是批判性、创新性思维。新加坡政府希望学校教育能立足上述三项核心素养,培养充满自信的人、能主动学习的人、积极奉献的人以及心系祖国的公民,最终达成四项理想的教育成果。[5]

---

[1] 师曼,刘晟,刘霞,等.21世纪核心素养的框架及要素研究[J].华东师范大学学报(教育科学版),2016,34(3):29-37+115.

[2] 塞尔登,阿比多耶.第四次教育革命:人工智能如何改变教育[M].吕晓志,译.北京:机械工业出版社,2019:79.

[3] MCEECDYA.Melbourne declaration on educational goals for young Australians[EB/OL].(2009-10-11)[2020-01-20].http://www.mceecdya.edu.au/mceecdya/melbourne_declaration,25979.html.

[4] 王烨晖,辛涛.国际学生核心素养构建模式的启示[J].中小学管理,2015(9):22-25.

[5] Ministry of Education Singapore.21st century competencies[EB/OL].(2010-10-10)[2020-01-19]. https://www.moe.gov.sg/educa-tion/education-system/21st-century-competencies.

日本国立教育政策研究所2013年发布《培养适应社会变化的素质与能力的教育课程编制的基本原理》报告。该报告指出21世纪能力主要包括三大内容,一是实践力:自律地活动,人际关系形成,参与社会,为可持续的未来负责;二是思考力:发现和解决问题以及创造力,有逻辑的、批判性思维,元认知,适应性学习;三是基础力:语言技能,数学技能,信息技能。[①]

我国也于2016年发布《中国学生发展核心素养》[②],明确指出学生应具备的、能够适应终身发展和社会需要的必备品格和关键能力。核心素养以培育"全面发展的人"为核心,分为文化基础、自主发展、社会参与三个维度。文化基础包括人文底蕴和科学精神,自主发展指向学会学习和健康生活,社会参与涵盖责任担当和实践创新。

可以看出,核心素养的提出指向了一个重要问题——21世纪需要培养什么样的人?各国际组织/国家提出的"21世纪核心素养"强调了相似的能力范围,即"元学习"和"反思与适应"的能力。归纳起来,21世纪核心素养可大致划分为三个维度:(1)学习与创新素养,包括批判性思考和解决问题能力、沟通与协作能力、创造与革新能力。(2)数智素养,包括媒介素养、信息素养、数字素养、人工智能素养等。(3)职业和生活素养,包括灵活性与适应能力、主动性与自我导向、社交与跨文化交流能力、高效的生产力、责任感、领导力等。

与传统意义上人才的培养不同,"21世纪核心素养"更加关注国际文化与视野、人际交流与沟通,尤其强调信息、数字、智能技术的掌握应用以及相关素养的生成。这种人才观的变革正是新时代智慧理念和智能技术融合共生的必然要求。

[①] 藤野赖彦.社会的变化に対応する資質や能力を育成する教育課程編成の基本原理[R].东京:日本国立教育政策研究所,2013:26.
[②] 核心素养研究课题组.中国学生发展核心素养[J].中国教育学刊,2016(10):1-3.

案例2.3 21世纪核心素养5C模型

世界教育创新峰会(World Innovation Summit for Education,简称WISE)与北京师范大学中国教育创新研究院2016年发布《面向未来:21世纪核心素养教育的全球经验》研究报告,总结了最受重视的公民七大素养,分别是:沟通与合作、创造性与问题解决、信息素养、自我认识与自我调控、批判性思维、学会学习与终身学习、公民责任与社会参与。10项影响核心素养的因素分别为:全球化、知识时代、科技发展与信息时代、经济成长、职业需求、人口结构变化、多元文化、环境与可持续发展、教育质量提升、教育公平[1]。

进一步追问"打下中国根基、兼具国际视野"的人应该具有哪些素养,北京师范大学中国教育创新研究院2018年提出了"21世纪核心素养5C模型"。"21世纪核心素养5C模型"包括文化理解与传承(Culture Competency)、审辩思维(Critical Thinking)、创新(Creativity)、沟通(Communication)、合作(Collaboration)5项素养,每项素养下面又包括3~4个二级维度。[2]

文化理解与传承素养:文化理解;文化认同;文化践行。

审辩思维素养:质疑批判;分析论证;综合生成;反思评估。

创新素养:创新人格;创新思维;创新实践。

沟通素养:同理心;倾听理解;有效表达。

合作素养:愿景认同;责任分担。

与其他关于"21世纪核心素养"的研究相比,"21世纪核心素养5C模型"既强调国际视野又体现中国特色,其特征主要表现在:第一,提出了"文化理解与传承"素养,突出强调对中华优秀传统文化的认同与传承,使其成为中国学生特有的文化基因和精神脊梁。第二,强调中华优秀传统文化教育在发展学生道德规范、思想品格、价值取向等方面的独特作用,是实现立德树人根本任务的重要途径。第三,各素养的内涵阐释,既反映认知要求,又体现必备品格和价值观念;既反映结果目标,更突出过程目标。第四,各素养关键要素的提炼和行为表现的描述,为21世纪核心素养教育由教育理念走向教育实践又迈出了重要的一步,为开展核心素养测评打下了良好的基础。

---

[1] 周平艳,魏锐,刘晟,等.提出21世纪核心素养的驱动力研究[J].华东师范大学学报(教育科学版),2016,34(03):22-28.

[2] 魏锐,刘坚,白新文,等."21世纪核心素养5C模型"研究设计[J].华东师范大学学报(教育科学版),2020,38(02):20-28.

·21世纪教师核心素养

"核心素养"不仅是当代公民价值观念、关键能力和必备素养的有机融合,也凸显了现代学校教育的根本目的和前进方向。21世纪学生核心素养的提出不仅有利于学习者的全面个性发展,也为教师核心素养的拟定提供了方向指导。正所谓"善学者必有善教者",学生核心素养的发展离不开教师的培育,而教师核心素养的生成更能助推学生的素养发展。那么21世纪教师应具备哪些素养?

·二维度说

该观点强调教师的核心素养是由知识和技能两个部分组成。典型代表如美国教师教育院校协会(American Association of Colleges for Teacher Education,简称AACTE)2010年发布的《21世纪职前教师的知识与技能》(21st Century Knowledge and Skills in Educator Preparation)中,指明21世纪教师应掌握的素养包括:(1)以技术手段将学科知识和教育学知识相关结合;(2)将21世纪知识与技能的标准与教学结合;(3)教学方法上,既要重视直接讲授法,更要运用基于项目的教学方法;(4)需掌握儿童和青少年的成长知识;(5)采用多种评估策略对学生的表现进行评估,从而对教学方式进行调整(包括但不局限于形成新的、基于档案袋的、课程嵌入的和总结的评价);(6)积极参与学习共同体的活动。通过知识共享、合作教学的方式,创新发展自己的专业能力;(7)能够辅导同事,成为同伴的教导者,注重合作;(8)采用多种策略,了解情况不同的学生,创造支持因材施教的教学环境;(9)教师要成为终身学习者。同时,《21世纪职前教师的知识与技能》提出以该素养框架为标准,职前教师培训需要在五个方面进行配合,即标准、评估、课程与教学、专业发展以及学习环境。[1]

---

[1] AACTE. 21st century knowledge and skills in educator preparation [EB/OL]. (2010-11-12) [2020-12-17]. http://www.p21.org/storage/documents/aacte_p21_whitepaper2010.pdf.

新加坡国立教育学院(National Institute of Education of Singapore)于2010年发布了"21世纪教师教育模型"(A Teacher Education Model for the 21st Century)的报告。该模型重点突出知识和技能领域,认为教师需要掌握的技能包括反思技能和批判思维、教育学技能、人力管理技能、自我管理技能、公共管理技能、交流技能、促进发展技能、技术技能、创新和创业技能、社会智力和情商;教师需要掌握的知识包括自我知识、学生知识、共同体知识、学科内容知识、教育学知识、教育基础和政策知识、课程知识、多元文化素养、全球意识、环境意识。[①]

• **三维度说**

三维度说是依据不同作用、不同领域以及教师专业标准进行划分的。首先按照不同作用划分,即教师引导学生如何拥有成功的学习和生活的角度,分为专业知识、专业实践和专业参与。如澳大利亚2010年发布的《澳大利亚教师专业标准》[②](Australian Professional Standards for Teachers)将教师的教学领域分为专业知识、专业实践和专业参与,每一个领域下都有对应的标准,涵盖从毕业生、熟练教师、成就卓越教师以及领导者的四个职业生涯阶段。其次是按照不同领域划分,如世界银行(The World Bank)的《学会在知识社会中教学》按专业领域、教学领域和学校领域三个维度对教师素养进行了划分。其中,专业领域包含有效的个体专业和集体专业发展,批判性反思知识与文化教育的目的与目标,依据专业伦理和专业责任履行职责;教学领域包含科学设计教学方案和教学情境,正确评价教学过程及学生的能力发展结果,计划、组织和管理学生的合作学习;学校领域包括能与学校员工、家长和社会机构进行合

---

① National Institute of Education of Singapore.A teacher education model for the 21st century[R/OL].(2009-07-07)[2020-12-25]. https://www.nie.edu.sg/docs/default-source/te21_docs/te21_executive-summary_14052010-updated.pdf?sfvrsn=2.

② Australian Institute for Teaching and School Leadership. Australian professional standards for teachers [Z/OL]. (2011-02-15) [2020-12-25]. http://www.aitsl.edu.au/docs/default-source/apst-resources/australianprofessionalstandardforteachersfinal.pdf .

作,能与其他教育团队合作。[1]最后是按照教师专业标准进行划分,即以专业知识、专业能力和教师道德规范为基础。如有学者从师德与理念素养、知识与能力素养、综合素养三个维度来构建教师核心素养。这三大维度下又细分了八个子维度,包括师德素养、教育理念素养、知识素养、教育教学能力素养、人文素养、信息素养、研究素养和自主发展素养。他们认为学生核心素养培养的前提与根本应该是教师核心素养,抛开教师核心素养谈学生核心素养是不现实的[2]。

·融合说

融合说将重心放在了教师与学生、教师与工作环境、教师与社会的互动上,不再局限于各模块并列的形式,认为教师核心素养是教师能够在教育场景中恰当运用一系列不可分割的整体素养。该观点坚持以问题解决为中心,将教师核心素养理解为能够高度熟练地做出复杂行为的能力。例如欧盟2005年发布的《欧洲教师素养及资格的共同标准》(*Common European Principles for Teacher Competences and Qualifications*)提出教师应该具备三大类的核心素养,即与他人合作的素养,运用知识、技术和信息的素养以及紧密联系社会的素养。[3]这一标准依据"知识型欧洲"的时代发展需求,提出促进教师的培养目标,旨在为欧盟各国教师持续性发展和推动学生终身学习提供一个共同的参考标准和发展方向。

综合来看,虽然上述构建教师核心素养框架的代表性观点视角与内容不尽相同,但基本都强调了教师创新思维能力的重要性[4],聚合着同样的价值追求,即以学生为中心、尊重多元文化、终身学习、反思实践等符

---

[1] 王潇晨,张善超.教师核心素养的框架、内涵与特征[J].教学与管理,2020(1):8-11.

[2] 桑国元,郑立平,李进成.21世纪教师的核心素养[M].北京:北京师范大学出版社,2017: 18-28.

[3] European Commission. Common European principles for teacher competences and qualifications [EB/OL]. (2009-11-30) [2020-12-25]. http://www.pef.uni-lj.si/bologna/dokumenti/eu-common-principles.pdf.

[4] 刘丽强,谢泽源.教师核心素养的模型及培育路径研究[J].教育学术月刊,2019(6):77-85.

合主流价值的教育观念[1],要求教师应当进一步增强合作意识和文化意识,扩展视野以及沟通能力,提升个人文化素养、反思素养和实践创新素养,增强师生互动,并且不断实现自身素养的价值提升,以此为学生核心素养的发展提供更多有效的支持。

智慧学习

智慧学习是在智慧理念的引领下,从不同的信息源收集学习环境数据、个体认知数据、生命体征数据、行为数据、脑神经活动数据等,进行多维度的学习分析和跨媒体的泛化推理,揭示学习过程的心理活动、认知机制、行为模式等,并对学习障碍及其原因进行深度分析,做出合理决策,提出科学建议的创新学习范式。智慧学习广义上是人工智能技术在学习过程中与现代学习理念相融合,蕴含"全类型"学习与"全人"的融合型创新性学习。狭义上的智慧学习,是指在智慧理念的引领和智能技术的支持下,以人机协同相结合的方式进行的学习行为。

▪ 智慧学习的基本特征

从现代学习理论来看,智慧学习具有"8C"特征(图2.2):(1)内容(Content):仔细考量在智能技术环境下什么内容最有价值,包括知识、思维、技能、情感和过程,做出价值的判断和选择。(2)联结(Connect):学习的意义就是产生联结,这是关联主义学习理论的主要观点。(3)沉思(Contemplation):指对学习活动过程的反思和自我调节,涉及认知的应用和以计划、调节和评价为核心要素的自我管理能力。(4)情境(Context):注重情景化的学习,以便更容易领悟学习情境中客体、人、符号以及它们之间的相互关系,促进知识的情境迁移。(5)建构(Construction):注重意

---

[1] 曾文茜,罗生全.国外中小学教师核心素养的价值分析[J].外国中小学教育,2017(7):9-16.

义的生成和心智模式构建,有效运用同化和顺应的机制,扩充或改组自己的认知结构。(6)专注力(Caring):指学习时的心力聚焦或"心流"(Flow)状态以及驱动学习的内在动机的激发和维持。(7)能力(Competence):多元智能或不同才能可以在创造性的问题求解或协作任务活动中相得益彰。(8)共同体(Community):全球共同体为世界上不同地方的学习与交流提供了便利条件。共同体特征是学习者们互相交流合作的共同智慧凝结,体现了学习的社会性特征。[①]

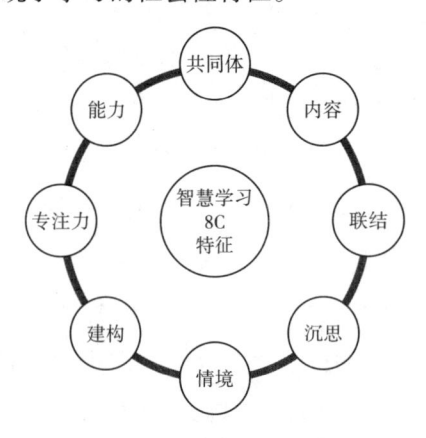

图2.2 智慧学习8C特征

智慧学习借用智能技术改造传统学习,带来学习内涵的拓展、师生关系的转变以及学习过程的智能化转向。从本质特征来看,智慧学习表现为个性、高效、自然、沉浸、持续。从学习者的角度来看,智慧学习打破了学习的边界感,极大程度提升了工作、生活以及学习的现实感,充分体现了以学习者为中心、自我导向为主导的特征。在学习形式上,智慧学习通过"情景感应""个性化学习分析"等路径实现数字学习、移动学习、泛在学习等的有机整合。

• **智适应学习系统**

智适应学习是指运用人工智能技术检测学生现有的学习状态和知

[①] 易凯谕.智慧学习内涵及能力框架研究[D].南昌:江西师范大学,2019:37.

识水平,并预测其未来的学习趋势,从而智能地为学生提供最佳的学习内容和学习路径,以满足其个性化的学习方式。①智适应学习是自适应学习的优化升级,而自适应学习并非一个新概念。在教育语境下,任何考虑并满足学习者个人需求的教学形式都可以被称作是"自适应的"。"AI+教育"的语境下,智适应学习即"AI+自适应学习",是借助人工智能自适应技术为学习者创设一种符合其多样化学习需求的学习环境,推荐给学习者个性化的学习内容、独特的学习路径、有效的学习策略,满足学习者的个性化需求。本质上,人工智能自适应是一种基于教育大数据的可规模化的个性化学习,其基本原理可以表述为"基于大数据挖掘与分析得到待训练样本→用数据去训练基于人工智能算法构建的模型→基于模型对各类自适应学习环节进行预测/推荐",输出的核心要素包括学习材料,用来测评学生是否掌握学习材料的标准和学习材料的推送顺序。智适应学习的基本特征主要体现在内容、课程、算法和数据四个方面。首先,大体量的内容奠定了知识基础;其次,定制化的课程满足了人才培养需要;再次,多样化的算法提供了技术支撑;最后,精准化的数据给予了实时反馈。鉴于此,融合了四个特征的智适应学习为个性化学习打造了强劲的后盾。

智适应学习系统是指以数据驱动的方式智能识别学生的学习风格等个性特征,并利用知识图谱等人工智能技术,深度诊断其学习情况,为其提供实时、动态、智能化和个性化的指导,从而满足学生个性化需求的学习系统。②它以先行测验为起始点,以学习辅导为终点,构成了一个包含"测—学—练—评—辅"的个性化学习闭环。它的优势在于能最大限度地模拟专家型教师,对学生实施量体裁衣式的教育。如果说智适应学习是理念层面的革新,那么智适应学习系统则是基于该理念的运用,两者之间是抽象理论与具体实践的关系。智适应学习系统是智适应学习

---

① 李海峰,王炜.人工智能支持下的智适应学习模式[J].中国电化教育,2018(12):88-95+112.
② 李振,周东岱,刘娜,等.人工智能应用背景下的教育人工智能研究[J].现代教育技术,2018, 28(9):19-25.

理念的现实着力点,两者之间是不可分割的一个整体。智适应学习理念要通过智适应学习系统的运行才具有实践价值,而智适应学习系统又需蕴含智适应学习理念才具有理论意义。[①]

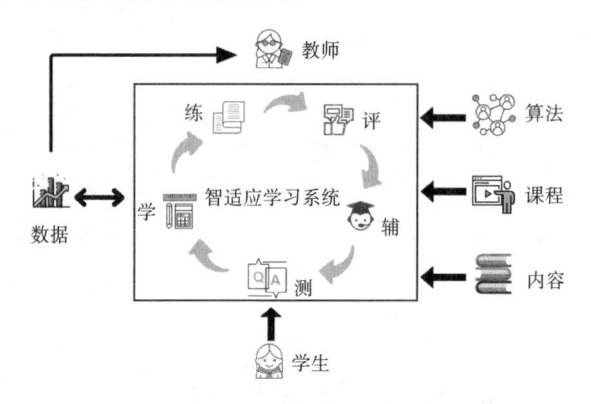

图2.3 智适应学习系统的学习模型

- **以先行测验为基础,定位知识点**

先行测验是指在进入系统学习之前,首先要通过少量的习题,检测出学生对所学知识点的掌握情况,以此为基础精准推荐适宜的学习内容和学习路径提供参考。在先行测验的基础上,系统能快速、精确地诊断出学生对知识点的掌握程度,洞察学生的发展潜力,并初步界定最近发展区。通过先行测验,系统可以精确地诊断出学生现有的知识水平,定位其薄弱知识点,并按图索骥地进行教学,为后续个性化学习提供数据支持。

- **以知识粒度为内容,聚焦知识点**

先行测验之后,就是知识点的具体学习环节。智适应学习系统的一大优势在于其将知识点进行了细化拆分,并将视频作为学习内容的载体和学习形式,使学生理解和掌握知识点。知识点的拆分越细致,知识点之间的衔接过渡就越自然,学生也就越容易聚焦到某一个具体的知识点

[①] 周琴,文欣月.从自适应到智适应:人工智能时代个性化学习新路径[J].现代教育管理,2020(9):89—96.

上进行攻克。在学习环节中,智适应学习系统不仅使用了分类树和模糊逻辑算法推荐了最优的学习内容,还使用了遗传基因算法推荐了最佳的学习路径,以此为个性化学习奠定了知识基础。

•以典型习题为靶向,监测知识点

在习得知识点之后,需要搭配适量的典型习题来巩固知识点。智适应学习系统会根据不同的内容设置不同数量、不同难度以及不同形式的典型习题,来实时监测学生对知识的掌握情况,并根据反馈的数据及时调整学习内容与路径,更加智能地引领个性化学习。例如ALEKS在习题靶向阶段采用了开放式题目进行诊断,规避学生未经思考快速答题的现象,这样可以有效降低猜题的可能性,获得更加客观的数据。可见,智适应学习系统通过典型习题监测学生对知识点的掌握情况,既有效规避了题海战术,又提供了实时反馈,为个性化学习创造了有效的监测机制。

•以综合测验为标准,评价知识点

综合测验是智适应学习系统对学生知识点掌握程度的综合性评价。与先行测验不同,它主要从综合角度去评估学生的学习效果,并以学习报告和巩固测验报告等形式呈现。它既是一个形成性的检测,又是一个总结性的评价。学生可以根据综合测验的数据对学习进程和学习方式进行适当地调整,也可将其作为下一阶段学习的基础性参考。综合测验作为线上学习的最后环节,为个性化学习提供了评价标准。学习者通过"测—学—练—评"的线上学习过程,有效地提高了学习效率,提升了学习效果。

•以学习辅导为辅助,攻克知识点

学习辅导包括了智能教师的线上讲授和真人教师的线下辅导两种形式,是一种人机协同的教学模式。智能教师通过交互式的学习方式,使学生在多维互动中完成知识建构,并根据学生的实际学习情况,为其量身打造私人定制化的学习内容,满足学生的个性化需求。[①]而线下辅导主要是构建包括智适应学习系统、教师和学生"三位一体"的智慧学习空间,使得师生之间、生生之间构成知识共生体。如 ALEKS 就是一个一体化、一站式的辅导老师,它的翻转课堂教学模式允许学生在遇到 ALEKS 无法解答的问题时,可求助于真人教师。通过智能教师的精准教学和真人教师的细致辅导,逐步提升学习效果,为个性化学习提供了有力保障。

根据人工智能技术的水平,智适应学习系统的智能等级可以分为五个等级。Level 0 和 Level 1 的教育都是基于简单规则的判断,进行学习内容推送,属于初级应用。Level 2 开始设计难度递增的课程,而从 Level 3 开始涉及知识图谱和概率模型。Level 4 等级通过计算机技术打造的智适应系统把高质量的内容推送到老师和学生的面前,以辅助教与学的过程,并使得整个过程可量化。达到这个水平的智适应学习系统,可以做到拿到任何一道学科题目,就可以用多种策略得到正确答案。Level 5 为最理想等级,专注于对孩子想象力和创造力的塑造,对学生状态的把控,分析情感因素和主观能动性,从而提升学习能力、创造力和能动性,进而培养一个完整而智慧的人。[②]

表2.2 智适应学习系统的智能等级

智适应级别	级别名称	等级释义	等级	例子
Level 0	基于难度等级的智适应学习	根据固定测试判断学生能力水平,系统根据学生能力级别,按事先订制的能力匹配,通过设计难度递增的课程,完成课程推送	初级	Khan Academy

---

[①] 周美云.机遇、挑战与对策:人工智能时代的教学变革[J].现代教育管理,2020(3):110-116.
[②] 德勤咨询.2019年全球教育智能化发展报告[R/OL].(2019-11-24)[2020-12-12].https://www2.deloitte.com/cn/zh/pages/technology-media-and-telecommunications/articles/development-of-ai-based-education-in-china.html.

续表

智适应级别	级别名称	等级释义	等级	例子
Level 1	基于简单规则和工具自动化的智适应学习	基于规则的智适应学习,其本质是决策树,判断学生的某种行为是否正确,从而完成题目和作业推送。在工具和测评层面使用人工智能(拍照答题,自动阅卷等),提高任务环节的效率	初级	作业帮,猿辅导
Level 2	基于项目反应理论模型(Item Response Theory)模型的智适应测试	以IRT为基础的测评体系实时推荐,当学生完成得好的时候就加大挑战难度,当学生完成得有问题时,就相应减少难度,达到高效率的测试效果	中级	GRE,ACT
Level 3	基于知识点网络和概率模型的智适应学习	系统在整个知识图谱体系里,应用知识空间理论(Education Data Mining)或贝叶斯知识追踪(Bayesin Knowledge Tracing)通过学生做题情况,推断知识点的掌握程度,相应调整学生实时学习路径,推荐优化的学习任务。重心在于知识点相关联形成的知识图谱的建立和针对任务的自然语言处理(Natural Language Processing)对话。	中级	AL EKS,Cognitive Tutor,Knewton
Level 4	基于多维度学习元素,能力目标和细分知识图谱的智适应学习	考虑多维度的学习元素(情感因素、学习兴趣和积极性、能动性,注意力等Multimodal Integrated Behavioral Analysis因素),增加深度学习方法,不仅采纳知识图谱,而且应用细分思想方法、能力、方法(MCM体系)的智适应学习	中高级	IBM Watson,X学教育—松鼠Al

续表

智适应级别	级别名称	等级释义	等级	例子
Level 5	基于增强学习和遗传算法,把认知科学和深度学习相结合的智适应学习	真正 AI 级别的智适应学习,基于 Human-in-the-loop,模拟学生和模拟学生人机对抗模型进行增强学习(RL)和遗传算法(Genetic Algorithm)生成教学策略;符号推理,认知科学和深度学习相结合,综合个体学习和集体学习(Problem-Based Learning),形成场景植入和学习伴侣能力的智适应学习,在学习知识的前提下,进一步培养知识体系、学习能力、学习习惯和创造力等整体学习水平	高级	

智慧校园

随着我国教育信息化从 1.0 到 2.0 的升级迭代,传统校园经历了多媒体教学应用和数字校园,迈向智慧校园建设新阶段。智慧校园是对数字校园的进一步扩展与提升。它综合运用云计算、物联网、移动互联、大数据、智能感知、商业智能、知识管理、社交网络等新兴技术,全面感知校园物理环境,智能识别师生群体的学习、工作情景和个体特征,将学校物理空间和数字空间有机衔接起来,为师生建立智能开放的教育教学环境和便利舒适的生活环境,改变师生与资源、环境的交互方式,实现以人为本的个性化创新服务。相比数字校园,它更强调对师生的行为、位置、时间、工具的感知和用户的服务体验,即 5A(Anywhere、Anytime、Anybody、Anydevice、Anyhow)。简单概括,智慧校园是通过借助云计算、虚拟现实技术、物联网等新兴技术,打造出来的具有智能化、感知化、物联化、信息化的新型校园。

案例2.4 智慧校园总体架构

2018年6月7日,国家标准化管理委员会公布了国家标准文件《智慧校园总体框架(GB/T36342-2018)》,对如何部署智慧校园的总体架构,如何实现智慧教学环境,如何构建智慧教学资源,如何部署智慧教学管理系统,如何构建智慧教学服务等进行了明确规范。该标准于2019年1月1日正式实施。[1]

智慧校园建设总体架构可以参考国家标准,结合学校信息化建设实际情况进行顶层设计。一般来说,主要采用"四层两翼"的架构。四层包括:基础设施层、支撑平台层、应用平台层以及应用终端层;两翼包括智慧校园技术规范保障体系与智慧校园网络与信息安全体系。

从具体的操作层面来看,智慧校园是以统一门户的形式,呈现基于智能平板、班牌、电子图书借阅机等智能设备搜集的数据信息,向老师、家长、学生和管理者提供综合信息服务。智慧校园解决方案是包括感知层、基础网络层、教育平台、系列化智慧服务在内的综合性架构。此外,智慧校园还以云计算为核心,以高性能的宽带网络统一承载,向老师、家长、学生和管理者提供智能感知、协同应用、深度融合的综合信息服务,提升教育信息化水平,提高管理效率,促进教育创新。

·智能化

近些年来,作为教育现代化信息化的载体,新技术极大程度上减轻人力物力财力的损失,使学校实现人性化智能化的管理,实现了教师办公的自动化,沟通也更加快捷,使得教师教学、教务工作管理、学生学习以及校园建设服务系统多个智能校园的板块实现资源互通。这其中离不开大数据、物联网、泛在网络等新兴技术的使用。

传统校园资产是通过手工录入与管理,存在效率低、人力成本高、不准确,且资产位置不可知、易丢失等问题。智联校园可基于Wi-Fi和物联

---

[1] 国家市场监督管理总局,中国国家标准化管理委员会.智慧校园总体框架:GB/T36342-2018[S].北京:中国标准出版社,2018.

网技术实现校园资产的智慧化管理、资产使用率可视管理等功能,提升资产管理效率,防止资产丢失。资产管理系统集成电子围栏、地图等功能,当核心资产出边界范围时,自动告警,防止丢失。在资产上串入电流标签,通过采集资产的电流,判断资产使用状态,进而分析资产的使用频率、时长等信息,为采购评估提供量化数据。校园一卡通的建设目标是在校内通过一张卡,或手机/二维码甚至人脸识别取代学校管理和生活中的各种卡证(包括学生证、工作证、出入证、借书证、上机卡、医疗证消费卡等),实现"一卡在手,校园学习生活全有"。同时学校可以动态掌握每个持卡人的情况,提高学校管理水平。身份识别方面体现在提供通道认证、电子门禁、考勤签到等功能;学习医疗服务体现在提供图书借阅、成绩咨询、校内就医等功能;金融服务体现在校园园区内在线支付、缴费、充值、消费记录查询等。

▪ 感知化

感知化具体体现在传感器、射频识别、智能监控等,基于互联网技术(Information Technology,简称IT)、通信技术(Information Communication Technology,简称ICT)等对学校中所有有用信息进行资源的整合与处理,结合校园物联网系统进行管控与调整,提高校园的智能化科学化运行。学校教室的照明设施可以根据感应教室人数来进行亮度的调整,就是感知化很好的例子。VR/AR智慧课堂也直接体现了智慧校园的感知化。通过VR/AR技术教师可以创设更加生动的教学课堂环境,学生、老师配备VR眼镜或AR终端等实现更为直观的教学体验;使用VR/AR可以给教师以及学生提供现实世界中操作困难以及有危险的更加直观的课程,也提升了学生的学习理解力以及知识的掌握度。

面向早教,VR/AR课堂因其生动有趣的卡通3D形象备受孩子和家长的青睐。主要应用形式包括:①AR卡牌:通过AR技术让平面图片或卡牌"立体动起来",吸引儿童注意力。②AR书籍:AR书籍可视为多张卡牌的一个集合，但其包含的内容多，相互之间关系密切，有故事有情节，犹如亲身体验一般，对孩子产生极大吸引力。③AR游戏教学：将游戏与教育结合，孩子通过玩游戏学知识，通过寓教于乐的方式提高儿童的专注力和知识吸收效率。

面向K12教育，VR/AR课堂提供的课程包括科学、历史、地理、生物、物理、化学、艺术等。通过VR/AR课件，帮助学生亲身体验各种知识，身临其境参与各类实验。如对历史古迹、地形地貌、天体运行的体验感知，对人体骨骼、关节、眼球、人体血液、心脏结构及心跳呼吸变化等的全方位感知，实操生物、化学等实验等。

面向职业培训/高校教育，VR/AR课堂主要应用在医疗培训、工程实训领域辅助教学以及VR/AR人才培养。主要应用形式包括：①高成本、高风险场景的"实操"培训。如通过VR/AR技术实现手术模拟、汽车拆解及维修实训、飞机驾驶培训等。②稀有场景模拟教学。如通过VR/AR技术展现地震、火灾场景，对学员进行逃生演习培训。

未来VR/AR课堂发展将通过云端高性能计算渲染，丰富和保护内容、降低使用成本。将处理能力转移到云端，降低终端要求，使终端更轻便舒适、成本更低廉。同时，通过内容云化，极大地丰富VR/AR课堂应用场景，从实体课堂走向在线直播、互动课堂等。"VR/AR+教育"的新型形式，有利于学生对于相关知识的快速掌握与吸收，是一种符合儿童身心健康发展的全新教学体验。例如教师可以设置"身临其境"的教学场景，使教学过程更加生动也使学生有更直观的教学体验。

- **物联化**

物联网是指通过射频识别、红外线感应、全球定位系统激光扫描器等信息传感设备，把世界上任何东西与互联网结合起来，来进行信息交流以实现智能化管理的网络。在智能校园建设过程中，物联感知系统是其中最为常用的部分。实践中可利用采集器、传感器、射频识别以及二维码和现代高清视频监控感知设备,有效地实现数字化管理与实时监控。物联网能使相关的信息充分的结合起来,使人与人、人与物直接更加流畅的联系起来。例如,在智慧校园中,学校可以利用手机微信与互联网搭建家校管理系统,给老师学生以及家长都提供了一个良好的交流沟通的平台。根据校园中的具体情况,合理地对传感器、视频数据采集设备进行布局、联网;通过采集器、二维码以及射频识别技术,对校园环境进行标志;构建现代校园环境数据库、服务平台,借助物联网络构建应用管理系统。通常包括:①数字化图书馆。以射频识别智能标签技术为方向,建设图书馆综合管理平台,实现图书自动清点、图书自助借还、图书区域定位,开发智能导航系统,方便读者快速准确的查找图书,提高图书馆管理效率,提升读者服务能力。②绿色节能校园。利用智能传感技术和信息化技术,对学校的各种耗能设备进行实时监控、智能分析、优化调度、管理控制,达到节能减排、低碳环保、降低学校运行成本,实现节约型绿色学校的建设。如能源质量管理、照明能源管理、各仪器设备的能源管理等。各能源管理系统应整合为一个整体,可提供实时数据和分析统计报告等。

▪ 信息化

根据海量的信息以及数据的整理与建模,智慧校园可以依托此来进行模型建构,以达到对学校各个板块进行准确的分析与预测。如果遇到相关问题还能及时处理,通过大数据的智能推理,可以更加快速并准确的做出相应的决策,极大程度上体现了智能的特性。其中宽带校园建设是对校园网络基础设施的建设和改造,最终目标是实现校园宽带网络全接入、全覆盖,其四个板块都体现了智慧校园信息化的功能:①全场景无线覆盖校园:支持移动学习、移动教学和移动办公等应用。②全联接超宽校园:满足教学和办公需要,支持高峰期的群体并发访问。③网络行为可管校园:支持用户上网行为审计,实现绿色上网、避免上网沉迷。④极简易运维校园：支持校园网络智能规划和自动部署、有线无线网络融合管理、业务和策略自动化等功能。

·全场景高清视频监控

在校园出入口及道路、校园周界围墙、校园内教学楼、办公楼、图书馆、宿舍公寓、校园室外、操场等地部署高清摄像机，实现校园无盲点监控。根据不同监控场景，选择球机、枪机、卡口专用摄像机，动静结合，实现人车综合管控。同时采用红外摄像机进一步提升夜间监控能力。视频监控存储采用全网络化、全数字化的高清系统。

·门禁管理

通过门禁管理，实现对校园内人员、车辆通行的控制管理。门禁系统同时支持与报警、视频监控系统对接，实现联动响应。在校园出入口部署门禁，对人员、车辆进出权限进行管理。在重要区域如行政区域、实验室等部署门禁，管理人员进出权限。

·电子巡更

可在教学楼、实验室和行政中心等重要区域部署电子巡更设备，集中部署电子巡更管理系统，实现离线式巡更，对校园内安保人员的巡更工作进行记录，对安保人防工作加以管理和监督，规范校园巡防。支持三维巡视，模拟人员巡防线路，自动调阅巡防线路视频，即时直观省时省力。

·公共广播

在校园室内和室外部署公共广播系统，提供背景音乐播放、业务广播和紧急广播等。公共广播系统支持与报警系统、视频监控系统联动。与此同时，如果遇到校园安全突发事件，公共广播还可以迅速转化成信息传递媒介，通过广播控制中心进行调控，能在第一时间达到信息通知的效果，及时进行人员的疏散，极大程度上减少损失。

·校园大型设施集中监控

包括对给排水系统、配电系统状态及电梯系统状态的集中监控，降低维护成本同时，通过实时数据采集，对校园水、电、暖等分类能耗量，及校园空调、照明、动力等分项用电量进行精细化统计，分析校园内水、电、气等能耗数据，准确及时掌握耗能情况，提升能源利用率，有效实现节能减排。

案例2.5 腾讯智慧校园

腾讯智慧校园是一款腾讯于2015年正式发布的智慧校园产品。该产品面向各级各类学校，从幼儿园、中小学、普通高校以及职业学校，为实现智慧校园移动生态圈提供了良好的展现与辅助。该产品在微信客户端的基础上进行研发，分析各类学校的独特需求，为不同用户人群提供便利服务，从而达到学校与互联网的智能融合。学校、教师、学生以及家长只要通过微信实名认证后就可以享用家校互动、师生沟通、教师考勤、教务系统等满足各类人需要的操作。

目前该产品研发出幼儿园、中小学、高校三个不同时段的使用版本。而每个版本都根据受众者的不同各有设计上的侧重，例如幼儿园目前开发出30项相关功能，主要侧重于家校联系与互动；中小学开发出39项功能，主要侧重于教师与家长的沟通与互动；高校版本使用最为广泛而其主要侧重于教师的考勤、教务系统的开发与使用功能。该产品应用门槛低，只要有微信就能方便地使用，功能强大并在不断研发中，实现了移动版的教育生态流动。

腾讯智慧校园为不同受众人群提供特制适当的功能。(1)学校端：提供消息通知发布，学期教学计划发布以及校园文化创设的功能。优质学校还可以通过该平台将本校优质课程发布到平台上，教师也可分享优秀教学思维方法到平台上以实现资源共享，很大程度上解决了目前我国教育资源分配不均衡的情况。(2)老师端：提供线上考勤，在线班会以及针对学生的精准个体关注。此外，教师还能在该平台上进行课题申报、查看教务系统、对学生家长的问题进行及时回复与交流等功能。(3)学生端：根据现实情况，目前学生端主要面向高校学生以及中小学学生，其分为生活与学习板块。学习板块中，学生可以自行查看课表、在线选课以及利用网上资源学习优质共享课程。生活板块则可以在平台上完成宿舍电费缴纳以及其他消费。(4)家长端：家长可以利用该平台了解孩子在学校的近期表现，能及时与老师进行一对一沟通，这使家校沟通更加紧密，极大地提升了沟通的效率。

智慧校园建设秉持着"以服务为核心，以管理为支撑"的理念，强调智能感知、资源组织、信息交换、管理逻辑与科学决策等环节与学校教育教学活动的深度融合，其最终目的是为师生提供更好的服务。智慧校园的核心特征是师生不同角色的个性化服务、校内各应用和服务领域的互联和协作、学校与外部世界间的交流和感知。如果在学校建设中加入"智慧"的内涵元素，可以在指定场景下对周围环境进行数据信息的收集与处理，并且能够结合自我认知提供相关问题的解决方案，在后续过程中进行合适的优化处理，以最终实现目的。因此智慧校园建设，重点在于以下六方面的突破。

第一，基于情境感知技术的智能感知。一个学校若是"智慧"的学校，其学校环境中的每个部分板块都需要具备能被感知、收集和理解的能力，记录教学环境以及教师和学生的状态，这样才能提供基于角色的个性化的定制服务。

第二，基于物联网、泛在网络的互通互联。智慧校园通过智能技术搭建的物联基本网络，实现校园内部人、事、物的无缝联通，并为学校与外部世界的信息传递提供一个接口。

第三，优质教育资源的集成与共享。在全球化的背景下，智慧校园可以借助最新智能技术从而达到地区、全国甚至全球的资源共建与共享。

第四，基于大数据理念的智能管理。依靠智能技术在校园内各个板块进行升级改造，对校园环境、教学服务、教学环境进行智能管理，来确保智慧学校的科学性以及相关决策的准确性。

第五，智能技术与教师教学的结合。智慧校园中的教师教学，智能技术是潜移默化融入教学过程中的,而不再是之前独立于教学、单独存在的辅助性实物,这给师生都提供了前所未有的沉浸式独特体验。

第六,泛在深度可持续性的学习发展。智慧校园将教育教学和智能技术相结合,使教学生态圈发生了质的改变,深化教学模式,使课程教学评价更加联动,从而达到最终一致的目标,即实现学生的"智慧"生成。

总而言之,智慧学校的建设目标是为了达到先进理念以及当前智能技术的深度结合,而不是简单地在信息技术的大背景下对校园环境、教务管理以及教师教学进行片面的改造,其最终价值还是回归于教育的本身,即培养出拥有21世纪基本核心素养的、能够根据社会变化进行调整并具有终身学习能力的智慧型人才。

第三章
教师会被人工智能取代吗

有人担心智能技术是个危险的潘多拉魔盒,担心人类最终会被人工智能取代。那么,技术奇点会来临吗?教师会被人工智能取代吗?在智能化时代,知识呈现增速加快、体量加大、结构变复杂等特征,智能技术的研发毫无疑问是一把双刃剑,它在带来机遇的同时也诱发了一系列挑战。一方面,人工智能与大数据的结合,使人类接收信息和分析数据变得愈发快捷,准确度也不断提高,这就为变革传统范式带来了契机;另一方面,人工智能基于强大的存储与运算能力,对事务预判的准确度与知识学习能力可全面超越人类。未来,不仅简单重复性的工作将被人工智能取代,复杂创造性的工作也可能会被人工智能取代。但是,由于教育的特殊性和复杂性,其具有"零和一"的概念("一"是指教师,"零"是指技术),故教师在教育中的作用是不言而喻的,他赋予教育高创造性和高情感性的意义。因此,无论时代变迁还是技术革新,教育者们始终需秉承"技术变革教育而非引领教育"的理念,发挥教师宏观把控的积极作用。由此可见,教师被人工智能取代的可能性微乎其微,但教师与人工智能之间的交融性却有深有浅。这也在一定程度上反映了随着时代变迁,人与机器的关系也发生着深刻的延异运动,对于人机关系的考量也越发深刻。根据人机交融的深度,形成了交融性依次递增的四种人机关系:人机交互、人机协同、人机融合、人机共生。本章将围绕四种人机关系,尝试从教育教学层面厘清教师与人工智能之间的关系。

人机交互

人机交互（Human Computer Interface，HCI）的概念最早于1975年提出。从第一台计算机诞生到互联网普及，人机交互经历了早期的手工操作阶段、作业控制语言和命令交互语言阶段、图形用户界面阶段和网络用户界面阶段。随着互联网产业的深入发展，人类社会已经进入信息时代。自然用户界面（Natural User Interface，NUI）是根据用户日常行为的心理模式设计的，使使用该设备经验较少的用户在与计算机交互时不需要刻意记忆相关程序功能，可以大大减轻用户的记忆负担，解决界面功能复杂与用户相关程序知识薄弱的突出矛盾。当人类社会迈入智能化时代，随着计算机技术与教育领域的深度融合，人机交互逐渐成为教育领域中无法逃避的焦点问题，如移动设备和互联网的普及使得师生可突破时空限制，无边界地学习；虚拟现实技术的兴起使师生拥有了沉浸式的教与学体验；人工智能技术的研发使机器能更好地理解与辅助教师的教学设计，满足学生的个性化发展需求。目前，人机交互的特征主要趋向于拟人化、智能化、自然化和实体化。

新技术的发展必然对教育领域中的人机交互提出新的要求，因此重新定义人机交互的内涵和外延就显得十分必要。教育领域的人机交互主要是指物理空间、数字空间和社会空间中师生与智能机器的交互。这里的师生是指能够与电脑自然互动的师生，"智能机器"是指具有人类意图表达和感知能力的智能计算机。图3.1所示为基于"交互教师""交互学生"与"智能机器"三个角色的人机交互模型。未来人机交互技术的发展，除了从不同角度研究人机交互的各种因素外，作为教育领域中人机交互核心的教师和学生，也将与技术和交互设备的发展相融合。因此，教育领域的人机交互将走向"感知"趋同，主要交互行为将体现为智能机器对教学现象和师生行为的感知，从而履行为师生服务的功能。

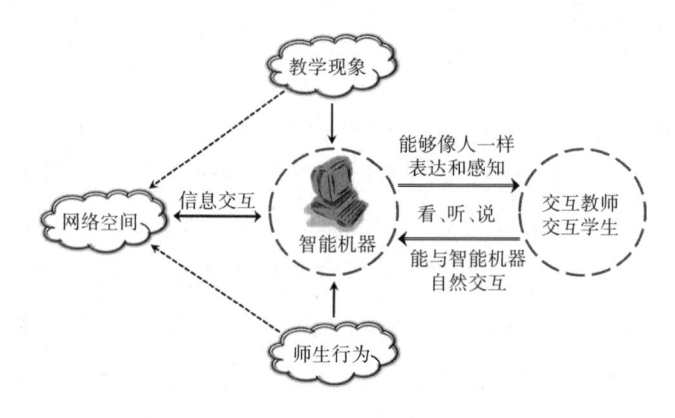

图3.1 师生与智能机的交互模型

˙如何交互？

传统的人机交互需要借助键盘、鼠标等外部设备进行信息传输。新一代人机交互主要采用语言、动作、表情等自然输入形式。它以用户为输入设备，能够更有效地发掘和利用用户已有的心理模型和知识，从而构建合适的"隐喻"，提高人机交互的自然性和效率。据此，人机交互的方式从物理匹配、认知匹配进化到认知耦合。

˙物理匹配状态

人机交互的物理匹配是指人机交互的"时不变"特性。从人机交互的角度来看，相同的输入在任何时候都可以得到相同的输出。例如，弹钢琴是"人机交互"，但它是一个具有"时不变"特性的物理系统。任何时候，任何人按钢琴键都会发出同样的声音。在教育教学中，人机交互的物理匹配状态是指在不考虑时间和空间的变化、教师和学生的个性和操作的情况下，教师和学生根据经验和记忆完成操作和任务。

˙认知匹配状态

随着智能设备的快速普及，其认知智能也得到广泛的开发和利用。在人机交互过程中，认知匹配即计算机认知系统能够理解用户，并根据用户的操作做出相关反应,如在不同的时间和问题情境下,即使相同的输入也可能因认知逻辑的不同而得到不同的输出,即"时时变"特性。目前在教学过程中应用较为普遍的人机交互均属于这一状态,计算机可依据师生的个性化特征与操作状态等具体情境给出不同的反馈,具有"应变"能力。

·认知耦合状态

认知耦合水平是指人与机器之间通过认知匹配的水平进行交互,相互影响、相互依赖,甚至联合起来实现高效的学习和教学体验。认知耦合要求计算机记录教师和学生的个性、知识水平和习惯,成为交互调节的参数;另外,教师和学生与计算机的交互应达到一个平滑的水平,实现个体单独教学或学习难以到达的水平[1]。

·人机交互教学应用场景

随着人工智能在社会环境中的渗透,人机交互在教学中的应用也迅速普及,从最初的触摸式白板、电子书包到现在的语音识别、图像识别、虚拟现实、体感交互等,进而衍生出自动答疑、体感游戏与虚拟现实等人机交互的教学应用场景。

·自动答疑

随着语音识别、图像识别、手势识别、语音分析等技术的发展,机器模拟教师进行答疑成为可能。学霸君、作业帮等软件通过使用图像识别技术模拟老师答题。当学习者遇到问题时,只需要用手机拍照上传到APP,它就能在1到2秒钟内反馈答案和解析。这种软件不仅能识别机打文字,而且随着技术的发展,能越来越准确地识别手写文字。

---

[1] 陈凤燕,朱旭,程仁贵,等.基于认知耦合态的翻转课堂人机交互设计[J].远程教育杂志,2014,32(4):45-53.

•体感游戏

体感游戏是体感交互(Gestural Interaction)在教育领域应用的主战场。学生通过不同的游戏(如怪物、运动、冒险等)掌握特定的行为和社交技能,学会沟通和团队合作,并积极加强彼此之间的关系,建立信任,实现体育锻炼和社会交往。在体感交互技术的发展中,Kinect具有重要的意义。Kinect是微软公司开发的一种姿态传感输入设备。与传统的输入设备(如键盘和鼠标)不同,Kinect通过用户的身体直接控制终端。它使设备以最自然、最自由、最柔软的方式与环境进行交互,有效地减少了硬件设备对用户的束缚,降低了用户的认知负荷,提高了性能,提高了用户的参与度,加深了用户的情感体验。

•虚拟实验室

VR由于其具备沉浸性、交互性和想象性的特征,能够创造出拟真的教学环境,因而在教育中具有广泛的应用前景。根据不同的学习方式和任务特征,可将虚拟现实技术的教学应用分为观察性学习、操作性学习和社会性学习三种类型。其中,观察性学习是指通过多视角观察而展开的三维虚拟空间中的学习活动。与传统的二维教学方式不同,虚拟现实技术的引入允许学习者在三维虚拟环境中自由导航,根据需要从不同的空间视角获得对事物的直观体验和感受,从而对事物特征、结构或相关过程产生更为深入的理解。操作性学习主要分为教学操作和科研操作两种。在教学操作中,一些技能训练和操作任务的学习可以通过模拟真实的任务情境,为学习者提供在其中反复练习的机会,有利于学习者将所学技能迁移到真实的操作任务中。而科研操作主要指的是虚拟现实实验室,特别是理工类的学科领域。对于一些在真实世界中开展起来成本昂贵,或存在较高危险性的学习任务,虚拟现实技术为其提供了更为便捷和安全的训练和操作机会。社会性学习是指学习者在拟真的社会情境下,通过与他人的交互及合作进行学习。基于虚拟技术交互性的特点,学习者在虚拟环境中能通过与他人协作完成多样化的学习任务。

案例 3.1 NOBOOK 虚拟实验室[①]

NOBOOK 虚拟实验室（简称为 NB 虚拟实验室）是由北京乐步教育开发的一款专为初高中教师打造的简单实用的教学工具软件，它提供虚拟的实验环境，通过鼠标或触屏选择平台中虚拟药品、虚拟仪器等进行实验，使用简单方便。NB 虚拟实验室不仅可以在电脑上使用，也可以在平板和手机上使用。NB 虚拟实验室包括 NB 物理虚拟实验室、NB 化学虚拟实验室、NB 生物虚拟实验室和 NB 小学科学虚拟实验室等四个不同学科的虚拟实验室。

以 NB 化学虚拟实验室为例，NB 化学虚拟实验室包含中学教材中常见的实验，包括有机化学、无机化学、结构化学、电化学等四大模块。NB 化学虚拟实验室涵盖实验器材 117 种和药品 253 种，含有初高中化学实验资源 176 个，内置自主研发的热力学引擎、力学引擎、粒子引擎以及速率系统、化学平衡系统、压强系统、化学反应系统等，实现了传统实验室无法完成的易燃易爆、有毒性以及其他高危险性实验，逼真动态展示化学反应现象、任意化学药品在任意液体中的溶解度关系、药品之间的反应速率、化学反应即时生成化学方程式等。为方便定量探究，该软件可查看反应过程中的各个参数，如：方程式、温度、体积、浓度、物质的量，真正为教师和学生提供了一个全开放的化学教学平台和自主探索性学习平台。NB 化学虚拟实验室具有以下核心特点：(1)仿真：器材、操作、现象均尽可能仿真。(2)强大的化学反应库：反应包括 K12 教材中的药品，能实现药品混合，反应随条件发生，现象随反应出现。(3)正确实验操作得出正确实验结果，错误操作产生相应结果：高锰酸钾制备氧气结束时先熄灭酒精灯出现倒吸，但是如果先将导管移出水面，则不倒吸。(4)能做有毒、危险的药品的反应：氯气、二氧化硫、浓硫酸等相关实验。(5)支持自主设计：可以根据设计的实验，在 NB 化学虚拟实验室中选择所需要的仪器和药品。(6)有趣：有课本中的焰色反应实验，也有烟花的焰色反应实验。

利用 NB 化学虚拟实验室进行化学实验时，教师、学生、NB 化学虚拟实验室三者之间的交互过程如下：根据个人喜好，学生可以在实验室空白实验平台上调整实验平台的尺寸比和背景颜色。在实验室右侧，他们

[①] 陈静棠.虚拟实验在高中化学教学中的应用研究[D].福州：福建师范大学,2019:14-15.

可以通过搜索或直接选择的方式将相关实验设备拖放到实验平台上。实验前,老师向学生讲解了在NB化学实验室进行虚拟实验时应注意的操作事项,包括虚拟实验仪器的位置、药物剂量的调整、需要记录的相关实验数据等。在实验过程中,教师可以根据情况选择是否演示,可以观察学生在实验过程中的行为,进行评价和指导,及时调整学生的错误;学生可以根据实验原理和实验指导手册连接安装实验装置,可以查看相关实验仪器的性能、有关物质及其化学方程式、体积、质量等信息,并利用实验平台的信息系统记录实验过程。教师引导学生打开每个实验仪器的属性栏,要求学生实时观察实验过程中各种物质产生的化学反应。同时,实验平台记录了反应现象和反应数据。学生在NB化学虚拟实验室完成实验后,教师对系统记录的实验操作中存在的问题进行分析和解答,并根据系统记录的数据对学生实验的完成情况和准确性进行评价。

人机协同

随着智能技术的发展,人机交互方式也朝着更加智能化的方向发展,教师与人工智能由交互走向了协同。英国著名语言学家雷·克利福德(Ray Clifford)指出,"科技不能取代教师,但是使用科技的教师却能取代不使用科技的教师"[1]。同理,在智能化时代,使用人工智能的教师将会取代不使用的教师,人机协同教学成为未来学校常见的教学模式,它为实现高效教学和个性化教育提供了新契机。所谓人机协同教学是指在教学过程中充分发挥教师和人工智能各自的优势,让教师与人工智能机器或设备各司其职并且协同合作,以达成"完人"和"智慧"的教育。关于人机协同的必要性可从智能化时代教师的"缺陷存在"与AI的"代具弥补"来阐述。

---

[1] CLIFFORD R. The status of computer-assisted language instruction [J].Calico Journal,1987,4(4): 9-16.

·教师的"缺陷存在"

随着智能化时代的到来,教育系统亟须大规模变革以适应时代对个性化、创新型人才的需要。对于教师来说,知识信息呈现增速加快、体量变大、结构更为复杂的特点,这毫无疑问是一把双刃剑,它可以快速拓宽教师获取信息的渠道,帮助教师完成部分烦琐枯燥的工作,为教师的发展带来更多的选择与可能。但是,随着当前教育改革对个性化教学的不断重视,教育的"大规模"与"个性化"之间的矛盾不断凸显,教师的"缺陷存在"成为制约大规模个性化教育的关键因素,使教师面临一定的挑战,具体体现在以下四个方面。

·知识调取和数据储存能力

知识的海量增长为教师的信息检索、记忆、存储、加工等带来了挑战,暴露出大脑信息加工能力的不足。大量实验表明,人类智能的本质是知觉组织形成的"知觉物体"[1]。对于人类智能的产生,其过程是感官将外界的信息送入大脑,并且从接收到的信息进行检索,选取有用的部分。例如,当教师看到一位行走的学生时,它所注意的是这个学生的整体,从而忽略其身上大量的细节信息。这种对大量信息"忽略"的现象正是源于人脑工作记忆容量的有限性。这种有限性首先表现在教师知识掌握方面的缺陷,知识的海量增长使教师在知识面、知识储量和知识更新速度等方面都难以和专门型的人工智能相提并论。教师的工作分为两类:一类是以教学设计、情感交流为代表的创造性工作,另一类是以批改作业、反馈为代表的机械重复性工作,而造成教师压力的主要原因在于后者。教师在处理此类工作时的效率不高,甚至会出现偏差的原因在于人脑的计算能力有限,人脑在信息检索、存储、加工信息过程中的运行速率要远远落后于机器,尤其是计算过程,具有模糊性和不稳定性。

---

[1] 龚怡宏.人工智能是否终将超越人类智能——基于机器学习与人脑认知基本原理的探讨[J].人民论坛·学术前沿,2016(7):12-21.

•外部信息识别能力

由于生活空间和社会空间的扩展,教师对于复杂、多变信息的识别和处理能力有限,如对于不同语种的识别和转换等存在一定的困难。在生活空间和社会空间的快速变化中,教师面对海量多样的知识信息时,其识别、判断和处理能力十分有限,如教师对不同国家的语音、语种的文本识别与转录能力有限,也无法根据学生在学习过程中展现出来的问题进行识别判断,只能通过作业、考试成绩等结果性数据进行分析。

•策略和规律的认知能力

在传统教学中,教师难以捕获所有学生的行为数据,只能通过对个体交互行为的主观感知来对教学模式、规则进行挖掘和分析,即过分依赖个体经验,准确度低且不稳定。而反馈是一种可以有效提高教学效果的途径,由于传统教育教学方式的局限性,教师往往难以得到学生学习过程的反馈,只能通过自身对学生表现的观察和教学方式的感知等方面提炼教学模式与教学规则进行深度挖掘和分析,这样抽象出来的模式与规则适用范围小、准确度低并且很不稳定。

•交互性学习反馈能力

师生之间的沟通交流是促进教师领域知识积累和自身发展的重要途径。但在智能化时代,一些智能设备也将具备主体性,它们可参与教学主体间的社会化协同。近年来,随着人工智能、深度学习技术的飞速发展,人与人、机器与机器、人与机器也进行着不间断的交互,交互数量与种类增多,交互量也越来越大。教师除了要与学生、同行之间进行沟通交流,还要面临人工智能所带来的压力,当信息、知识在学生、教师、智能设备之间进行交互时,基于多主体的群体进化给教师把握教学及其相关工作带来了一定挑战。

此外,在其他方面,教师也存在一定缺陷,如情绪管理方面的缺陷:教师在情绪识别、情绪稳定性和认知无偏见等方面存在明显不足。此外,还有生理素质方面的局限,包括生理结构、体力、耐力等方面的缺陷。

以上教师的"缺陷存在",无疑是教学活动和师生发展的"拦路虎"。人类生命存在的有限性决定了教师在知识存储和教授方面无法与智能机器抗衡,仅这一点,就决定了人类的教育在知识传授方面的效率永远不可能超越智能机器飞速的升级换代。

· AI的"代具弥补"

全球化和信息化的时代,智能技术已经渗入人类生活的各个领域,影响到每一个人。技术的发展特征表现为性能越来越强、价格越来越低、表现形态越来越拟人化。在这样的大环境下,教师不可避免地与技术开始打交道并将其运用到了教学过程中。随着信息技术的快速发展,基于大数据、云计算、自然语言处理、人脸识别等新兴技术的迅速崛起,教师的缺陷也进一步凸显,为了弥补教师不足,智能机器的"代具弥补"为其提供了路径。

首先,由于人工智能和教师都具备计算思维和算法原理两项基本能力,故为人机协同教学奠定了基础条件。计算是人类和机器共有的一项能力,它是指数据在运算符的操作下,按照规则进行数据变换。而计算机最早被发明时的主要用途就是数学计算,其计算思维包括如何存储数据、如何进行信息的数字化编码、如何存储和执行运算规则。计算思维贯穿于人类日常生活的方方面面。有时候虽然人们知道了计算的规则,但由于计算过于复杂,超过了人的计算能力,这时候人们可以设计简单的规则,让机器来执行,进行自动计算,从而提高计算速度。智能机器很大程度上是建立在对数据的计算上的,所以对其来说常常需要承担非常大的计算任务。通过对人类计算的过程进行对比,可以发现其中最关键的两个过程是计算和存储。由于智能机器与教师都具备基本的计算思维和算法原理的能力,故为二者的协同教学奠定了基础条件。

其次,因为人工智能的智能性由弱到强依次分为计算智能、感知智能、认知智能和社会智能,可与教师的"缺陷存在"一一对应,从而实现计算信息、感知信息、认知信息和社会信息的"认知外包",为二者的协同提供了强大的技术支撑。如教师在知识调取和数据储存方面的压力,可以通过智能机器的计算智能实现计算信息的外包。计算智能使教师不再需要记忆和存储所有知识概念的详细内容,只需要对特定领域的新知识和新概念进行索引,了解其含义、结构和应用情况,掌握提取信息的方法和手段,具体内容交由智能存储设备存储。教师缺乏外部信息识别能力,可以通过智能机的感知智能实现语音、图像等感知信息的外包,使教师能够更好地感知和识别社会发展的变化,拓展师生的生存空间和社会空间。随着空间的不断扩大,教师基于大规模的数据模型、感知智能(如语音识别、人脸识别等)提高信息的识别效率。智能系统通过对学生个体特征数据的采集和提取,帮助教师实现对学生个体需求的感知,然后在教师需求的引导下实现感知信息的"填充",如实时机器翻译等。教师策略和规则认知能力的缺失可以通过人工智能的认知智能来实现模式、规则和策略等认知信息的外包。在智能设备的支持下,认知智能可以挖掘、计算、推理和分析大量学生的个体行为,建立有效的选择模式,从而促进教育规律的发现,增强教育决策的稳定性和普遍性。人类智力的本质实际上是一种社会智力。师生在师生构成的环境中完成各种社会活动,更能体现出师生的智慧行为。随着智能设备智能化程度的提高,智能设备将逐渐具有主体性,具有主体性的智能设备将成为等同于教师的社会化个体。他们将具备情感计算、理解和表达的能力,并在此基础上发展学习群体(教师、学生、智能机)的社会化协作,独立思考并与人脑的平等交流与合作,实现教学场景中多学科的协同进化。

最后,借助创建智能环境作为接口,为教师与智能机器的协同教学创造连接媒介。其中智能环境主要是指各类智能媒体、智能平台和智能系统的集成体。在这个接口处,人类智能和机器智能最终会走向无缝融合,借助于最为直接的嵌入式或者穿戴式智能设备,实现合二为一。这个"接口"在教育中主要表现为智能媒体、智能平台和智能系统三个方面。智能媒体不仅包括实体的可穿戴设备,还包括虚拟的"场域"或"空间",比如借助物联网和虚拟现实技术构建的智慧学习空间等;智能平台是指一个基于云的认知系统,它能够从非结构化数据中揭示教育意义,提供个性化学习和自然交互等,比如Knewton自适应学习平台;智能系统是智能平台的延伸,多用于具体情境下处理教育问题,比如Assistments智能导师系统。综上,基于基础条件、认知外包和环境接口三个要素,智能机器和教师的协同教学应运而生。

依据智能设备的智能程度,分别将教师的"缺陷存在"进行认知外包,从而产生了AI代理+教师、AI助手+教师、AI导师+教师和AI伙伴+教师四种创造性依次递增的协同教学模式。其中,AI代理主要利用计算智能来处理低层次、机械性、重复性的教学工作,对教师的知识调取和存储能力的不足进行弥补;AI助手主要利用感知智能来识别复杂多变的教学信息,弥补教师信息识别能力的不足;AI导师主要利用认知智能来分析学生的认知和行为,帮助教师把握教育教学规律,凝练教学方法;AI伙伴主要利用社会智能来实现多主体的自由交互,帮助教师提升在多主体交互中的适应能力和反馈能力(具体如图3.2所示)。

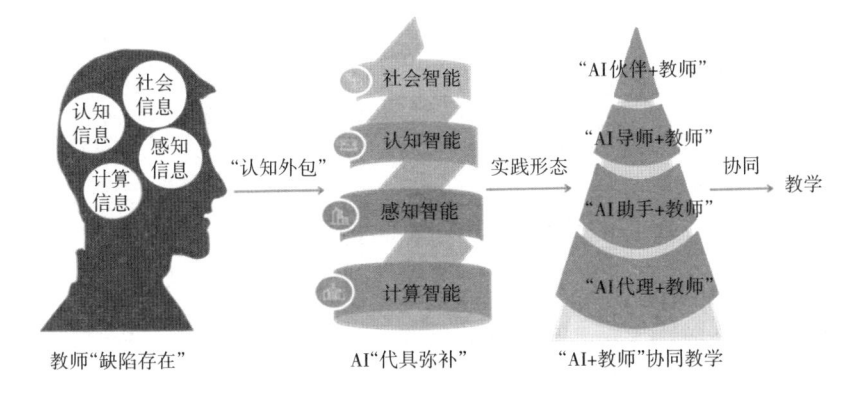

图3.2 "AI+教师"协同教学

▪人机协同教学应用场景

人机协同在教学中主要体现为"AI+教师"的实践形态,在具体的教学场景中,教师和智能设备是一种"1+1>2"的互补性协同模式,且更强调教师在其中的主导作用。目前,大多数智能设备与教师的关系仍处于交互和协同时期,出现了许多智能平台、智能系统来协助教学。

▪自适应学习

在大数据、云计算等新兴技术的支持下,自适应学习横空出世,颠覆了传统的学习模式,致力于为学生提供个性化的学习体验。自适应学习早在20世纪90年代的美国就已存在,它贯彻"以学生为中心"的教育理念,基于学生的个体差异进行学习资源、学习方式、学习内容等方面的动态支持[①]。

自适应系统的操作过程一般包括:整合学生的学习数据,预测学生未来的表现,推荐最适合学生的内容,提高学生的学习效果。自适应学习系统一般根据学生的学习习惯提供规定的学习内容,通过相关的预考测试学生的某一部分知识,或者根据学生在学习过程中的表现行为提供个性化的学习服务。自适应学习系统基于学生与知识的交互,自动修改内容的形式,使学习过程能够根据每个学生的能力水平进行定制。适应性学习使在线学习从传统的教学模式演变为一个能够全面分析学习者、与学习者互动的交流平台,能够为教师提供更加个性化的教学服务和学习机会。

自适应学习产品在国外各个阶段皆有应用,包含了早幼教、小学、初中、高中、大学、职业领域等,并已覆盖多个学科。例如,早幼教领域的Kidaptive,K12领域的Knewton,企业培训领域的Area 9,素质类培训的Newsela,语言培训领域的Linguist等都是各自领域的佼佼者。

---

① SOMYÜREK S. The new trends in adaptive educational hypermedia systems[J]. International Review of Research in Open and Distance Learning,2015,16(1):221-241.

·分级阅读

除了自适应学习，人工智能技术与教育可以从多个维度进行结合，比如通过构建和优化内容模型，建立知识图谱，从而让用户可以更容易地、更准确地发现适合自己的内容。其典型应用如分级阅读，通过给用户推荐适宜的阅读材料，并根据浏览记录和测验结果生成相关的阅读数据，教师通过相关报告随时掌握学生阅读情况。传统的分级阅读只是根据学生年龄或学段推荐阅读书目，无法根据不同学生的阅读能力、兴趣爱好进行个性化精准推荐，而智能分级阅读类的产品帮助教师完成了收集书目、推荐书目、阅读监督等工作，在提高教师工作效率的同时实现学生个性化阅读，达到分级阅读的核心目的——匹配适合学生个人的书目，解决学生个体与书籍难度不适配而无法提升阅读能力的问题。通过人工智能赋能的分级阅读产品优势主要体现在提高学生的阅读兴趣、养成学生的阅读习惯、清晰个人的阅读水平、清楚了解阅读能力的变化趋势、教师和家长对学生的全方位监测、报告分析快捷精准等方面。

随着阅读能力对学生发展重要性的不断提升，分级阅读产品的发展空间巨大。目前该类产品主要集中在英文分级阅读，市场上缺少中文类的分级阅读产品。另外，目前国内英文分级阅读产品的分级方式主要采用国外分级标准，该标准主要适用于母语是英语的国外儿童，但对于非英语母语的中国学生的适用性仍有待观察。在各类分级阅读产品中，Newsela公司的主打产品是筛选适用于青少年儿童阅读的新闻，并且通过分级把英语学习融合在新闻阅读的过程中。它运用科学算法来测量用户的英语水平，把来自"彭博社"《华盛顿邮报》等主流媒体的内容改写成适合从二年级到十二年级学生可以阅读的版本，并根据学生的个性化需求进行递送，从而提升青少年儿童对社会的敏感度和认知程度。Newsela公司的产品通过给用户推荐个性化的新闻内容，教师或学生也可以自行调整文章的难度和篇幅，成为分级阅读产品中的代表。

·智能导学系统

智能导学系统(Intelligent Tutoring Systems,简称ITS)是指具有某一领域的学科知识和相关的教学知识,能对学生进行个别化教学的软件系统[1]。该系统能够模拟教师或专家进行教学活动,根据学生对知识的理解掌握程度,选择相应的教学策略,帮助学生获得新知识并解决学习问题[2]。

目前已有多种智能导学系统,例如:以人机自然语言对话为基础的智能导学系统AutoTutor,为聋哑儿童学习词汇设计的虚拟导师Baldi,用于训练理解能力的智能导学系统iSTART,基于超媒体环境的智能导学系统Betty's Brain等等。

案例3.2 Betty's Brain智能导学系统[3]

Betty's Brain是范德堡大学(Vanderbilt University)工程学院结合计算机科学、心理学和教育学等多学科知识开发的基于计算机开放式学习环境的ITS,实现以学习者为中心,利用动画教学代理,整合了问题解决和知识建构的过程,促进5至8年级学生学习科学学科的知识,进一步培养学生自主学习能力。

Betty's Brain根据学习者的学习状态、因果图编辑过程和结果给出个性化指导和建议,以弹出对话框的方式对学习者学习的过程进行干预,指导和规范学习者学习,监督和控制学习者的元认知,提高学习者的问题解决能力。Betty's Brain中,学生的任务被组织成五个主要的活动:读和理解超文本资源,识别相关科学概念的因果关系;建立和提炼因果图;让Betty回答问题;让Betty参加测试;在因果图中作注释。

---

[1] 韩建华,姜强,赵蔚.基于元认知能力发展的智能导学系统研究[J].现代教育技术,2016,26(3):107-113.

[2] 蒋艳,马武林.中国英语写作教学智能导师系统:成就与挑战——以句酷批改网为例[J].电化教育研究,2013,34(7):76-81.

[3] 韩建华,姜强,赵蔚,等.智能导学环境下个性化学习模型及应用效能评价[J].电化教育研究,2016,37(7):66-73.

Betty's Brain、学生、教师三者之间是如何协同的？Betty's Brain系统界面包括学生测验的历史记录、测验问题、Betty的答案、Betty的成绩以及测验相关的因果关系图表，该系统主要依据Betty和Mr. Davis两个代理完成导学过程，其中Betty代理的身份是学生，而Mr. Davis代理的身份则是老师。在整个过程中，学生需要阅读相关材料，如课本、教师指南等，并且在笔记界面做笔记，然后在因果图界面内画出图表。当学习者读文本内容或识别相关概念时，如果停留时间过长，Betty代理就会主动与学习者对话，提示学习者继续完成任务。学习者为了进行下一步操作，需要从下拉列表中选择符合自己的回复。当学习者根据下拉列表选择要提出的问题后，Betty就会对学习者的问题给出相应的反馈。在系统中学习时，学习者既能自己决定学习进度，也能主动与Betty发起会话，让Betty充当学习伙伴，解释相关概念、回答因果关系或监督学习者参加测试等。教师可以根据测验结果进行个别干预，并且全程监测学生的学习进度，Mr. Davis代理会主动与学习者对话，监督学习者的状态，帮助学习者调整学习进度，就学习者的学习状况或进行鼓励，或给出提示，或提供建议。在该系统中，学生的学习路径和学习过程有很大的开放性和自主性，学生能够根据自己的步调和方法去完成学习任务，这一过程也有利于教师增进对学生自我监控、自我调节能力的了解，更好地发挥"育人"本职。

　　综上所述，Betty's Brain系统首先分析了学习者的学习行为，然后利用Betty和Mr. Davis两个代理以对话的方式干预学习者的学习过程，并根据学习者的状态和学习进度提供自适应反馈，使学习者调节和监管自己的学习行为。更重要的是，该系统使教师可以更好地实施"因材施教"，帮助教师培养学生的自我控制能力和自我调整的能力。

人机融合

近年来,随着科学技术的发展,人工智能取得了显著成果,通过人机交互、人机协同、人机融合进而达到人机共生是未来人工智能的发展方向。

人机融合主要起源于人机交互和智能科学两个领域,简单来说人机融合就是充分利用人和机器的优势形成一种新的智能形式[1],是人、机、环境系统相互作用而产生的新型人机融合智能系统。与人机交互、人机协同相比,其先进之处在于人能够理解机器如何看待世界,并在机器的限制内有效地进行决策,反之,机器也应对配合的人比较"熟悉",产生"默契",形成无边界交互和精确协同。从技术度看,人机融合智能就是综合应用物联网、移动互联网、通信、大数据、云计算、人工智能等技术,使人类社会、物理世界和信息空间实现互联渗透、相互作用,将智能融入万物,实现无缝对接和协同计算,如图3.3所示[2]。

在教学过程中,人机融合主要是指教师、学生与智能机器、智慧环境相互作用,从而帮助教师高效地完成教育任务,实现学生大规模个性化学习,从而达到"双赢"的目标。在此过程中,教师的角色会更加关键,因为教学管理的对象已经升级为具备功能强大且具备一定人类智慧的机器,以及配备了智能机器的学生,教学的环境也因而转换成了由智能人机交互、协同而成的融合环境。

---

[1] 刘伟.人机智能融合:人工智能发展的未来方向[J].人民论坛·学术前沿,2017(20):32-38.
[2] 王海涛,宋丽华,向婷婷,等.人工智能发展的新方向——人机物三元融合智能[J].计算机科学,2020,47(S2):1-5+22.

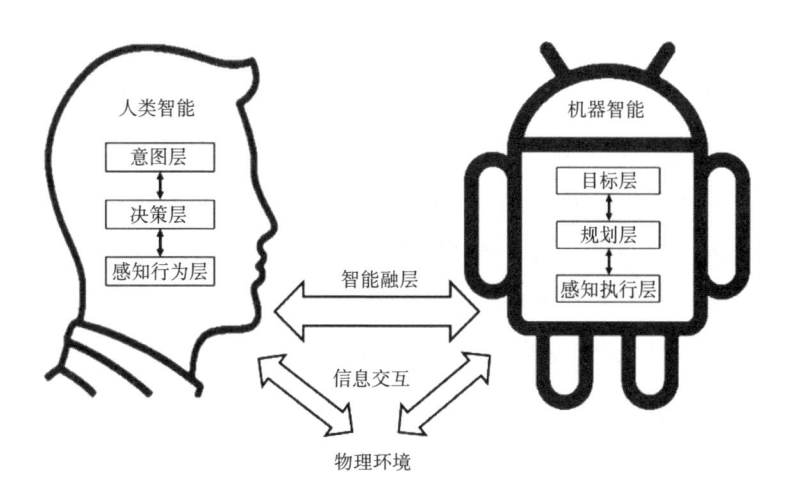

图3.3 人机融合模型图

▪ 如何融合？

目前,人工智能在存储容量、计算速度、搜索能力和工作持久性方面远强于人类,并且它从源头就没有认知偏见,这意味着人工智能具备更多的数字逻辑和语言智能,在特定场景、既定规则和预设任务的情况下比人类效率更高,但在有情感、有意向性、需要学习推理的复杂情境下仍显得幼稚呆板、反应迟钝。必须承认,人类智慧与机器智能各有所长,人和智能机器有很大的互补性,充分整合两者特长的人机融合智能是未来智能科学发展的一条必由之路。

在教育领域中,人机融合需要一种合理、良好的人机关系,当前教师与智能设备的关系更多地表现为一种从属关系。但时至今日,以计算机为代表的智能机器已不仅仅是教师的工具,它们已经融入教师与学生的生活空间和社会空间当中,延伸了教师的器官与知觉,同时将教师与学生拉进了一种融合了虚拟空间和物理空间的信息生态圈,对教师的思维与行为不仅产生重大影响,甚至达到了某种意义上的"控制"。有理由相信,当机器智能发展到一定程度,机器具备了自主智能性时,教师与机器将逐步发展成一种彼此信任、相互合作的教学伙伴关系。教师和学生与机器和其他物体之间都可以通过一种标准化的信息语言进行沟通和协作，共同创造一种健康、舒适、安全、高效的开放学习环境。

人机融合智能中的"人"不限于个体，其更多代表着以人为本的认知思维方式，还包括同一类"群体"。机器也不限于机器装备，还代表着智能系统的运行机制和机理。除此之外，自然和社会环境、真实和虚拟环境都会对人机融合智能的适应性产生影响。在教育教学的过程中，人机融合主要是通过"教师—机器—学生""教师—机器—环境""学生—机器—环境"这三种方式实现的。

·教师—机器—学生

人机融合实际上是一种群体智能的表现形式。在这种方式中，群体智能主要包括教师智能、学生智能和机器智能，教师通过智能设备与学生共同学习，从而达到教学目标。在此过程中，教师智能作为指引进行教学设计、创新教学过程，机器智能作为媒介进行评估、分析，学生智能发挥主体作用进行高效学习，从而完成教学任务和学习任务。

·教师—机器—环境

人机融合的核心是在物理环境、信息环境和社会环境组成的三元世界中，实现人类智能和机器智能的交互融合，强调人类和机器在同层次以及多层次之间的多尺度融合，强调人类、机器和物理环境三者之间的深度信息交互。在教育过程中，人机融合更多指的是教师、智能机器和教学环境三者之间信息交互和感知互动。其中，教师占据主导地位，与智能设备和教学环境进行深度融合，从而丰富学生的学习体验、提高学生的学习效果。

·学生—机器—环境

该模式主要适用于学习过程，突出学习者的主体地位。学习者主要通过具有一定功能的智能设备和技术环境完成学习任务。这一过程中主要是将学生智能、机器智能和自然智能相互融合,促进学生智能的发展。

若要在教学中实现人机融合智能,需要以下技术途径:

首先是建立一种以人为本、惠及师生的普惠计算模式。普惠是指通过让民众低成本、可持续、高效率地获取信息而带来的收益。普惠计算就是以全民普惠为目标的计算模式。计算包括信息递送过程中的所有环节,例如信息获取(感知)、传输、分类、处理、存储和展示。具体而言,在普惠计算模式中,师生个人计算需求成为主要的服务模式,通过加强人机融合,综合利用师生、智能设备、教学环境三者的智力、计算、数据和物质资源,基于云计算、大数据、物联网、移动通信等技术支撑,为教师提供快捷、可靠、安全的个性化教学服务和满足学生的定制化学习需求。

其次是实现一种由师生、智能机器(系统)和物理环境组成的无界限学习环境。其中,智能机器或系统主要起到桥梁的作用,用于增强人与物理世界(师生与教学环境)的交互。智能设备通过传感器采集监控教师及学生的肢体、心理和思维活动,利用感知智能预测师生意图,并将意图转换为处理器可识别的控制信号,由机器充当教师的智能代理,辅助师生与周围环境的互动交流。最后,教师可以根据师生和周围环境的相互作用来调整教学方案和计划,以此来改善今后的教学过程。

人机融合的关键是人机协同合作衍生出的人机共生智能,即人类智能与机器智能及网络环境相互融合构成的超级群体智能。人机共生在承认人机之间存在冲突的前提下强调人机之间的互动关系,并采用两种技术途径展开:一是"从机到人",即发展类似于人类智能的人工智能系统,如自主无人系统;二是"从人到机",未来的人类智能将不再局限在单个人的大脑之中,人的心灵边界将会延伸扩展到机器和环境,从而形成一种生物—环境—技术的融合体。总的来说,人机共生是一种在人机矛盾不断出现又解决的螺旋式上升过程,这种过程在教育领域也不例外,未来的教学过程会是师生、智慧环境、智能设备的融合交互过程。

·人机融合教学应用场景

机器人是人机融合的典型代表,其中教育机器人是指以激发学生的学习兴趣、培养学生的综合能力为目标的机器人。按照功能分类主要包括四种:辅助教学机器人、管理教学机器人、主持教学机器人和竞赛机器人。

在教学过程中,引入机器人,不仅能够打破课堂上单一、枯燥、乏味的教学氛围,更能丰富教学内容、拓展教学手段、增强教学效果。目前市面上比较常见的教育机器人主要有:LEGO Mindstorms 非人形机器人、NAO 人形机器人以及小巧友好的 Thymio 和 BeeBot 等机器人。

案例 3.3 NAO 人形机器人[①]

NAO 是一个应用于全球教育市场的双足人形机器人。58 厘米高的 NAO 拥有流畅的肢体语言,能够听、能够看、能够说,也能够与人互动,或 NAO 之间彼此进行互动。NAO 提供一个独立、可编程、功能强大且易用的操作应用环境。

NAO 是在学术领域世界范围内运用最广泛的类人机器人。Aldebaran Robotics 公司将 NAO 的技术开放给所有的高等教育项目,并于 2010 年成立基金会,支持在机器人及其应用领域的教学项目。NAO 的多用途是基于它可以通过现成的指令块进行可视化编程,因此它允许用户探索各种领域、运用各种复杂程度的编程程序并达到用户想要体验的各种不同效果。据了解,已经有超过 5000 个 NAO 机器人被全球 50 个国家的 550 所顶尖高校和实验室购买以作为研究工具。正在使用 NAO 机器人的高校机构有美国哈佛大学和布朗大学、英国威尔士大学、德国弗赖堡等世界顶尖的高校。

在硬件方面,NAO 机器人采用最新科技设计制造,保证了动作的流畅性,还配备了多种传感器;在软件方面,NAO 机器人可在 Linux、Windows 或 Mac OS 等操作系统下使用 C++ 或 Python 语言编程,可以为更多的教育应用场景(更多的课程)拓展开发更多的应用程序。

NAO 具有以下一些特征:

行走:25 个自由度以及类人外形使它可方便地行走并适应周边环境。

[①] 刘朋.仿人足球机器人视觉系统的研究与实现[D].沈阳:东北大学,2013:3-6.

惯性中心系统使其可保持平衡,了解是否处于直立状态或摔倒状态。

感知:位于头部、手柄和足部的多个传感器及声呐使其能够感知周边环境,顺利辨认方位。

听与说:配备4个定向麦克风及扬声器,NAO能够以完全自然的方式与人互动,实现语音识别和声音合成。

视觉:NAO安装了两个摄像头,能够以高分辨率拍摄周边环境,协助其对不同形状与物体进行识别。

连接性:NAO能够通过多种连接方式自动登录互联网。

在人机融合的过程中,人、机器、环境构成了人机融合的三要素。随着人机融合的逐步发展,智能设备以机器人的形象逐步被运用于教学中。那么智能机器人是如何融入的? 以NAO为例,在整个教学过程中,教师利用NAO机器人构建了五个教学场景并设计了相应的教学环节。这五个教学场景包括机器人讲故事场景、机器人问答场景、机器人控制场景、机器人激励场景和机器人词汇教学场景。[①]

机器人讲故事场景:教师提前对NAO进行语言编程和动作编程,利用NAO的语音机制启用不同的语音来讲述故事,引入课程内容,在NAO进行角色扮演的过程中加入动作设计,并且提供有效的配音,激发学生的学习兴趣,增加学生的关注度。

机器人词汇教学场景:在单词跟读中,NAO带领学生诵读单词,分析单词含义以及相关例句,并且能够根据不同角色发音,改变语音语速,代表不同角色的特点。NAO在带领学生进行单词跟读和记忆的同时,教师着重关注学生的发音和个别问题并纠正。

机器人问答情景:创建教育机器人问答情景使NAO跟学生进行简单对话。在课堂开始前,NAO可以进行自我介绍,学生也可以选择与同学或机器人进行沟通交流。在讲故事的过程中,机器人叙述完一段会进行

---

① 曾旭.教育机器人辅助英语词汇教学设计研究[D].武汉:华中师范大学,2017:17-18.

简单提问,学生可以进行作答并且表达自己的观点和目的。教师可将NAO设置成母语为英语的外国人,构建本土英语环境,帮助矫正学生发音,提高学生的积极性。

机器人激励学生场景:在传统教学课堂中,教师会进行很多教学活动,例如一问一答。在竞争性较强的游戏中,教师不仅要充当裁判员指定规则并组织学生进行活动,还要关注学生情感变化,不断鼓励学生积极尝试并提供建议。对于教师来说,同时扮演两个或多个角色是十分困难的。机器人激励学生场景的构建,能够在学生回答问题正确时或者表现良好的情况下进行语音和动作鼓励,减轻教师负担,并且机器人能够在教师的操作下鼓励性格内向的学生参与活动,在学生取得成绩时,机器人可以发出多种夸赞的声音,做出相应的庆祝动作。激励场景不仅可以鼓励学生参与到教学活动中,而且可以让学生心理上得到鼓励,建立自信心,丰富个人情感。

动作控制场景:在理解单词含义之后,学生开始运用所学进行对话练习。在动作控制场景中,机器人会通过语音指令让学生进行某一项任务,或者回答某一个问题,例如让学生举手、起立、到某一地方,同样学生也可以通过一些指令来让机器人完成某一动作,例如舞蹈。在这个交互模式中,学生的有效指令得到回应,消除了学生和机器人之间的情感隔阂,能够相互理解尊重,从而提升情感技能和语言读说能力。

在整个教学过程中,教师以学生为主体创建了多种智能设备融合的教学环境,NAO在教学中充当沟通和辅导的角色,发送指令进行问答,教师充当观察和协调的角色,合理引导课堂有序进行,增强了学生学习的自主性,提高了学生学习效率。

不可否认的是,无论是简单的人机交互、人机协同,还是由人、机、环境构成的人机融合,教师始终处于主导地位。在未来,随着人机共生时代的到来,教师将面临怎样的挑战、需要哪些技术实现"共生"将是未来智慧教育的研究焦点。

人机共生

人类的进化已有数百万年,而人工智能的发展历程只有半个多世纪。与人类漫漫进化的历史长河相比,人工智能的进化时间微不足道。从发展速度来看,人工智能的进化速度非常快,人类进化的速度却相对缓慢。从进化的基本形态或发展阶段来看,人类社会的发展形态是从生物进化(自然社会)历经千年发展到文明进化(文明社会),并随着信息爆炸进入智能进化(信息社会),最终达到精神进化(精神社会)[1],但人工智能发展目前只含有三个阶段:弱人工智能(弱人工智能时代)、强人工智能(强人工智能时代)和超人工智能(超人工智能时代)。相比之下,人类进化和人工智能的进化都是从低级往高级方向发展,但单纯从智能发展的趋势看,人工智能最终会超越人类智能。另外,人工智能从弱人工智能进化到超人工智能历经三个阶段,主要是物质的进化,其展现出来的更多是技术文明,而人类从生物进化到精神进化历经四个形态,不仅体现了物质文明,更重要的是倡导了人类的精神文明,不仅有智能的不断增强,更有人类智慧的日益彰显。未来,人与机器不是简单的替代关系,而是更高层次的共生[2]。

人机关系的本质是人与自然以及人与人两种关系的密切结合;人机关系不仅是人与物的关系,也是通过物的中介属性所表现出来的人与人的关系[3]。这就表明,人机共生的实质是通过人与机器的和谐共存,促进人与人之间和平共处、友好竞争。换句话说,人与人之间的和谐相处、公平竞争,对于人与机器同样成立,因为从本质上说,人与机器的关系是由人与人的关系决定的。

---

[1] 郝宁湘,郭贵春.人工智能与智能进化[J].科学技术与辩证法,2005(3):26-30.
[2] 张学军,董晓辉.人机共生:人工智能时代及其教育的发展趋势[J].电化教育研究,2020,41(4):35-41.
[3] 常晋芳.智能时代的人—机—人关系——基于马克思主义哲学的思考[J].东南学术,2019(2):75-82.

未来的学校是由教师与机器一起创造的。一方面,教师智能作为人类智能的一种,它不断发展与进步,推动着机器智能的发展与进步;另一方面,机器智能的兴起与教师智能的融合,使得原本缓慢的教师进化加快了步伐,促进了教师群体素养的快速提高。因此,教师智能与人工智能的优势互补与相互促进是创造未来学校的充要条件和强大动力。随着人机关系的逐步深入,教育中的"人机共生"模式也成为必然趋势,我们可从学理、法理、伦理三个方面来探讨如何实现教育中的人机共生。

▪ 学理

自人工智能出现以来,人们一直试图将人工智能技术与教育相结合,打造专家级智能教师,以实现对学习者精准的、个性的、灵活的知识教学。随着信息技术的发展,该领域逐步出现了人机交互支持下的计算机辅助教学、人机协同模式中的智能导师系统以及人机融合过程中的机器人"双师"课堂等教育教学模式。但遗憾的是,人工智能教育应用依然是传统教育中教师传授知识模式的反映,只是不断地运用最先进的人工智能技术,使教学智能体更像一个超级专家型教师,以实现更加精致、个性化、智能化的知识传授。譬如,"义学智适应学习系统"是一个最具代表性的人工智能教育系统,它通过纳米级的知识粒度分解、个性化学习路径荐引、快速精准的知识状态监测以及多元化的学习内容推荐等,对学习者进行精准教学。然而,无论这些人工智能教育技术多么的精准、个性化和智能化,它们所蕴含的教与学理论也仅停留在行为主义和认知主义阶段,难以实现对学习者高阶思维能力的培养[①]。

目前,"AI+教育"所提供的绝大多数是机器代替教师教授这种被动的传统教育模式,而并未实现教师、学生、机器三者之间相互作用的主动学习模式。因此,人工智能教育应用必须从模仿传统教学中教师"教"的

---

① 李海峰,王炜.人机学习共生体——论后人工智能教育时代基本学习形态之构建[J].远程教育杂志,2020,38(2):46-55.

行为,转向能够被学生教授的学习智能体,直至形成人机互教互学的人机共生形态。根据教学理论和师生关系理论的发展,人机共生具有两个方面的含义:其一是指学习者与人工智能体之间形成的学习机制;其二是指学习者与人工智能体之间在学习过程中形成的角色关系。前者聚焦于如何运用教与学的最新理论,进行人工智能教育技术的设计、开发和学习模式构建;后者关注的是如何运用师生角色关系理论,构建人机共生教育模式,来培养学习者的高阶思维能力,在这种模式中,教师、学生以及人工智能体之间的角色可以相互转换,既可以是学习者又可以是教授者。

▪ 法理

人工智能的发展使得"人机关系"发生了趋势性的改变,可以说已形成互为嵌入式的新型关系。时间与空间的界限被打破、虚拟与真实也被随意切换。这种趋势下的不可预测性与不可逆性很有可能会触发一系列潜在风险。与人们容易忽略的"信息泄露"不同,人工智能技术也可能被少数别有用心的人有目的地用于欺诈等犯罪行为。如基于不当手段获取的个人信息形成"数据画像",并通过社交软件等冒充熟人进行诈骗。再比如,使用人工智能技术进行学习与模拟,生成包括图像、视频、音频、生物特征在内的信息,突破安防屏障。为了建立生物人与机器人彼此之间的信任关系,真正做到"人机共生",需要政策和法律作为桥梁。

在数据隐私保护方面,美国卫生教育及福利部(USDHEW)发布的《公平信息处理条例》(*Fair Information Practices*,简称 FIP)具有划时代的意义。此外,2016 年欧盟颁布的《通用数据安全条例》(*The General Data Protection Regulation*,简称 GDPR)主要针对信息数据安全等问题提出了相应规定。2019 年由联合国教科文组织发布的《北京共识——人工智能与教育》(*BEIJING CONSENSUS on Artificial Intelligence and Education*)中,也提到了"制定全面的数据保护法规以及监管框架,以确保师生的数据隐私保护和数据安全"[1]。在人工智能相关政策和法律方面,美国于2017年底提出《人工智能未来法案》(*FUTURE of Artificial Intelligence Act of 2017*),以重点关注人工智能对经济发展、隐私保护的影响。

近年来,人工智能在全球发展中的重要作用已引起国际范围内的广泛关注和高度重视,多个国家已将人工智能提升为国家战略,出台了关于深化发展与应用人工智能技术的相关政策和规划,力争抢占科技的制高点,使人工智能更好地与教育领域相互融合,达到人机共生模式。我国在2017年颁布的《新一代人工智能发展规划》对人工智能的发展进行了全面部署,提出要"构建新型的教育体系""开发在线教育平台""开发智能教育助理",这也是我国"抢占信息化制高点,增加国际话语权"的重要战略举措[2]。同年,我国还制定了《促进新一代人工智能产业发展三年行动计划(2018—2020年)》。2018年,教育部在《高等教育人工智能创新行动计划》中提到要"不断推动人工智能与教育的深度融合"。同年颁布的《教育信息化2.0行动计划》提出了"智慧教育创新发展行动,强调加强智能教学助手、教育机器人、智能学伴等关键技术的研发与应用"[3]。2019年6月17日,国家新一代人工智能治理专业委员会发布《新一代人工智能治理原则——发展负责任的人工智能》,提出了人工智能治理的框架和行动指南。这是中国促进新一代人工智能健康发展,加强人工智能法律、伦理、社会问题研究,积极推动人工智能全

---

[1] 中华人民共和国教育部.联合国教科文组织正式发布国际人工智能与教育大会成果文件《北京共识——人工智能与教育》[EB/OL].(2019-08-28)[2021-02-26].http://www.moe.gov.cn/jyb_xwfb/gzdt_gzdt/s5987/201908/t20190828_396185.html.

[2] 中华人民共和国中央人民政府.国务院关于印发《新一代人工智能发展规划》的通知[R/OL].(2017-07-20)[2021-02-26].http://www.gov.cn/zhengce/content/2017-07/20/content_5211996.htm.

[3] 中华人民共和国教育部.教育部关于印发《教育信息化2.0行动计划》的通知[R/OL].(2018-04-18)[2021-02-26].http://www.moe.gov.cn/srcsite/A16/s3342/201804/t20180425_334188.html.

球治理的一项重要成果①。

就目前来说,各国对智能教育的法律政策基本停留在人机协同和人机融合阶段,关于人机共生的规约准则将会随着人机关系的逐步发展而产生和实践。

▪ 伦理

在人类社会,按照公正原则,人工智能技术应该使尽可能多的人群获益,技术所带来的福利和便捷应让尽可能多的人群共享。2017年初,在美国阿西洛马召开的 Beneficial AI 会议上提出的"阿西洛马人工智能原则"强调,应以安全、透明、负责、可解释、为人类做贡献和多数人受益等方式开发人工智能。

教育不同于其他领域,人工智能的应用导致的可能不仅是技术层面的伦理风险问题,更为严重的是,它可能会摧毁人类原有的教育价值和伦理体系,引发一系列潜在的、未知的伦理风险,这将对教育带来不可估量的伤害。如何突破人工智能在教育应用中所形成的伦理困境,这确实是一个需要慎重选择和认真对待的复杂问题。一些研究者试图从技术的角度来破解这种伦理困境,但是,教育中人伦关系错位、意识与责任迷失、人机信任危机、人性全面发展异化等这些伦理风险,是难以通过技术的创新和进步来消除的,必须要建立具有明确道德观、价值观指引的伦理框架,必须要有相关的法规来规制。

2019年4月,欧盟发布了《人工智能伦理准则》(*EU's Ethical Guidelines on Artificial Intelligence*)。该准则以"可信赖人工智能"为愿景,从"人的能动性和监督""技术安全性""隐私和数据管理""透明性""多样性、非歧视和公平性""社会和环境福祉""问责"这七个方面,来构建确保

---

① 中华人民共和国科学技术部.国家新一代人工智能治理专业委员会发布《新一代人工智能治理原则——发展负责任的人工智能》[EB/OL].(2019-06-17)[2021-01-11]. http://www.most.gov.cn/kjbgz/201906/t20190617_147107.html.

人工智能足够安全可靠的伦理准则框架。其中,一个最为明确的指示和引导,就是可信赖的人工智能应该是尊重基本人权、规章制度、核心原则及价值观。这可以说是确保技术在应用上安全可靠,避免因技术不足而造成无意伤害的根本。该伦理准则对人工智能在教育中的可信赖应用,提供了良好的伦理启示,也为构建伦理框架提供了明确的进路。对于"人机共生"在教育中的应用伦理,"以人为本"是底线伦理,"以德为先"是道义伦理,"以法为界"是规约伦理,这是防范和消除伦理风险的理性选择。

在人机共生的智能化教学环境下,教师将会面临新的伦理挑战:①如何定义和适应自己新的角色地位,并且调配自身与智能导师之间的关系;②利用智能设备采集和使用学生的相关数据时,如何划分数据调取界限,并且保护学生的隐私和个人安全;③在新的教学实践中,教师应该树立怎样的人生观和价值观,具备什么样的伦理知识,遵循什么样的伦理准则,来帮助自身做出教学决策。基于此,人机共生的教学环境将对教师的能力素质与知识结构提出更多新的要求,他们不仅需要具备一定的智能设计、开发和应用方面的能力与知识,而且还需要树立新的伦理准则和价值观,使其能够以符合伦理原则的方式实现共生。

处于人机共生的未来社会,除了让教师面临新的挑战,也对学生的学习、能力、素养提出了更多新的要求:第一,人工智能可能改变未来的就业市场。当前以就业为导向的教育目标很可能过时,因此,学习者对于自己所学习的内容和目标都需要进行重新思考。第二,人的神经系统是可塑的。人工智能能够为学习者提供个性化的学习支持,但同时也可能会导致学习者的思维训练和学习体验的机会受到限制,改变他们的大脑结构和认知能力,尤其是在学习者大脑发育的关键期过度使用认知技术,将可能带来不可逆转的严重后果。除此之外,人机同处课堂中,对学生来说也存在一定的伦理问题和情感困惑:第一,人工智能和教育领域的不断融合,使知识产权和诚信等伦理问题变得更加微妙和复杂,例如学生利用智能系统自动生成论文、作业或作品,其中涉及的知识产权和归属问题,目前仍缺乏明确的伦理规范。第二,人工智能会不会给学习者带来身体的重复性劳损、视力下降和过度肥胖等问题,是否会影响他们的视觉、触觉和听觉等感官的敏感性,是否会剥夺他们体验多重情感的机会。第三,人工智能是否会剥夺学习者与教师和同伴进行群体交流的机会,这会不会影响他们社会性的发展。第四,人工智能在认知能力、计算能力和信息处理能力等方面远远超越了人类学习者,这会不会使部分学习者变得沮丧,降低他们的学习动机,使其不再愿意去主动解决问题和进行理性思考。

　　上述这些问题并不全面,但随着人机共生时代的到来,未来的教育是一种人机协同、人机融合直至人机共生的新型教育关系和教育场景。教师职业并不会随着人工智能的发展而消失,但教师的存在建立在人机认知信任和情感信任的基础之上,教师的角色转变是一个富有挑战性的过程。这一挑战不仅仅是技术伦理层面的挑战,更为关键的是社会伦理层面的挑战。教育实践中的人机共生,需要完善教育制度、政策和法规,这是人工智能深度、有序、科学参与人类教育教学活动的前提和保障。

第四章
"AI+教师"人机协同教学

智能时代,教师的"缺陷存在"带来"补缺"的需求,使得"认知外包"逐渐成为常态,人工智能由此嵌入教学,充当弥补教师能力不足的"代具",故人机协同教学逐步形成。"AI+教师"人机协同教学按照协同性由低到高依次分为"AI代理+教师""AI助手+教师""AI导师+教师"和"AI伙伴+教师"四种实践形态。在不同的实践形态中,AI和教师应各司其职(见表4.1),充分发挥各自的优势,承担相应的工作职责,以期实现高效教学和个性化教育。

表4.1 "AI+教师"人机协同教学的职责分工

	AI		教师
	工作职责	典型实例	工作职责
AI代理+教师	更新知识库、自动批阅、自动答疑等简单机械、重复性的教学任务	Interactive Books、句酷批改网	主要承担教学设计、育人解惑、情感交流等创造性的教学任务
AI助手+教师	主要承担前期信息采集、识别、转录、分析的教学任务	Carnegie Speech Assessment、英语流利说	主要承担意义阐释以及决策落实的教学任务

续表

	AI		教 师
	工作职责	典型实例	工作职责
AI导师+教师	主要扮演特级教师的角色,在精准分析学生的认知和行为模式的基础上,结合复杂情境,给学生提供个性化辅导	ASSISTments、"希赛可"	主要扮演创新工作规则的设计者和指导者的角色,实施精准教学
AI伙伴+教师	AI伙伴与教师共同构成"教学共同体"的多元交互结构协同完成教学任务	AutoTutor、Project Debater机器人	AI伙伴与教师共同构成"教学共同体"的多元交互结构协同完成教学任务

AI代理+教师

在"AI代理+教师"的实践形态中,AI代理主要利用计算智能来处理低层次的教学工作,故其主要承担更新知识库、自动批阅、自动答疑等简单机械、重复性的教学任务,而教师主要承担教学设计、育人解惑、情感交流等创造性的教学任务,由此"AI代理+教师"实现了教学任务的分工协同。

现代社会,教学任务不仅包括基础知识的传授,还包括基本能力的培养,因此要求教师不仅要胜任以知识教授、作业批改、成绩统计等为代表的机械重复性教学工作,还要承担以能力提升、教学设计和情感交流为代表的创造性教学工作。随着人类社会进入智能化时代,人们有望通过AI代理的嵌入重构教学任务分配比重,并提升教学的有效性以及个性化程度。

知识信息日新月异,教师在承担教学任务时不免暴露出弊端:一方面,教师既有的知识库已经不能满足教学的需求,需要教师不断更新和扩充原有知识,这对于教师知识的检索和记忆提出了挑战;另一方面,由于计算能力和时间精力的有限性,教师在处理诸如作业布置与批改、学生信息收集与管理的琐碎工作时,往往会出现低效率、高错误率的工作结果,使教学工作呈现出一定程度的模糊性和不稳定性。而AI代理利用计算智能对教师计算信息进行"认知外包",为弥补上述弊端提供了途径。具体而言,AI代理依据数据驱动下的计算智能,可实时搜集和更新既有的知识库,方便教师在教学时及时调取知识,为教师的检索和记忆降低了难度。此外,AI代理根据设计和训练好的规则处理数据,对诸如作业批改、信息管理等大规模的工作进行迭代解决,以帮助教师处理烦琐的低层次工作。如此在节约教师时间和精力的同时,又达到高效率和低错误率的结果,并且可规避情感的波动性,最终稳定地完成教学任务。

▪"AI代理+教师"的实践形态

"AI+教师"人机协同教学本质上属于一种活动,故可借助活动理论来对其进行分析。芬兰学者赫尔辛基大学教授于里尔·恩格斯托姆(Yrjö Engeström)认为活动包括六个要素[1],分别为活动主体、活动客体、活动工具、活动分工、活动规则和活动团体。美国宾夕法尼亚州立大学教授戴维·乔纳森(David Jonassen)认为,要详细分析与描述这些活动,不仅要针对构成活动的成分进行分析,还需要对活动发生的相关情境、活动结构以及活动的动态因素进行分析[2]。整合恩格斯托姆与乔纳森的观点,现构建分析"AI+教师"人机协同教学的理论框架如图4.1所示。

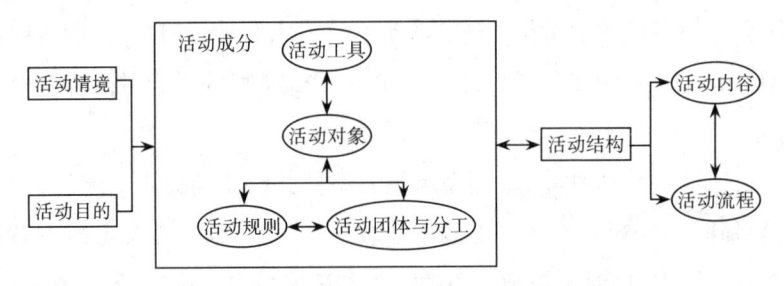

图4.1 "AI+教师"人机协同教学的理论分析框架

▪"AI+教师"人机协同教学的活动情境和目的

"AI+教师"人机协同教学是在虚实结合的情景下开展的。教师将其在计算信息、感知信息、认知信息和社会信息方面的"缺陷存在"外包给AI,让AI在教学中充当"代具",促使教师在知识调取、数据储存、外部信息识别、策略和规律的认知以及交互性学习反馈等方面的能力大大提升,不仅能够满足智能化信息采集与管理、作业批改、识别和分析,还能

---

[1] ENGESTROMÖY. Expansive learning at work: Toward an activity theoretical reconceptualization [J]. Journal of Education & Work, 2001, 14(1): 133-156.

[2] JONASSEN D, ROHRER-MURPHY L. Activity theory as a framework for designing constructivist learning environments[J]. Educational Technology Research and Development, 1999, 47(1): 61-79.

通过多元交互给学生提供个性化指导,无疑增加了教学的智能性和精确性。

"AI+教师"人机协同教学不仅能弥补教师的"缺陷存在",还能促进教师的专业发展,如提升数智素养以及教学设计等高阶能力。此外,利用AI的计算智能、感知智能、认知智能和社会智能,不仅能将教师从机械重复性的教学工作中解放出来,让其将更多的时间精力投入到教学把控、情感交流等创造性的教学工作中,还能帮助教师精准识别和分析学生的认知和行为模式,给学生提供个性化的指导,以期实现高效教学和个性化教育。

- **"AI+教师"人机协同教学的活动成分**

第一,活动对象包括教师、学生、AI代理、AI助手、AI导师和AI伙伴。传统协同教学的教师由同一学校内或区域内其他学校的教师构成,既有同一学科的,也有跨学科的。由于智慧教育环境的开放性,人工智能技术支持下的"AI+教师"人机协同教学可以实现教师与AI代理、AI助手、AI导师和AI伙伴的协同。而学生则要树立学习的主人翁意识,端正自己的学习态度,自觉地通过独立探索和思考,判断、分析、解决问题,形成知识概念和掌握技能及方法。在智慧教育环境的支持下,AI可为学生提供跨时空的教学服务,使学生在虚实结合的教学情境下接受个性化教育,如通过采集设备完成信息采集以及后台分析,给出班级整体以及个人的评价报告,教师则可参考报告做出学情分析,为高效教学和个性化教育奠定基础。

第二,活动工具指完成"AI+教师"人机协同教学活动所需要的工具、资源等。本研究中的活动工具不同于传统的教育教学环境,而主要指智慧教育环境,它是一种由自然语言处理系统、深度学习系统、数字教育资源系统、管理与决策系统和多元交互系统等构成的协同环境,可以为"AI+教师"人机协同教学提供多种可能。智慧教育环境作为强有力的技术支持,始终秉承"技术变革教学,优化教学过程"的角色定位,在开发资源、变革教学、分析学情、根据不同学情提供不同教学策略和教学内容以及指导方案等方面配合AI实现精准的个性化教学。可见,技术已融入教学的核心。

第三,活动规则指在"AI+教师"人机协同教学中需要共同遵循的教学理念、协作规则和技术规范等。在"AI+教师"人机协同教学中,教师始终处于主导地位,引领着教育教学的方向,而AI则始终处于辅助地位,协同教师开展教学活动。AI与教师在协同教学过程中有各自的"生态位"和独特优势,其中,AI在大规模数据处理、运算速度和逻辑思维方面具有独特专长,而教师在创造力发挥、情感沟通和意义阐释方面存在卓越优势。因此,AI主要解决程序化的问题,而教师主要解决非程序化、非结构化的问题[①]。

第四,活动团体与分工是指教师与AI代理、AI助手、AI导师和AI伙伴之间形成共同体。由于AI智能性的水平存在差异,其在教学中实现协同的方面有所不同。具体而言,AI代理主要利用计算智能来处理低层次、机械性和重复性的教学工作;AI助手主要利用感知智能来识别复杂多变的教学信息;AI导师主要利用认知智能来分析学生的认知和行为模式;AI伙伴主要利用社会智能来实现多主体的自由交互。因此,"AI代理+教师"实现了教学任务的分工协同,"AI助手+教师"实现了教学活动的辅助协同,"AI导师+教师"实现了教学方法的适宜协同,"AI伙伴+教师"实现了教学主体的交互协同。

· "AI+教师"人机协同教学的活动结构

"AI代理+教师"协同教学的活动对象包括AI代理、教师、学生。AI代理利用计算智能对教师的计算信息进行"认知外包",弥补了教师在知

---

① FRANK L, RICHARD J. Dancing with robots: Human skills for computerized work[EB/OL]. (2013-05-35)[2020-11-25].https://www.mendeley.com/catalogue/48fc445c-cc24-331a-90c0-1c4a48221520/.

识调取和数据储存方面的能力缺失。在"AI代理+教师"协同教学中,AI代理和教师构成"教学共同体",它们在教学任务上分工协同。其中,AI代理主要承担更新知识库、自动批阅、自动答疑等简单机械、重复性的教学任务,而教师主要承担教学设计、育人解惑、情感交流等具有创造性的教学任务。"AI代理+教师"协同教学的原理如图4.2所示。

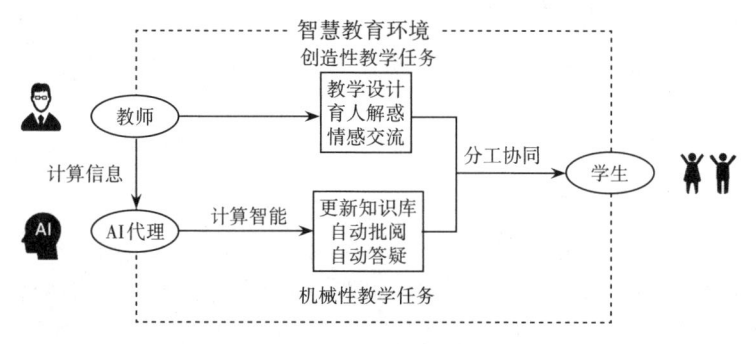

图4.2 "AI代理+教师"协同教学

"AI代理+教师"协同教学主要体现在"教学准备—教学实施—教学总结"的"教学总结"阶段,它的协同内容和流程包括:(1)教师发布作业:课堂教学结束,教师在网络上发布作业或者任务,设定学习活动和规则。(2)学生完成作业:学生在网络上按照要求完成作业并提交,AI代理收集学生作业数据,进行整理和归类,并实时更新后台数据库。(3)AI代理自动批阅:AI代理根据设计和训练好的规则处理数据,对学生作业进行初步判分,以此来解放教师,让教师将更多的时间和精力放在与学生的沟通和交流方面,增进师生情感联结,为更好的育人做铺垫。④教师修订与校正:教师根据AI代理的初步判分,进行个性化的修订,如对于学习进步的学生给予鼓励,增强其学习内驱力。此外,教师对AI代理在大批量批改中的技术性错误予以修正,以实现自动批阅和教师人工批阅的完美结合,达到高效率、低错误率的目的。

▪"AI代理+教师"的实践案例

类似的AI代理如Interactive Books和句酷批改网。Interactive Books可通过简单的单词指导,帮助学生练习英语口语,并自动记录朗读音频给学生的发音进行评估计分,从而帮助学生准确、有感情地阅读和理解英语。而句酷批改网能评估学生作文和标准语料库之间的差距,即时生成学生作文的评估报告,使学生可根据及时的反馈自主修改作文。

案例4.1 句酷批改网[①]

句酷批改网是一款基于语料库和云计算的英语作文自动批改的在线智能服务系统,由北京词网科技有限公司与南京大学合作研发。它能诊断学生在英语写作中出现的错误,分析原因并进行指导和纠正;能记录和评价学生的行为,在教学过程中实时调整与改进教学策略;能构建协作学习与自主学习相结合的学习环境,发挥"1+1>2"的互补优势。

句酷批改网的原理是将学生的作文视作语料,其成绩由192个子维度构成,按照"篇章结构、词汇、词组、句子"等维度对学生的作文进行全面的智能评价,通过对比学生语料和标准语料库的差距,将结果转化成学生作文的分数、反馈和评语,并给师生提供"按句点评""按段点评"等功能,给出"体检报告",供教师在系统智能评价基础上进行人工评价,以提高评价的准确性和客观性。通过这种方式不仅能提高教师的作文批改效率,还能提升学生的写作水平。

句酷批改网的自动打分系统综合了自然语言处理技术、教育测量技术和语料库分析技术,能够对作文中反映学生写作水平的数据进行自动提取和归纳。学生根据"逐句分析"的批改反馈对作文进行修改并再次提交,系统进行即时批改,通过"按句点评"给出修改建议,指导学生进行写作,直至满意的程度。在整个"写作—批改—再写作—再批改"的过程中,句酷批改网始终扮演着一个智能教师的角色。

[①] 蒋艳,马武林.中国英语写作教学智能导师系统:成就与挑战——以句酷批改网为例[J].电化教育研究,2013,34(7):76-81.

借助 PST(Pedagogic-Social-Technology)理论框架(如图4.3所示),从技术支持、社会交互和教学法三个维度分别对"AI代理+教师"协同教学的案例——句酷批改网进行评估分析,具体的分析维度如表4.2所示。其中,教学法(Pedagogic)指的是为实现教学目标,在给定的教育情境中所运用的方式与手段;社会交互(Social)指的是被感知到的或是真实存在的、能对学生的社交互动产生促进作用的活动;而技术支持(Technology)指的是技术为学习环境提供服务的能力。[①]在智慧教育环境中,教学法、社会交互和技术支持三者相辅相成,没有教学法,智慧教育会与教学目的背道而驰,影响教学效果;缺失社会交互,智慧教育将变得单调且枯燥,易使学生产生孤独感;而缺少技术支持,智慧教育环境将缺乏优良的"脚手架",成为"空中楼阁"。

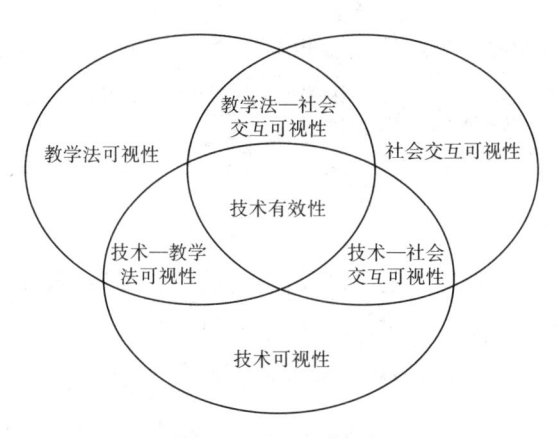

图4.3 PST理论框架

[①] KIRSCHNER P, STRIJBOS J W, KREIJNS K, et al. Designing electronic collaborative learning environments[J]. Educational Technology Research and Development, 2004,52(3):47-52.

表4.2　PST评价分析维度表

一级维度	二级维度	三级维度
教学法	教学准备	教学目标、学生特征、领域知识、课程作业等
	教学方法	以学生为中心、以教师为中心；自主学习、协作学习；基于问题、基于内容的学习；讲授型、探究型学习；面向过程、面向结果等
	内容组织方式	主题呈现清晰，内容模块化，学习资源导航清晰，内容组织清楚、有逻辑性等
	教学活动与评价	开放式讨论、协作练习、同伴互评或教师点评等
社会交互	安全的学习环境	密码保护、匿名学习、个人信息保护等
	交流的激励机制	项目活动、激励师生参与、监控与指导师生参与等
	适当的交流工具	异步/同步交流工具、邮件、视频会议、其他社交媒体工具等
技术支持	应用环境	用户群、资源延展性、跨平台性、搭载设备等
	可用性	导航清晰、访问方便、无错误信息、可定制等
	美工设计	字体易辨别、图文相结合、内容长度适中等
	多媒体的运用	音频、图片、视频等

· **教学法**

在教学法方面，句酷批改网灵活多变，不仅支持"教师点评+同伴互评"模式，还支持"自主学习+协作学习"模式。

一方面，句酷批改网对"教师点评+同伴互评"的支持具体表现在该网站提供了针对学生英语作文的即时自动批改在线服务，并即时生成作文得分、内容分析结果和评语。该网站通过"教师点评+同伴互评"的学习活动，提高了学生运用与迁移的能力。教师以句酷批改网所反馈的评价结果为参考，进行人工批改、评分和点评。教师通过"指定分配"和"随机分配"的方式，发起"同伴互评"，要求学生在规定的时间内完成作文评价任务。另一方面，句酷批改网对"自主学习+协作学习"模式的支持具体表现在该网站通过记录学生每次修改作文的痕迹，使师生均可对比分析每次修改的内容，细究文章中存在的问题。自主学习和协作学习是相互促进、相互依赖的学习方式，句酷批改网构建了有利于学生自主学习的交互式问题解决环境，支持 E-learning 环境下的"做中学"和问题解决。可见，句酷批改网为师生创设了一个自主与协作学习有机融合的网络学习环境，既满足了协作学习过程中学生自主学习的需求，又发挥了自主学习过程中协作交流的激励作用。

·社会交互

在社会交互方面，句酷批改网整合了多种 ICT 工具，完善了激励机制，并注重交流分享。具体而言，句酷批改网融合 ICT 工具，能有效提高学生学习优秀资源、分享学习经验的积极性，强化学生的自我效能感，弱化由于网络学习所带来的孤独感。具体措施如通过积分奖励、推荐、评比等激励措施，促进学生之间的沟通交流。在该网站中，教师既可利用 ICT 工具发布作业，也可运用个人空间创作英语写作范文并分享到学生群体中，这有助于学习共同体的形成以及协作学习的开展。在网络信息安全方面，句酷批改网为学生创设了一个具有安全性和舒适性的环境，设置了修改个人信息和头像、绑定社交工具账号、找回密码等功能。需要注意的是，句酷批改网虽然整合了教师个人空间和英语写作论坛，以供学生分享、交流英语写作的心得与经验，但是这些社交工具无法与学生的学习过程深度融合。

·技术支持

在技术支持方面，句酷批改网的评测功能具有自主性和机械性。该网站主要基于 Web 2.0 技术研制，导航清晰，且支持自定义页面的色彩搭配，符合学生的学习习惯；且以图表相结合的方式展现学生的成绩变化轨迹，以时间轴的形式记录学生的成长轨迹，有助于增强学生的成就感和体验感。在句酷批改网中自动批改学生作文并给予反馈，其本质是自然语言处理技术、机器学习技术、语言评价测量技术和语料库技术的综合应用。该网站运用语言评价测量技术，确定了测量学生英语作文的多个维度。基于这些维度，该网站引入语料库技术和自然语言处理技术，对比分析学生作文和标准语料库之间存在的差距，并通过相关技术将此差距映射为学生作文的分句点评、错误分析、评语等。同时，句酷批改网收集学生存在的错误信息，给予反馈，并将正确结果存至用于机器学习的语料库中，最后运用机器学习技术自动对其评测功能进行完善。

综上所述，无论是 Interactive Books 还是句酷批改网，都承担了教师烦琐的评分批改工作。但机器毕竟不同于人类，由于语言自身的发展性和灵活性，系统在运行过程中可能会发生各种程序难以识别的错误，这就需要教师给学生指点迷津、亲力亲为。这些都预示着教师仍是教学的主导，辅助教与学仍然是 AI 代理在教学中的主要定位。故将智能批改技术融入写作教学，使其服务于教学，仍需要教师将在线写作训练和课堂讲授进行有机融合，扬长避短，发挥二者优势。因此，根据 AI 代理和教师各自的优势，分配不同的教学任务，既可保证教学的质量和效率，实现高效教学，又可依托高准确度的学生信息作为数据分析来源，为个性化教育教学奠定基础。由此可见，AI 代理和教师可重构教学任务的分配比重，形成"AI 代理+教师"的协同教学，将教师从烦琐而重复的工作中解放出来，让他们有更充足的时间和精力应对更具挑战性和创造性的工作，进而提高其工作热情和认同感，并促进自身的专业发展。

AI 助手+教师

在"AI 助手+教师"的实践形态中，AI 助手主要利用感知智能来识别复杂多变的教学信息，其主要承担前期信息采集、识别、转录和分析的教学任务，而教师主要承担意义阐释以及决策落实的教学任务。"AI 助手+教师"实现了教学活动的辅助协同。

众所周知,教学活动中存在着"主体—客体—主体"的交往过程,即教师需要借助语言、文本、设备等客体媒介来促进学生的身心发展[①]。在教育全球化浪潮的席卷下,以往的传统媒介(如纸质书本、摄像机等)暴露出了一定的局限性,它们已经不能满足学生对于多元文化知识的渴求,纸质书本的滞后性与摄像机的单一性极大地限制了知识的变化空间。除此之外,作为主体的教师也暴露出了一定的缺陷。一方面,教师对复杂多变的信息存在识别障碍。互联网的发展为教育全球化提供了信息交流与传播的渠道,打破了国家、地区之间的信息屏障,极大地拓展了师生的知识空间,但也不可避免地给教师的语音转录和文本识别带来了挑战。另一方面,教师对学生情绪情感进行调控的能力存在缺失。教学活动除了知识传递以外,同时也是情感交互的过程,学生的主观感受、情感经历和生活体验等,都会对其学习结果产生一定程度的影响,而对于经验不足的教师而言,察觉和调控学生的情绪情感存在较大困难。对此,AI助手可利用感知智能对教师的感知信息进行"认知外包",以提供和识别前沿的教育信息,并充当多功能的仪器设备来辅助教师完成教学活动。

具体而言,AI助手能够对不同国家、地区的语言文字进行敏锐的感知和识别,并将最新的教育信息转录成师生可识别的数字化文本,这不仅为传统的纸质媒介注入了新鲜血液,使其具备一定的前瞻性,而且帮助教师突破了信息识别的障碍。此外,AI助手还可运用语音识别和人脸识别等智能技术,在大规模数据模型的基础上,通过对学生特征数据的采集,实现对其个性化需求的感知,最终以"学生综合评价报告"或"学习障碍诊断报告"等形式呈现给教师。由此便可通过言语和表情,清晰地感知学生情绪情感的变化,并在客观报告的基础上,对学生的不良情绪或情感加以调控。

[①] 冯建军.当代主体教育论[M].南京:江苏教育出版社,2001:107.

▪"AI助手+教师"的实践形态

鉴于"AI+教师"人机协同教学的四种实践形态在活动情境、目的、工具和规则四个方面是一致的,故从活动对象、活动团体与分工以及活动结构对"AI助手+教师"协同教学的实践形态进行分析。

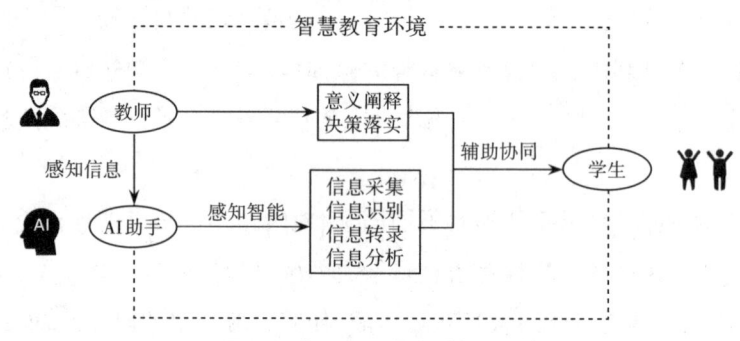

"AI助手+教师"协同教学的活动对象包括AI助手、教师、学生。AI助手主要利用感知智能对教师的感知信息进行"认知外包",弥补了教师在外部信息识别和学生情绪情感感知方面的能力缺失。在"AI助手+教师"协同教学中,AI助手和教师构成"教学共同体",它们在教学活动中辅助协同,其中,AI助手主要承担前期信息采集、识别、转录和分析的教学任务,而教师主要承担意义阐释以及决策落实的教学任务,"AI助手+教师"协同教学的原理如图4.4所示。

图4.4 "AI助手+教师"协同教学

"AI助手+教师"协同教学在"教学准备—教学实施—教学总结"的各个阶段皆有涉及,其协同内容和流程包括:(1)教学准备阶段。教育全球化使得知识的总量呈爆炸性增长,且知识的更新速度日新月异,打破了不同国家和地区之间的信息屏障,极大地拓展了师生的知识空间,而借助AI助手可以敏锐的识别不同国家和地区之间复杂多变的语言文字,并将所识别的教育信息转录成师生可理解的数字化文本,使教师突破了信息识别和信息转录的障碍。以上都为教学的前期准备工作奠定了基础。

(2)教学实施阶段。在正式的教学过程中,AI助手运用语音识别和人脸识别等人工智能技术,实现对学生特征数据的采集,并以简单的"学情诊断报告"形式呈现给教师,让教师在第一时间通过学生言语和表情的变化,客观感知学生知识吸收的程度,实时调整教学计划,对学生的不良情绪和情感加以调控,并可根据"学情诊断报告"为学生提供个性化、定制化和高效率的学习课程。(3)教学总结阶段。AI助手呈现给教师全方位的"学生综合评价报告"或者"学习障碍诊断报告",在不同维度上对学生的学习情况进行了细致打分,然后教师再结合教育学、心理学、社会学等学科背景和学生的个性化特征,对信息做出全面、合理的意义阐释,并在此基础上实施教育干预。

·"AI助手+教师"的实践案例

类似的AI助手如"Carnegie Speech Assessment"和"英语流利说"等。Carnegie Speech Assessment使用语音识别和精确定位技术来准确记录学生的英语发音、语法和流利度的情况,并将学生的语音记录与广大英语学生进行比较,从而准确评估和衡量学生的英语学习水平,即时生成客观的报告,为提高其英语口语技能做铺垫。Carnegie Speech Assessment承担了学生学习情况评估和分析的工作,以协助教师共同为提高学生的英语口语技能提供帮助。而"英语流利说"通过语音识别、发音评测、语音合成、语法检错等人工智能技术,为学生构建了深度自适应学习系统,并根据学生的定级测试结果设置了8种不同等级的课程,为学生提供了个性化的学习体验。

案例 4.2 英语流利说

英语流利说是上海流利说信息技术有限公司开发的英语学习智能平台,其将互联网技术、大数据技术、人工智能技术以及云计算技术引入英语学习,是一款结合语音和图像识别技术的语音智能合作平台和智能学习产品。

在语音识别方面,英语流利说内置支持移动端离线工作的、多粒度和多维度的口语评价引擎,累计拥有23亿分钟录音时长及309亿句录音句子数,形成了庞大的"中国人英语语音数据库",能较为准确地对中式英语进行识别。在发音测评方面,英语流利说以美式英语母语者的语音数据作为蓝本,在音素、单词和句子层面对英语语音进行音准、重音、语调、流利度等多维度进行细致打分。在语音合成方面,英语流利说能够将文本转换成语音。该软件的语音合成系统融入了多项深度学习技术,语音合成在自然度、清晰度方面接近真人发音水平,并支持不同语种的自由切换、混合合成以及即时个性化的声音定制。在语法检验方面,英语流利说可细致全面地针对英文文本的错误进行分析,支持包括名词单复数错误、拼写错误等五十余种错误检测,同时给出纠错建议。

•教学法

首先,从教学步骤来看,学生在接触和使用"英语流利说"时,一般会经历登录、练习、评论和分享三个阶段[①]:(1)登录。学生登录界面的渠道包括邮箱、手机号、微信账号、QQ账号等多种途径,无须另行注册账号就可实现一键登录。这种操作极为便捷,提升了学生利用软件进行英语学习的有效性。(2)练习。英语流利说将所有课程划分为17类,包括"零基础""日常必备""旅游出行"和"流行热点"等,契合学生日常生活中对于各类场景的需求。课程中的"课前预习"可以促进学生对学习情境的了解,提前熟悉课程内容。在练习完成之后,学生点击"闯关"进入"对话模式"(与AI的对话练习)或"单人模式"。"闯关"结束后,软件将对学生的发音、流利度、正确率和节奏等进行测评,并生成成绩单。英语流利说采用游戏闯关模式,打破常规,将口语训练浓缩化、单元化,在缩短口语训练时长的同时提高趣味性,便于学生高效利用碎片化学习时间,真正做到随时随地练习口语。(3)评论和分享。软件中的"流利吧"是学生发表评论的板块。学生可以加入基于"趣缘"文化自发形成的"圈子"发掘感兴

---

① 梁培培,蒋海升.手机教育类APP体验创新路径探析——以"英语流利说"APP为例[J].出版广角,2019(01):33-36.

趣的版块并订阅,或关注"自媒体"账号以达到练习英语的目的,还可通过"看视频学英语"版块学习视频内容。学生在每个版块都可以对比口语音频发表评论,与其他学生建立关系。

其次,从内容组织方式来看,"英语流利说"通过对学生的初步调查和学习数据的统计分析,针对学生的偏好来推送每日精选的英语对话,提高学生对于口语训练的兴趣。除此之外,该软件具备多样的口语环境和丰富的学习素材,注重口语训练的进阶性和系统性,可根据学生口语水平差异调整难易程度,使每个学生都能找到符合自己学习偏好的口语素材,并根据实际情况调整训练的进度与难度。

最后,从学习活动的设置来看,"英语流利说"将学习协作、游戏闯关等模式贯穿于整个训练过程中,将英语知识趣味化、模块化,通过短暂而有趣的活动,帮助学生掌握相关知识,促进学生长久持续地进行口语学习。通过兼容微博、QQ、微信等其他软件账户以及设置"打卡学习"功能,使口语练习氛围在学生的朋友圈中最大限度地传播,有效帮助学生克服惰性,形成良好的训练习惯。

• **社会交互**

"英语流利说"充分体现了英语口语训练的互动性和开放性,重视学生之间的交互体验,通过建立"排行榜""流利吧"等网络学习交流平台促进学生之间的竞争与沟通,形成良好的学习氛围,学生通过收听与点评他人发音等方式加强彼此间的沟通,使协作学习落到实处。

"情景实战"是"英语流利说"的一大特色,其本质是AI与学生之间的对话。"英语流利说"的内容生产者大致分为专业人士、学生和AI三类,与之相应的内容同样可归纳为PGC(Professional Generated Content,专业人士生成内容)、UGC(User Generated Content,学生生成内容)和AIGC(Artificial Intelligence Generated Content,AI生成内容)三类[1]:(1)PGC。"英语

---

[1] 梁培培,蒋海升.手机教育类APP体验创新路径探析——以"英语流利说"APP为例[J].出版广角,2019(1):33-36.

"流利说"的编辑、设计师、策划师、技术师乃至"流利吧"中的"说客"都是PGC的生成者。他们将专业的界面导航、强大的技术支撑、精致的内容以及权威的资源提供给学生,这些是人工智能和学生所无法替代的。(2)UGC。"英语流利说"中的UGC主要表现为学生输出的音频、文字等。通过这些内容,学生可以表达自己的观点,与AI及其他用户进行对话,并提供关于AIGC和PGC的反馈,帮助软件进行迭代升级。(3)AIGC。AIGC是"英语流利说"的一大亮点。人工智能可以模拟不同角色与学生展开对话,在通过虚拟社交满足其情感需求的同时,还可以满足学生的功能需求和感官需求。

·技术支持

在软件技术方面,"英语流利说"注重学生的视听感受。其界面设置简洁明了、文字醒目,学生在使用过程中可以获得清晰的引导与指示,从而逐步熟悉和掌握软件操作流程,最终完成学习任务;英语语速适度、发音清晰、音量适中;整体呈现出具有趣味性和独特性的设计风格,寓教于乐。此外,"英语流利说"具有极强的适应性,针对不同操作系统设有多种版本,软件安装门槛较低,且运行流畅。该软件还提供离线学习功能,摆脱网络对英语口语训练造成的时空限制,使学生在无网络情况下也能继续练习。

在多媒体运用方面,"英语流利说"的内容主要以音频、图片、文字和视频的形式来呈现,尤以文字和音频为主,可切实提高学生的学习效果。"英语流利说"主要致力于提高学生的口语水平,具体到实际应用场景中主要体现为听说水平,听和说不会对学生的视觉注意力造成过多的挤占,这恰好契合学生在碎片化时间和流动化空间场景下的学习需求。

在评估技术方面,"英语流利说"具备尖端的评估技术和纯正的美式发音库,能够准确识别学生的英语发音,比较其与原声之间存在的差距,引导学生发现自身问题,并通过反复模仿跟读加以改进。同时,该软件所具备的"定制学"功能可以帮助学生根据自身英语水平制定个性化的学习方案,满足其个性化学习需求。

综上所述,尽管AI助手可在教学活动中发挥优势,弥补客体媒介和主体教师的部分缺陷,但其并非全知全能。它在教学活动中只能承担前期的信息采集、识别、转录和分析工作,使通常处于模糊状态的教育、心理和社会知识,以更为具体和明确的方式呈现出来,从而为教师的决策提供数据支持,但不能对信息背后的教育现象做合理的阐释[1]。因此,还需发挥教师在教育理念和情感交流方面的优势,通过与学生的体验互通和情感纽带,并结合教育学、心理学和社会学等学科背景知识,对信息做出更全面、合理的阐释,进而在此基础上实施教学活动。相较于AI助手,教师主要承担意义阐释以及决策落实的教学任务,二者共同构成"AI助手+教师"的协同教学形态。AI助手与教师之间的关系就如同检测仪器与医生之间的关系,教师借助AI助手进行"病情诊断",确定"病症",并分析"病因",然后根据检测报告开出个性化的"治疗方案",从而"对症下药"。如此,教师能通过AI助手提升其处理教学与育人工作的效率,AI助手也能通过教师增强其处理事务的智能性与智慧性,二者相互促进,相辅相成。

AI导师+教师

在"AI导师+教师"的实践形态中,AI导师主要扮演特级教师的角色,其利用认知智能来分析学生的认知和行为模式,并在此基础上结合复杂情境,给学生提供个性化的辅导;而教师主要扮演创新工作规则的设计者和指导者的角色,实施精准教学。"AI导师+教师"实现了教学方法的适宜协同。

---

[1] SELF J. The defining characteristics of intelligent tutoring systems research: ITSs care, precisely [J]. International Journal of Artificial Intelligence in Education, 1999, 10(3): 350-364.

教学方法的本质主要取决于学生的学习认知活动和教师教学的逻辑程序与心理两个方面，它是由学习方式和教学方式共同决定的[①]。在教学过程中，教师应如何教，取决于学生如何学。故学生的学习方式起主导作用，它在一定程度上决定了教师的教学方式，进而决定了教学方法的选取。

因此，首先要明晰学生的学习方式。以往依靠教师的个体经验和主观感知来分析学生的认知和行为模式，进而判断学生学习方式的做法，其结果准确性低且不稳定。其次要确定教师的教学方式。教师需要根据不同的教学情境，因时而异、因地制宜的根据学习科学和教学发展规律等做出正确选择，这无疑对教师驾驭复杂情境的能力提出了挑战。对此，需借助AI导师对教师的认知信息进行"认知外包"，为解决上述问题提供动力。由于AI导师是AI代理和AI助手发展到一定阶段所产生的智能形态，其不仅具备低阶的计算智能和感知智能，还具备高阶的认知智能，使其在面对创造性更强的挑战时，可媲美人类特级教师来独立开展教学工作。

具体而言，一方面，由于AI导师具备计算智能和感知智能，它能在大规模采集、挖掘、计算和推理学生个体认知、行为数据的基础上，对任意情境下学生的需求进行稳定且精准地感知和计算，并借助庞大的知识库分析学生的认知模式和行为模式，进而明晰学生的学习方式。另一方面，由于AI导师具备认知智能，它能通过设置好的规则和海量的数据，学习教师在复杂教学情境下处理问题的模式，获得媲美特级教师的主观认知能力和创造力，进而确定教学方式，并结合学生的学习方式选取适宜的教学方法，指导学生个性化学习。可见，在选取适宜的教学方法方面，AI导师主要扮演特级教师的角色，在精准分析学生认知和行为模式的基础上，结合复杂情境，给学生提供个性化的指导。其工作形态主要表现为智能辅导机器人和心理辅导教师等。

---

① 王金萍.优化教学方法 培养自学能力[J].教育科学研究,2002(7):45-46.

▪"AI导师+教师"的实践形态

"AI导师+教师"协同教学的活动对象包括AI导师、教师、学生。AI导师利用认知智能对教师的认知信息进行"认知外包",弥补了教师在策略和规律的认知方面以及复杂情境的驾驭方面的能力缺失。在"AI导师+教师"协同教学中,AI导师和教师构成"教学共同体",它们在教学方法上适宜协同,其中,AI导师负责采集并分析学生学习行为数据,为学生提供反馈,同时也为教师提供学生分层手段的教学服务。此外,AI导师能够识别学生学习过程中的认知和行为模式,选取适合学生学习特征的指导策略,并结合复杂情境,推荐给学生个性化发展的学习路径、针对性的学习内容,以帮助学生有效提升学习效率。教师则依据AI导师所提供的学生的认知和行为模式,对学生进行分层分类,及时调整课堂行为,提升课堂教学效率,实施精准教学,"AI导师+教师"协同教学的原理如图4.5所示。

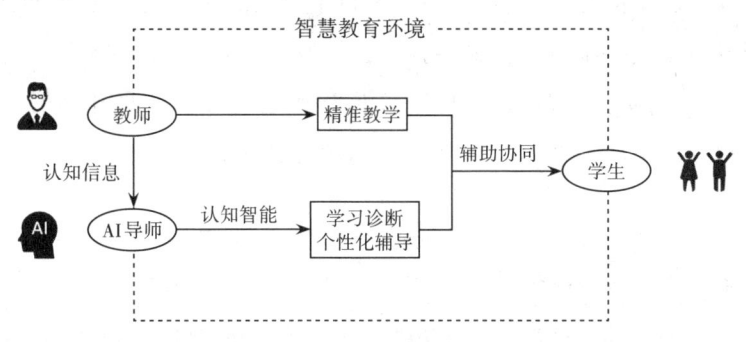

图4.5 "AI导师+教师"协同教学

"AI导师+教师"协同教学在"教学准备—教学实施—教学总结"的各个阶段皆有涉及,它的协同内容和流程包括:(1)教学准备阶段。通过人机交互,AI导师智能化地判定学生已掌握的知识及学习的进展情况,分析学生的认知和行为模式,判断学生的理解力水平或知识中存在的缺陷,即对学生进行学习诊断。(2)教学实施阶段。根据AI导师的诊断结果,教师利用其对于教学内容的深度把握、对教学目标的清晰认识以及丰富的教学经验,对学生进行重难点的讲解和有针对性的辅导,并动态调整教学计划和节奏,实现精准教学。(3)教学总结阶段。AI导师根据学生的个性化诊断报告,选择适合学生学习特征的指导策略,自动生成适合学生的个性化练习。学生进入系统完成练习后,AI导师则对学生的完成情况进行诊断,推送相关补充内容对其进行个性化辅导。因此,借助AI导师来记录学生学习的问题数据、行为数据,实现师生信息服务的智能化和学习诊断与辅导的个性化,可以支持教师依据学习诊断报告等进行教学决策,实现精准教学和精准辅导。

- **"AI导师+教师"的实践案例**

类似的AI导师包括"希赛可"和ASSISTments。"希赛可"是一个智能英语学习系统,其包含聊天机器人、教学平台和背单词软件三个部分[①],涵盖了课外英语聊天、听力训练、单词与课文学习等方面的内容,可作为教师课堂教学的补充,也可作为学生自主学习的辅助工具,还可作为教师课堂教学的一部分[②]。ASSISTments作为典型的智能导师评价与分析系统,可通过创建任务、即时反馈帮助学生、评估学生表现和分析答案、自动化的再评补救四个步骤,为学生的学习提供支持和评价。

案例4.3 ASSISTments平台

ASSISTments平台是由美国联邦基金资助的、伍斯特理工学院主办的免费公共服务平台。该平台旨在通过反馈和提示,为学生学习提供评价和支

[①] JIA J, CHEN Y, DING Z, et al. Effects of a vocabulary acquisition and assessment system on students' performance in a blended learning class for English subject [J]. Computers and Education, 2012,58(1):63-76.

[②] 贾积有,陈霏,陈宇灏,等.从聊天机器人到单词测试和课程管理——"希赛可"智能英语教学系统的进一步研发[J].现代教育技术,2011,21(6):86-90.

持[1]。一方面,它为学生提供针对其学习需求的个性化指导,另一方面,又以学生诊断报告为依据,为教师提供学情反馈,由此可见,师生通过使用ASSISTments平台达到了"双赢"的效果[2]。在该平台上,师生无须在固定时空进行交互,学生可以随时随地获得有效指导,教师也可以随时随地追踪学情,并及时采取措施、提供支持[3]。ASSISTments平台有四大特性,分别是开放性的应用环境、适应性的学习支架、多样化的诊断报告以及自动化的再评补救。

具体而言,开放性的应用环境是指ASSISTments平台是一款具有开放性特征的智能教学系统。就用户而言,它可供学生、教师、研究者等多种角色的用户使用。就适用范围而言,它涉及的学段由基础教育阶段扩展至高等教育,其涵盖的学科已由单一的数学学科发展到多种类型的学科。就平台兼容性而言,它可以被整合到几乎所有学习管理软件中。就硬件兼容性而言,它可以支持多种硬件设备。适应性的学习支架指的是该平台更加重视学习过程的指导,注重学生解决问题过程中的步骤提示和结果反馈[4],其利用学习支架策略为学生提供个性化指导。多样化的诊断报告是指当学生结束学习任务后,平台会将即时诊断报告提供给教师,其中包涵学生的个体情况和整体情况,其主要用于测试和作业。自动化的再评补救指的是当学生结束教师安排的课程后,平台会自动化地进行补救和再评。自动化的补救和再评可以监督和促进学生对已学知识进行巩固和强化,以推进知识的内化和迁移,从而使其真正掌握这门课程[5]。

---

[1] HEFFERNAN N, HEFFERNAN C. The ASSISTments ecosystem: Building a platform that brings scientists and teachers together for minimally invasive research on human learning and teaching [J]. International Journal of Artificial Intelligence in Education, 2014, 24(4): 470-497.

[2] OCUMPAUGH J, BAKER R, GOWDA S, et al. Population validity for educational data mining models: A case study in affect detection[J]. British Journal of Educational Technology, 2014, 45(3): 487-501.

[3] PARDOS Z, GOWDA S, BAKER R, et al. The sum is greater than the parts: Ensembling models of student knowledge in educational software[J]. ACM SIGKDD Explorations Newsletter, 2012, 13(2): 37-44.

[4] SINGH R, SALEEM M, PRADHAN P, et al. Feedback during web-based homework: The role of hints[C]//AIED. Artificial intelligence in education. Berlin: Springer-Verlag, 2011: 328-336.

[5] HEFFERNAN N, HEFFERNAN C. The ASSISTments ecosystem: Building a platform that brings scientists and teachers together for minimally invasive research on human learning and teaching [J]. International Journal of Artificial Intelligence in Education, 2014(4): 470-497.

·教学法

在教学准备方面,教师可根据ASSISTments平台中学生个体情况报告和班级整体情况报告,在正式实施教学前对学情做宏观感知,以此动态调整教学计划,靶向高效教学和个性化教育。平台提供的可供教师创建教学任务的领域知识库也比较全面,包括了开放教育资源、专有教科书、展示技能掌握的预建作业、预先构建的基于技能的练习习题集和状态测试习题库,教师可以根据教学目标和学情筛选恰当的教学任务。

在教学方法方面,ASSISTments平台强调对教学过程的指导,侧重学生解决问题时解题步骤的提示和解题结果的反馈[1]。其通过即时反馈提供的教学支架具有以下亮点:①适应性提示。首先划分解题思路,然后嵌入提示,最后根据自身的情况选择相应的提示信息[2]。②完整性记录。平台一方面通过绿色进度条提示学生关于本题的答题情况和使用提示的情况,另一方面通过左侧答案结果记录学生整体的学习情况。③即时性反馈。当学生解答完问题之后,平台会对答案给予即时反馈,以保证学生及时了解和掌握自己的学习动态。

在教学活动与评价方面,当学生完成学习活动后,ASSISTments平台会为教师提供即时的诊断报告。诊断报告一般包括学生个体情况报告和班级整体情况报告。该诊断报告对学生、教师和家长都颇有价值:对学生而言,诊断报告是对自己学习的评价,可以帮助自己查漏补缺;对教师而言,诊断报告有助于节约时间、提高教学效率;对家长而言,诊断报告有利于家长了解和掌握孩子的学习动态,并根据孩子的学习情况及时与教师沟通。

---

[1] SINGH R, SALEEM M, PRADHAN P, et al. Feedback during web-based homework: The role of hints[C]//AIED. Artificial intelligence in education. Berlin: Springer-Verlag, 2011:328-336.

[2] RAZZAQ L, HEFFERNAN N. Scaffolding vs. hints in the assistment system[C]//ITS. Intelligent tutoring systems. Berlin: Springer-Verlag, 2006:635-644.

•社会交互

ASSISTments平台设置了"专业学习""参与""教师角"和"博客"四个板块供用户实现交互和提升。其中"专业学习"板块旨在支持用户将ASSISTments平台作为高效教学的实践桥梁,无论是新用户还是高级用户都可通过以下四种途径获得提升:①演示或培训。ASSISTments平台为用户提供了一对一的演示。②网络研讨会。ASSISTments平台提供了由两部分组成的新用户网络研讨会,第一部分主要是学习基础知识,第二部分主要是深入挖掘数据。此外还包括了诸如有针对性的网络研讨会,如"在COVID期间教学——ASSISTments的秋季课程"以及嵌入式会话。③认证教育家计划。ASSISTments平台提供自定进度的模块,教师可以在自由设定的时间内完成这些模块,以学习成为ASSISTments平台高级用户所需的一切知识,学习完成后,将有资格参与ASSISTments平台的大使计划。④虚拟专业学习社区。虚拟可编程逻辑控制器(Virtual Program Logic Control System,简称VPLCs)可支持ASSISTments平台的有效使用,并在ASSISTments平台的用户之间创建虚拟社区。无论是刚刚入门的新用户还是高级用户,都可在虚拟专业学习社区通过实时在线沟通,获取所需内容。

"参与"板块旨在提供各种各样的项目,在用户社区中认可教师并给予他们更大的发言权,主要包括以下五个项目:(1)大使项目。大使项目通过三种大使行动途径设计适合教师的计划,分别是写作激励、数字媒体影响、支持教师培训和资源。(2)教师研究和反馈社区。该项目旨在让教师的声音能够站在最前沿发挥作用。作为研究者和反馈者,教师不仅可以促进ASSISTments平台的发展,还可以促进教育教学的发展。(3)脸书教师用户社区。教师用户社区是一个帮助教师相互联系的地方,在这里教师可以提出问题和练习问题,并从ASSISTments平台和其他教师那里获得有价值的提示和技巧,以便获取专业学习机会和产品更新的好方法。(4)博客投稿。在ASSISTments平台的博客板块,教师可以分享各种各样的经验和看法,从对ASSISTments平台的建议,到对当前教育问题的看法,再到课堂经历,都可畅所欲言。(5)教师角投稿。教师角是ASSISTments平台上的一个特色空间,供教师分享他们各自开发的大量教育资源。

"博客"板块为ASSISTments的用户提供了畅所欲言的交流空间,它与"参与"板块和"教师角"板块均有联结,其既是工具也是手段,包括了新闻、教师之声、用户提示、研究与功效、思想领导、公告等类别,以方便用户快速获取所需信息。在思想领导板块里,如克里斯汀·马努基恩(Kristyn Manoukian)就提出了让学生更聪明而不是更努力地学习[1]。在教师之声板块里,如霍利·哈德森(Holli Hudson)分享了ASSISTments让其成为更好的老师的三大方法,即时间管理、小组/个性化教学、灵活性的教学环境[2]。

在"教师角"板块,教师可以找到有用的工件、博客帖子和其他教师生成的视频,以启发和深化他们使用ASSISTments平台的教学实践。"教师角"主要为教师提供以下支持:(1)特色可下载工件,又称教师神器。这是由经验丰富的ASSISTments教师生成的工件,可帮助新教师将ASSISTments整合到其自己的课堂中。(2)教师声音。这是由经验丰富的ASSISTments教师撰写的博客文章,他们分享了使用ASSISTments的技巧和想法,以帮助新用户高效地使用ASSISTments。(3)特色课堂展示。通过视频分享用户经验,看看他们是如何在教室里运用ASSISTments分析数据的。④教师工具包。教师工具包为教师提供了众多有效资源,使其可获得更多培训和支持,具体而言包括重要的资源、关联的课程、新的下载以及博客资源。

综上可见,ASSISTments平台不仅提供了安全的交流环境,还通过个

---

[1] MANOUKIAN K.Getting students to work smarter not harder[EB/OL].(2020-12-22)[2021-01-09].https://new.assistments.org/blog-posts/getting-students-to-work-smarter-not-harder.

[2] HUDSON H.Top 3 ways ASSISTments made me a better teacher[EB/OL].(2020-12-01)[2021-01-09].https://new.assistments.org/blog-posts/top-3-ways-assistments-made-me-a-better-teacher.

人Canvas或Google账号进行登录保证了用户的私密性；在学生的诊断报告界面，用符号"×××"模糊处理学生姓名，保护学生个人隐私；还提供了交流的激励机制，如认证教育家计划、大使项目等；此外，还提供了适当的交流工具，如网络研讨会、虚拟专业学习社区、教师研究和反馈社区、脸书教师用户社区、教师角和博客等供用户沟通和交流。

·技术支持

ASSISTments平台的技术支持主要体现在应用环境、运行机制和诊断功能三个方面：

第一，多元的应用环境。主要表现在：(1)平台不仅是师生的使用平台，而且是众多教育研究者的研究平台[①]；(2)平台的关注点不在于课程，而在于工具，它提供了多学科、多学段的教育资源[②]；(3)平台可以嵌入任何教学管理系统中，用户无须重复使用多个教学管理系统，仅需在自己当前使用的管理系统中添加ASSISTments平台即可，从而方便用户接入；(4)平台开发了网络版和移动版，使用者可以通过多种终端使用，以便于随时随地学习。

第二，合理的运行机制。在构建合理的运行机制方面，ASSISTments平台主要采取内部路径和外部路径两条运行路径。内部路径是指学生对一个学习事件的学习过程，它的功能是对学生的学习需求给予指导，或给出适应性提示和进行即时反馈。外部路径是指学生对多个学习事件的再评补救过程，它的功能是对课程知识的复习巩固，若学生在一段时间内完成了一次又一次关于某一课程知识的测试，则证明其真正理解并掌握了此知识；若学生未能完成测试，则证明其对此知识的学习仍存在问题，平台会自动为其推送补救材料。

第三，强大的诊断功能。ASSISTments平台把诊断作为重中之重，其

---

① 张蔚磊,李馨,赵云建.高等教育数字化学习的未来——访哈佛大学教育技术学专家克里斯·德迪教授[J].中国电化教育,2014(12):3-7.
② 迪德,彭雪峰,肖俊洪.高等教育数字化学习的未来[J].开放教育研究,2014,20(4):9-18.

具有如下优势：(1)平台的诊断范围广，学生、教师和家长都可以获得相应的诊断报告并从中受益；(2)平台的诊断内容精，其不仅可呈现学生的答题正误和答案，而且可呈现学生答错和使用提示的频率以及作答的时间，有利于教师及时发现学生存在的问题，并据此及时调整教学内容；③平台的诊断功能强，既可用于作业，也可用于测试。

综上所述，AI导师是可以媲美人类教师的特级教师，可协同教师实施精准教学。但由于人类对自身学习的认识还不够，AI导师的辅导还存在较大的局限性。所以在AI导师识别出学生认知和行为模式的基础上，还需要教师对于教学的深度理解和统筹规划，因此，相较于AI导师，教师则主要扮演创新工作规则的设计者和指导者的角色，把握教学节奏，整体规划教学过程。在"AI导师+教师"的协同教学形态中，完整的教学过程不再是教师的"独角戏"，而是AI导师与教师的"双簧戏"。教师作为总导演和总指挥，完成高创造性的教学设计和指导，AI导师则作为教学活动的辅助实施者，这在一定程度上解决了区域之间教师数量不足、专业水平参差不齐等问题。

AI伙伴+教师

在"AI伙伴+教师"的实践形态中，AI伙伴主要利用社会智能来实现多主体的自由交互，其与教师共同构成"教学共同体"的多元交互结构协同完成教学任务。"AI伙伴+教师"实现了教学主体的交互协同。

传统意义上的教学主体主要是指教师和学生，他们之间的社会化交互是教学活动的重心。师生之间的交互不仅有利于知识的深层次交流、积淀和升华，同时也有利于促进自身的发展。当人工智能发展到强人工智能或超人工智能阶段，一些智能机器或设备也将具备主体性，成为拥有自主意识的独立个体。他们可参与师生之间的社会化交互，并与师生共同构成"教学共同体"的多元交互结构以相互促进。其中，"教学共同体"是指一个由学生和助学者共同构成的团体,它以共同的学习任务为载体,以促进成员发展为目的,通过彼此之间的沟通交流和分享学习资源来发挥群体动力作用,实现相互促进[1]。助学者通常指教师、专家、辅导者等,而人工智能技术的嵌入使助学者的外延可拓展到包含智能机器或设备在内的主体对象。

随着社会的不断进步、知识信息的不断生成,教育目标更加强调学生的个性化发展,使以往师生之间的社会化交互暴露出一定的弊端。一方面,教师的个体局限性难以满足海量学生的个性化需求,难以对其提供适应性的学习支持;另一方面,教师囿于自身知识和情感方面的劣势,难以实现与学生之间的相互促进和共同进化。因此,利用AI伙伴对教师的社会信息进行"认知外包",让AI伙伴与师生形成的"教学共同体"结构去缩小教育目标与教育现实之间的差距,具有一定的现实性与必然性。具体而言,AI伙伴具备包括计算智能、感知智能和认知智能在内的强大智能性,其可不断地自主更新和完善既有的知识库,识别复杂多变的教育信息,并在分析学生认知和行为模式的基础上为学生提供适应性的学习指导[2]。此外,AI伙伴还具备社会智能的强大创造性,它将不再依赖于人为设计的数据交互模式与规则处理问题,而是在与师生的沟通协作中自主习得新的规则,创造性地进行思考,进而能独立地协助教师解决教学问题。其所具备的自主学习能力,可与环境变化和学生发展共同进化,实现社会化的人机协同[3]。在"教学共同体"的多元交互结构中,AI伙伴与教师是真正的促进者关系,也是思维、情感和能力对等的个体。AI伙伴具备了与教师同等的智能性和创造性,其工作形态包括协同备课教师、听评课教师、教育实验被试等。

---

[1] 薛焕玉.对学习共同体理论与实践的初探[J].中国地质大学学报(社会科学版),2007(1):1-10.
[2] WANG Q, DING G, YU S. Crowdsourcing mode-based learning activity flow approach to promote subject ontology generation and evolution in learning [J]. Interactive Learning Environments, 2018,27(7):1-19.
[3] 宋灵青,许林."AI"时代未来教师专业发展途径探究[J].中国电化教育,2018(7):73-80.

•"AI伙伴+教师"的实践形态

"AI伙伴+教师"协同教学的活动对象包括AI伙伴、教师、学生。AI伙伴利用社会智能对教师的社会信息进行"认知外包",弥补了教师在交互性学习反馈方面的能力缺失。在"AI伙伴+教师"协同教学中,AI伙伴、教师和学生之间共同构成"教学共同体"的多元交互结构,它们实现了教学主体的交互协同。AI伙伴具备了与教师同等的智能性和创造性,其与教师是真正的促进者关系,是思维、情感和能力对等的个体,也是拥有自主意识的独立个体。当人工智能发展到强人工智能甚至超人工智能阶段,AI伙伴与教师之间的协同教学,就演变成了"智能机"和"交互人"在物理空间、数字空间以及社会空间上的交互,彼此之间的关系真正做到了去中心化,形成了人机共生的生态系统[①],"AI伙伴+教师"协同教学的原理如图4.6所示。

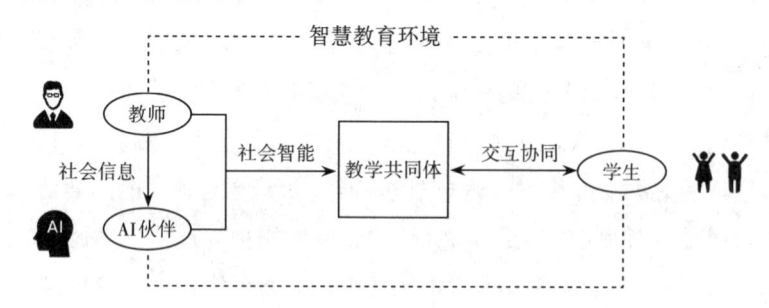

图4.6 "AI伙伴+教师"协同教学

"AI伙伴+教师"协同教学在"教学准备—教学实施—教学总结"的各个阶段皆有涉及。在每个阶段中AI伙伴与教师都存在不同方式的协同,AI伙伴既可充当独立的智能教师完成教学任务,又可充当教师的教学助手完成教学活动。AI伙伴形态多变,可作用于教学的方方面面,如在教学准备阶段协同教师备课、在教学实施阶段协同教师识别与记录学生的学习行为数据、与学生辩论对话以及在教学总结阶段协同教师评课等。

---

① 范俊君,田丰,杜一,等.智能时代人机交互的一些思考[J].中国科学(信息科学),2018,48(4):361-375.

此外，AI伙伴还可充当学生的模拟教学对象，检测学生对于知识点的真实掌握情况等。

▪ "AI伙伴+教师"的实践案例

初具雏形的AI伙伴，如Project Debater和AutoTutor。Project Debater机器人，因其具备数据驱动的长篇写作及语音演讲能力、长段落的聆听理解能力以及模拟人类困境的建模能力，其可与学生进行辩论性互动，创造出引人入胜的无偏见观点，进而帮助教师正确决策[①]。AutoTutor是一种基于自然语言的智能导学系统，在模拟人类教师教学的基础上采用自然语言与学生对话，帮助学生交互式的知识建构，特别是加深理解水平和问题解决能力。

案例 4.4 AutoTutor

AutoTutor由美国孟菲斯大学研发。该系统整合了教学中教师所采用的有效教学策略以及基于学习研究的理想化教学策略，已被广泛应用于计算机基础、物理、生物、批判性思维、阅读等多个学科领域。

AutoTutor不仅采用一般的认知学习原则，而且纳入了实践教学成果。在认知学习原则的应用中，AutoTutor最关心的问题是什么水平的知识可引发最大程度的学习收获。除了一般性的学习活动，AutoTutor更关注深层次问题的解答及收获。在教学策略方面，AutoTutor的教学策略依赖于教与学的主体双方。教师的依赖性主要体现为专家型教师的优势；学生的依赖性主要体现在实际学习过程和学生特征的差异。在学习情绪方面，AutoTutor把对认知、情绪和动机状态的评估结果纳入教学策略的选择中，促进学生的学习投入、激励其自信心、提高学生的学习兴趣，进而最大化教学效果。此外，AutoTutor基于对话的教学有利于学生对于知识的理解、分析、综合和评价。目前，AutoTutor已形成一个庞大家族，它们基于共同的学习原则、预

[①] BAIG E, SUPPE R. IBM shows off an artificial intelligence that can debate a human — and do pretty well [EB/OL].(2018-06-18)[2019-09-01]. https://www.usatoday.com/story/tech/2018/06/18/ibms-project-debater-uses-artificial-intelligence-debate-human/712353002/.

期——误解定制式对话、自然语言加工算法和对话代理,可使学习效果达0.8个标准差,无疑为教师的高效教学奠定了基础[1]。

·教学法

在教学策略方面,专家教师比一般教师的教学策略更灵活,也更复杂,相较于新手教师,专家教师提供了更多的总结和过程性指导,与学生的互动也更多[2][3]。专家教师的授课不是独白式而是互动式,他们利用元认知问题或者其他简短的问题检查学生的知识掌握程度,进而激发学习收获。这种合作式授课中的浅层问题互动模式可作为深层问题互动模式的有效补充。 AutoTutor早期更关注微观适应性,而较少涉及宏观适应性。随着AutoTutor系统的发展,研究者把宏观适应性与微观适应性相结合开发了DeepTutor深度导学系统[4]。DeepTutor基于话语文本和问题解决评估来确定学生当前的学习状态[5],绘制其在掌握每个知识点时的不同学习状态和问题解决的活动地图。相较于早期AutoTutor中每个知识点的预期正确答案和常见误解彼此独立的现象,DeepTutor基于知识点掌握路径地图更关注知识点之间的联系,它为初级学生提供难度系数较低的问题,匹配较为简单的常见误解;随着学生学习水平的提升,为高级学生提供难度系数较大的问题,匹配较为复杂的常见误解。

---

[1] D'MELLO S, GRAESSER A. AutoTutor and affective autotutor: Learning by talking with cognitively and emotionally intelligent computers that talk back[J]. ACM Transactions on Interactive Intelligent Systems, 2012, 2(4): 1-39.

[2] LU X, EUGENIO B, KERSHAW T, et al. Expert vs. non-expert tutoring: dialogue moves, interaction patterns and multi-utterance turns[M]. Berlin: Springer. 2007: 456-467.

[3] VANLEHN K. The relative effectiveness of human tutoring, intelligent tutoring systems, and other tutoring systems[J]. Educational Psychologist, 2011, 46(4): 197-221.

[4] RUS V, BAGGETT W, GIRE E, et al. Towards learner models based on learning progressions in Deep Tutor[C]//SOTTILARE R. Learner models. Army Research Lab, 2013: 85-196.

[5] RUS V, D'MELLO S, HU X, et al. Recent advances in Conversational Intelligent Tutoring Systems[J]. Ai Magazine, 2013, 34(3): 42-54.

在学习组织形式方面,AutoTutor基于对话的教学有利于学生对知识的理解、分析、综合和评价。AutoTutor不同模块可提供多种学习组织形式,如自我反思学习、适应性导学、可教代理、竞争性学习等。

在学习情绪方面,学生在认知收获或认知受阻时,常伴随着积极或消极的情绪。鉴于认知和情绪间的紧密联系,AutoTutor系统提出了新的假设,对学生的认知和情绪状态的敏感度可以有效地促进学习过程[1][2]。系统可以把对认知、情绪和动机状态的评估结果纳入教学策略的选择中,促进学习投入、激励自信心、提高兴趣,进而最大化教学收获。有研究者根据新的系统假设开展了系列研究,发现无聊、投入、困惑和沮丧是学生与AutoTutor系统互动过程中出现最多的情绪状态[3][4][5]。当AutoTutor系统对学生表达了同理心,学生会意识到系统将会协助他解决问题,同时也更容易接受系统设置的学习目标。

• 社会交互

AutoTutor使用预期—误解定制式对话(Expectation and Misconception tailored Dialogue,简称EMT)[6]。该对话以开放式主问题开始,主问题通常包含一组预期的答案要素和常见误解。AutoTutor通过多轮对话

---

[1] D'MELLO S, PICARD R, GRAESSER A. Towards an affect-sensitive Auto Tutor[J]. IEEE Intelligent Systems, 2001, 22(4):53-61.

[2] GRAESSER A, JACKSON G, MCDANIEL B. AutoTutor holds conversations with learners that are responsive to their cognitive and emotional states[J]. Educational Technology, 2007, 47(1): 19-22.

[3] CRAIG S, GRAESSER A, SULLINS J, et al. Affect and learning: An exploratory look into the role of affect in learning with Auto Tutor[J]. Journal of Educational Media, 2004, 29(3):241-250.

[4] D'MELLO S, CRAIG S, SULLINS J, et al. Predicting affective states expressed through an emote-aloud procedure from AutoTutor's mixed-initiative dialogue[J]. International Journal of Artificial Intelligence in Education, 2006, 16(1):3-28.

[5] GRAESSER A, JACKSON G, MCDANIEL B. AutoTutor holds conversations with learners that are responsive to their cognitive and emotional states[J]. Educational Technology, 2007, 47(1): 19-22.

[6] GRAESSER A, LI H, FORSYTH C. Learning by communicating in natural language with conversational agents[J]. Current Directions in Psychological Science, 2014, 23(5):374-380.

帮助学生尽可能构造出满意的答案。在每轮对话中，系统将学生的回答与预期答案要素和误解进行比对，以给出不同的反馈并选择下一轮对话的材料。AutoTutor每一步使用的语言通常包括三个元素：简短反馈、铺垫、启发式提问。AutoTutor每一步所提出的问题，都是根据学生在对话中的表现选择的。AutoTutor使用这种定制式对话模式涵盖所有的预期答案。

此外，AutoTutor最关心的问题是什么水平的知识可以引发最大程度的学习收获，除了一般性的学习活动，AutoTutor更关注深层问题的解答及其收获。深层问题一般会使用"为什么""如何""假如……会怎样"等关键词，而浅层问题则使用"什么"或"哪一个"引出简短的回答[1]。在AutoTutor系统中，典型的教学对话常常以深层问题开始，以激发学生的深层推理。学生很难一次性回答正确，所以每一个深层问题都可以引发一系列的教学对话。

·技术支持

AutoTutor所涉及的主要核心技术包括语义表征分析、语篇连贯性工具Coh-Metrix和xAPI三种。具体而言，在AutoTutor中，学生与系统之间的交互通过自然语言进行，这就需要系统能处理语义。系统会鼓励学生不断尝试，直到学生的回答十分接近"预期答案"。对学生的每次回答，系统都需要判断回答与预期答案的语义相似程度，并判断其与前一次回答的语义相似程度。因此，对语义相似性的度量是AutoTutor很重要的内容。自动化衔接测量工具Coh-Metrix可用于分析AutoTutor中的对话特点，如学生的背景知识与对话连贯性的影响，使用话语连贯性预测学生的情绪状态等[2]。而xAPI又称Experience API，是美国高级分布式学习组

---

① GRAESSER A, PERSON N. Question asking during tutoring[J]. American Educational Research Journal, 1994, 31(1):104-137.

② D'MELLO S, DOWELL N, GRAESSER C. Cohesion relationships in tutorial dialogue as predictors of affective states[C]//DIMITROVA V, MIZOGUCHI R, BOULAY B, et al. Artificial intelligence in education. Armsterdam：IOS Press, 2009:9-16.

织(Advanced Distributed Learning,简称 ADL)2013年发布的一种全新学习技术规范。xAPI为实现教育大数据背景下学习经历数据的获取和共享,以及支撑智慧教学提供了新的技术规范[①]。

综上所述,无论是Project Debater辩论机器人还是AutoTutor智能导学系统,都是媲美教师的主体对象,能够与师生共同形成"教学共同体"的多元交互结构。由此,"AI伙伴+教师"的协同教学形态,增加了教学主体的交互对象,使教学真正意义上从人际协同过渡到了人机协同,实现了多主体的共同进化。

[①] 顾小清,郑隆威,简菁.获取教育大数据:基于xAPI规范对学习经历数据的获取与共享[J].现代远程教育研究,2014(5):13-23.

第五章
数智融合的教师素养

迈入21世纪,以人工智能、新材料技术、基因工程、石墨烯、虚拟现实、量子计算、可控核聚变、清洁能源为突破口,人类逐渐步入更高阶的技术时代。面对日新月异的技术世界,培养什么样的公民成为关键。新兴技术的不断涌现对人类发展提出了新要求,教育面临着新一轮机遇和挑战,需要对教师传统"教书育人"的角色进行重新书写。其功能不再局限于"传道、授业、解惑",而是应该更深入地了解、学习、思考如何在新时代里教学、反思和自我建构。面对全新的时代定位、能力要求和职责分工等变化,教师应具备哪些核心素养?这是我们需要深入思考回答的问题。

数字移民

　　信息技术的发展改变了阅读的方式、信息的结构以及传播的范式，数字化的社会环境正在逐渐形成。在此背景下，数字移民、数字土著和数字难民的概念构成了信息时代的"三个世界"。美国著名教育技术专家马克·普林斯基（Marc Prensky）于2001年首次提出数字移民[1]和数字土著[2]的概念，用以指代不同年代出生的数字产品用户在接纳、使用和管理数字技术方面的差异。具体而言，数字移民是指出生在较早的时期，其生存的年代鲜有机会接触到与信息技术相关的课程或产品，当信息时代来临时，面对数字技术、数字文化、数字经济等数字环境，所表现出学习不顺畅或学习艰难的一类群体。数字移民虽然会像其他移民一样善于适应新的环境，但是其行为表现却"步履蹒跚"，他们操着前数字时代的"浓厚口音"，保留着过去学习习惯的"蛛丝马迹"，如他们会将互联网作为资料搜集的第二手段而非第一手段。数字土著也可称为数字原住民，具体内容参见下文"数字土著"部分。数字难民一词首次出现于《数字难民和桥梁》（Digital Refugees and Bridges）一文中。所谓数字难民也是指出生较早的一类人群，由于种种主观原因，无法或不使用数字技术，成为徘徊在"数字门槛"之外的"数字弃民"。数字难民大多是无法融入数字社会的老年人，他们将数字技术视为威胁性的生存环境，不仅自己选择逃离，还强烈反对数字移民和数字土著在数字社会中所做出的努力和付出[3]。与数字移民相比，数字难民的年龄均大于数字移民（即从未接触或极少接触网络的现阶段五六十岁以上的人群），其对网络的接纳度和认可度远低于数字移民。

---

[1] PRENSKY M. Digital natives, digital immigrants.Part 1[J]. On the Horizon, 2001, 9(5):1-6.
[2] PRENSKY M. Digital natives, digital immigrants.Part 2: Do they really think differently?[J]. On the Horizon, 2001, 9(6):1-6.
[3] FRYER W.Digital refugees and bridges[EB/OL].(2006-10-20)[2021-01-14].http://blog.infinitethinking.org/2006/10/digital-refugees-and-bridges.html.

▪数字移民的媒介素养(Media Literacy)

数字移民生活在多元文化并存的全球化信息时代，新媒体的诞生，开创了一个全新的传播环境：信息量大质优、终端无所不能、网络无处不在。新媒体已经嵌入数字移民的日常生活，作为传统时代的居民，数字移民面临着两大挑战。第一，数字移民在互联网上主动搜索和获取信息的能力较低。一方面是由于依赖传统媒体而对新媒体产生抵触情绪，另一方面是由于新媒体的技术门槛导致数字移民无奈作罢。第二，碎片化的信息传播让数字移民难以适从。在社交媒体上，大量良莠不齐的信息传播容易造成信息超载，增加数字移民在使用媒介时的心理压力；同时，与数字土著相比，数字移民由于自身认知不足等因素导致网络安全意识和信息保护意识的缺失，容易被虚假信息、伪健康信息等欺骗，造成经济损失和心理伤害。如何在新媒体环境中理性参与使用媒介，提升对新媒介使用的判断能力以规避风险是数字移民需要解决的最大问题。因此，提升数字移民的媒介素养迫在眉睫。

媒介素养是数字移民在使用媒介时必备的素养。英国文学批评家弗兰克·雷蒙德·列维斯(Frank Raymond Leavis)和他的学生丹尼斯·汤普生(Denys Thompson)于1933年合著的《文化与环境批判意识的培养》(*Culture and Environment：The Training of Critical Awareness*)一书中，首次提出了"媒介素养"的概念，其认为应该加强对未成年人的媒介素养教育，提高他们辨别大众文化与传统文化的能力，抵御大众媒介带来的负面价值观念，培养他们传承传统文化的能力[1]。1992年美国社交媒介研究中心(Center for Social Media)提出："媒介素养是指人们在面对不同媒体中各种信息时所表现出的信息的选择能力、质疑能力、评估能力、创造能力、生产能力和思辨反应能力"[2]。英国伦敦大学著名媒介素养专家大

---

[1] LEAVIS F, THOMPSON D. Culture and environment：The training of critical awareness[M]. California：University of California press，2009：1–150.

[2] 李舒东.新媒介素养教育[M].北京：高等教育出版社，2015：4.

卫·帕金翰（David Buckingham）教授认为媒介素养就是使用媒介和解释媒介所需要的知识、技能和能力。[1]广义上的媒介素养其实指大众媒介素养，是公众文化素养的组成部分。所谓大众媒介素养是现代社会中公众对传播媒介和传播信息的认识、解读、分析、评价、创制等多种能力的综合，主要包括知识、技能、情感、态度、价值观和思想道德等几个维度。综合来看，大众媒介素养的发展水平是社会发达程度的评价指标，如发达国家的信息传媒等介质和文化早已深入社会各界的方方面面。加强数字移民的媒介素养是信息时代下的必然选择，这不仅可以使数字移民正确合理使用媒介规避风险，更重要的是有助于数字移民的自我发展和进步，实现"积极老龄化"。以此为前提，新媒体创造的全新传播环境使数字移民拥有无限的发展空间，数字移民与社会发展的"脱离"和"断裂"的问题将会改变，同时提升了媒介素养的数字移民也会拥有更大的话语权，为他们的社会参与开辟更广阔的空间。

▪ 作为数字移民的教师

作为数字移民的教师群体是指未出生于数字世界，只接受过传统教育但却必须采用数字技术进行教学的教师，其年龄大部分在三四十岁以上。数字移民教师由于年龄以及心态的变化，在数字社会中拥有较少的自主权和主动权，这使得他们在数字化教学里处于"弱势地位"，其自我发展和教学水平均受到了限制。此外，数字化教学也使得传统的教育者和新式的学习者之间的关系发生了变化。因此，作为数字移民的教师在面对信息技术带来的冲击时，重塑了新的时代特征，包括有：(1)个人自主性，即数字移民教师在日常教学过程中使用信息技术后反思的主动性。作为数字移民的教师会积极主动地进行自我反思，尤其是利用技术反思教育教学过程中自身角色定位、学生学习过程和课程教学效果。

---

[1] BUCKINGHAM D. Media education: Literacy, learning and contemporary culture[M]. Cambridge, UK: Polity Press, 2003:36.

(2)社会互动性,是指数字移民教师在信息化时代利用技术与学生进行真情实感的交往所产生的互动性,即师生之间实现了民主对话,消弭了教师权威,师生关系转变为真正的对话关系。(3)技术共生性,指数字移民教师和技术之间互相融合,共同发展。教师与技术之间的二元对立得以消解,实现了教师与技术的相融共生。

但上述特点仅是"应然"的理想状态。面对日新月异的新兴技术,数字移民教师从心理情感到行为习惯上对数字技术的使用呈现出两个极端:一种是数字鸿沟(digital divide)引发数字使用者所呈现出的"物理接入"和"观念接入"层面的差异,具体包括:(1)技能方面,数字移民教师的数字使用技能呈现较低水平。(2)使用方面,数字移民教师常常不会使用,甚至拒绝使用数字技术。(3)情感方面,数字移民教师常常表现出对技术感知易用性和感知可用性的质疑[1]。另一种是对数字技术的过度依赖使得数字移民教师的教学手段被工具理性所操控,其主要体现为:(1)反思游离引发的主体隐匿。技术为导向的发展理念使得教师在教学中的主体性被忽略或者消失,教师的理性判读力、自我反思力逐渐被技术取代。(2)情感无根导致的交往降格。教师和学生利用技术进行教学活动,一方面可以提高教学效率,另一方面可以在一定程度上增进学生学习兴趣进而促进教学效果的提升。然而技术处在教师和学生两个主体之间是没有情感和价值参与的,教师和学生的焦虑依附于技术的存在,导致二者之间交往降格。(3)实践偏狭造成的教学失范。技术导向使得教师在教学过程受限,无法逃离出技术的"控制",对技术的过度依赖使得教师作为数字移民教学失范[2]。数字移民教师因出生年代的久远性和自身发展的局限性,造成其缺乏必要的媒介知识和信息甄别能力。部分教师在错综复

---

[1] KERIS. 2018년교육정보화백서[EB/OL].(2018-12-31)[2020-11-24].https://www.keris.or.kr/upload/main/na/bbs_1104/ntt_16803/etc_5bfffe8e-918b-4a2c-b6a1-acd3aa252fbf1561702669413/index.html#/1.

[2] 张琪娜,吕狂飚.困境与突围:教师作为数字移民的时代挑战[J].中国教育学刊,2019(9):86-91.

杂的信息世界里无法自拔,导致价值观念的偏离错误,给教育教学工作带来不良后果。因此,为积极弥合数字鸿沟和工具理性,培养和提升数字移民教师的媒介素养是信息时代的重要课题。

▪ 教师媒介素养

教师作为公众的一部分,但是又有别于一般公众。教师不仅需要履行社会公众的责任和义务,同时又要扮演教师职业的各类角色,如传授者、实践者、研究者、设计者等。鉴于此,教师媒介素养不同于一般的大众媒介素养。教师的媒介素养具备双重内涵,一方面是教师作为社会公众所必须具备的大众媒介素养,另一方面是教师作为一种职业所应该具备的职业媒介素养。

前者主要是指契合时代要求,以信息化发展为引领,通过有效地选取媒介工具、甄别媒介信息(包括理解、质疑、评估、创造、生产)、学习媒介知识、生成媒介意识、使用媒介技术、形成媒介伦理道德等实现社会主体间交流互动所需要的一种素养,简言之,包括媒介意识、媒介知识、媒介能力和媒介道德[1]。媒介意识指教师在面对数字世界纷繁复杂的信息时,需要具备有理性辩证的媒介思维,能够时刻保持对媒介信息的高敏感度,批判性地获取媒介信息、分析媒介现象并且进行媒介创作。媒介知识指教师既需要了解媒介内容方面的知识,也应该了解信息背后的政治经济等背景知识,这些有关媒介的基本知识是教师媒介素养的核心内容。媒介能力是指教师要有对媒介的理解与应用能力,同时也应具备对媒介内容进行思辨的能力。媒介道德指教师在使用媒介时需要遵守的行为规范等。媒介出现在教育领域后,教师、学生获得信息的途径空前多样,若在信息接触上追求极端化则会导致侵权等问题滋生。因此,教师需要具备媒介道德以正确使用媒介。后者则是指教师在教育教学过程中通过有效挖掘媒介教学资源、利用媒介教学手段、推动媒介素养教

---

[1] 刘鹂,陈璐.教师媒介素养:内涵、价值与培育[J].当代教育与文化,2019,11(5):83-88.

育等促进教师自身专业发展和培养学生媒介素养。教师首先要扩充自身的媒介知识,通过有效识别媒介信息,进而挖掘出适用于教育教学的媒介教学资源;其次教师应认识新媒体的使用功能,掌握各种媒介在教学活动中的应用技巧,利用媒介教学手段服务于课堂教学;最后教师通过在日常教学中加强青少年的媒介素养提升,进而有效推动媒介素养教育(如图5.1所示)。

图5.1 教师媒介素养

在信息时代,培养教师的媒介素养具有重要意义。首先,对于作为数字移民的教师自身而言,媒介素养的提高有助于促进教师自身的专业发展。通过弥补数字移民教师在媒介时代主体隐匿、交往降格以及教学失范等不足,进而有助于提升教师在信息时代生存的能力,有益于教师个体媒介生活品质的提升。其次,对于学生而言,数字移民教师的媒介素养教育将会有助于学生媒介素养的提高。作为新一代"数字土著",生活在媒介时代的青少年从出生开始就面临着各种诱惑和挑战。数字移民教师需要具备良好的媒介素养才能够对其进行正确的引领和指导,提升学生的媒介素养,帮助其抵制不良媒介信息的影响。最后,对于课堂教学而言,数字移民教师的媒介素养是影响课堂教学效果的关键因素。从计算机和投影仪这类早期的传统的课堂媒介到现在的电子白板、电子书包等现代化教学媒介,从传统的线下授课到现在基于媒介而形成的慕课和翻转课堂等新型的教学组织形式,教学媒介已经融入校园,课堂教学早已是全方位的媒介环境。教师是否具备良好的媒介素养,这是影响教学实施效果的重要因素。作为数字移民的教师拥有良好的媒介素养，受益的并不仅仅局限于教师自身和学生，也不限于有效的课堂教学活动。良好的媒介素养意味着数字移民教师具有较高的批判反思能力，从而对媒体行业形成监督。这不仅有助于媒体的良性发展，也有益于整个社会的良性发展。①

数字土著

不同的成长经历会产生不同的思维方式和认知结构。对于1980年后出生的一代来说，他们从小生活在拥有各种各样数字设备的年代，被视为本能地精通各类信息技术并且善于利用它们。对于这一特殊的群体，马克·普林斯基给予他们"数字土著"（Digital Natives）这一称谓。与数字移民不同，从小浸润在数字化的生活环境中的他们已经潜移默化地接纳了新时代的信息技术和产品，这些技术以及产品也成了数字土著日常生活中不可或缺的部分②。数字土著具有以下特征：(1)较高的技术接纳度。对数字土著而言，由于数字世界是一个相对熟知并且处于舒适圈的世界，因此当数字技术渗透进生活中时，他们对技术的使用是以日常生活的方式进行的，对技术的使用已经是他们生活中的一部分。因此数字土著对技术的接纳程度较数字移民而言更高。(2)社会生活与行为网络化。数字技术伴随着数字土著的成长在其社会生活和行为中都充满了网络化的身影。作为数字土著的一代会将一天中的大部分时间投入网络中，并且以网络作为社会沟通的主要渠道。(3)认知和学习方式的主动性。得益于无尽的信息资源，信息技术造就了数字土著不一样的认知和学习方式，使他们拥有跳跃式的思维，从被动转向主动。

---

① 孔祥渊.教师媒介素养：意义及建构[J].思想理论教育,2012(18):20-24.
② 顾小清,林仕丽,汪月.理解与应对：千禧年学习者的数字土著特征及其学习技术吁求[J].现代远程教育研究,2012(1):23-29.

• 数字土著的信息素养(Information Literacy)

数字土著可被视为21世纪初最具潜力的学习者。他们的生活环境被计算机、互联网、平板电脑、智能手机包围着,他们无时无刻不在利用信息技术获取信息和交流。数字土著探求知识的速度更快,获取信息的渠道更便捷,更有利于他们从被动学习转为主动学习。同时信息技术的飞速发展又对数字土著的综合素养和创新能力等都提出了更高的要求。

数字土著需要思考并解决的问题是"21世纪应该具备哪些最核心的知识、能力与情感态度,才能够更快地融入信息化社会,才能在自我价值实现的同时又推动社会的发展"?核心素养的提出反映了数字土著的自身发展以及融入主流社会的需求。2006年欧盟发表的《以核心素养促进终身学习》中提出了包括有外语交流、信息素养等8个关键素养;美国"21世纪技能联盟"提出的21世纪技能包括有"信息素养""信息通信技术素养"等技能[1];国内学者也对教师核心素养提出了自己的看法,如刘丽强和谢泽源提出教师要具备信息技术和反思创新等素养[2]。可以发现,在核心素养上,各国都在强调要加强信息技术的使用。当前互联网背景下的信息技术革命已经颠覆了各行各业,社会各界正朝着信息化大步迈进,正如美国学者尼克·尼葛洛庞帝(Nick Negroponte)在《数字化生存》(Being Digital)一书的前言中开宗明义地写道:"计算不再只和计算机有关,它决定我们的生存。[3]"信息的裂变式更新对数字土著提出了挑战,数字土著作为信息时代的公民,需要能够正确合理地使用信息技术,并将其作为适应信息化社会的必要基础。面对新时代新环境,数字土著的信息素养提升已经成为迫切的需求。

信息素养是数字土著核心素养的核心,也是其适应社会发展的基本条件。UNESCO曾罕见地于2003年和2005年相继召开以信息素养为主

---

[1] 张华.论核心素养的内涵[J].全球教育展望,2016,45(4):10-24.
[2] 刘丽强,谢泽源.教师核心素养的模型及培育路径研究[J].教育学术月刊,2019(6):77-85.
[3] 尼葛洛庞帝.数字化生存[M].胡泳,范海燕,译.北京:电子工业出版社,2017:61.

题的世界大会,发布《布拉格宣言:走向具有信息素养的社会》(The Prague Declaration "Towards an Information Literate Society")和《信息社会在行动:关于信息素养和终身学习的亚历山大宣言》(Beacons of the Information Society: The Alexandrial Proclamation on Information Literacy and Lifelong Learning)两份报告,充分彰显了信息素养的划时代意义。"信息素养"一词最早源自图书情报界。美国信息产业协会主席保罗·泽考斯基(Paul Zurkowski)提出"信息素养就是利用大量的信息工具及主要信息资源使问题得到解答的技术和技能。[1]"一般而言,信息素养是指合理合法地利用各种信息工具,特别是多媒体和网络技术工具,确定、获取、评估、应用、整合和创造信息,以实现某种特定目的的能力,其核心是信息能力,包括识别获取、评价判断、协作交流、加工处理、生成创造信息的能力,即运用信息资源进行问题求解、批判性思维、决策和创新等高阶思维活动的能力[2]。我国学者钟志贤提出,信息素养主要是由"信息意识、信息能力和信息伦理"三大要素组成[3]。对于数字土著而言,信息意识是指在信息化社会中,数字土著对随手可得的信息的认识、兴趣和动机等;信息能力则是指与AI技术、大数据技术、全息技术(Holographic Technique)等新兴技术匹配的能力;信息伦理是指数字土著在信息活动中的人文操守。信息技术的发展改变了数字土著的学习方式、工作方式、娱乐方式。数字土著需要重塑相应的价值理念,自觉遵循信息的伦理、道德和法规等。

▪ 作为数字土著的教师

数字土著概念的提出,对教师的角色定位提出了全新的时代命题。作为数字土著的教师群体是指出生于数字世界的年轻一代教师。他们

---

[1] 陈维维,李艺.信息素养的内涵、层次及培养[J].电化教育研究,2002(11):7-9.
[2] 钟志贤,汪维富.Web2.0学习文化与信息素养2.0[J].远程教育杂志,2010,28(4):34-40.
[3] 钟志贤.面向终身学习:信息素养的内涵、演进与标准[J].中国远程教育,2013(8):21-29+95.

对信息技术的使用表现得更加从容不迫和得心应手。随着信息化社会的不断发展,数字土著教师将会代替数字移民教师成为教育领域的主导者,即新教师逐渐成长为经验丰富的老教师。其作为数字土著的行为特征不仅影响教育事业的发展,同时也反过来作用于自身专业发展。数字土著教师在日常的生活中更倾向于灵活工作。他们习惯在同一时间里弹性地做多件事情;善于以网络化联通的方式进行自主学习,利用多种技术设备与同事专家保持联系以构建教师学习共同体;他们渴望集体归属感,更具有团队精神。在日常教学环境中,数字土著教师会针对不同的问题在实际的教学中探索丰富自己的经验。但数字土著教师们的发展也并非一帆风顺,由于其成长环境是被计算机、互联网、人工智能等新兴技术包围着的,因此他们对技术的依赖性更强,而这一点将导致其专业发展受限于技术的发展。此外,技术的便捷性、虚拟性、开放性等特征也使数字土著教师面临许多网络社会问题,如谣言与传闻铺天盖地、侮辱与诋毁泛滥成灾、侵权与盗版无法无天、黑客与骇客大行其道等[1]。这些问题部分是由技术自身问题引发,部分是由数字土著教师的不规范行为造成。新兴技术在赋予教师更多发展机会的同时,也给教师带来了挑战。正因如此,重塑数字土著教师的信息素养成为其专业发展的关键。

- **教师信息素养**

从信息素养的探讨到对教师信息素养的研究,学界关注的领域逐渐转移向教育学。在信息技术飞速发展的时代里,缺乏信息素养的教师将无法应对教学环境变化和教学方式改革所带来的挑战。因此,提升信息素养是教师在这个时代所作出的必然选择。教师信息素养是指教师基于信息化的大背景下,在工作和生活中响应信息化环境的要求,对信息进行检索、搜集、分析、整理和利用各种信息手段解决问题的一种能力。教师信息素养由教师信息意识、教师信息知识、教师信息技术应用能力、

---

[1] 张立新,张小艳.论数字原住民向数字公民转化[J].中国电化教育,2015(10):11-15.

教师信息情感态度构成(如图5.2所示)。

图5.2 教师信息素养

- 教师信息意识：信息的观念和传播信息的意识
- 教师信息知识：信息的理论知识、信息技术的基本原理和基本操作知识
- 教师信息技术应用能力：信息辨别能力、信息批判能力
- 教师信息情感态度：道德和伦理思想、认可度和接受度

信息意识是指人们对信息、信息社会、教育信息化有自己独到的理解和认识[①]。对于教师而言，教师要具有信息的观念和传播信息的意识。这是因为日常的教学过程是一种以教师和学生为主体进行信息交流和传播的活动，因此作为教师要能够运用信息传播规律以科学合理地设计和组织教学过程[②]。理念决定行动，互联网+、人工智能、VR等有形的物化技术和无形的智能技术不断应用于教学领域中，教师必须要有意识地主动学习，积极参与信息技术应用能力的培训，主动在教学过程中应用现代化信息技术教学手段。

信息知识是指与信息和信息技术有关的知识等。教师既要了解信息的本质、信息的传播规律等理论知识，也要了解信息技术的发展历史、掌握现代信息技术的基本原理和基本操作的知识。同时也应该具备与信息技术相关的法律道德知识。

信息技术应用能力，包括信息辨别能力和信息批判能力等。互联网等新兴媒体能够使人们突破时空的限制去获取海量便捷的信息，但这也会造成"信息过剩"的现象，教师的注意力会被无关紧要的信息所分散，因此教师需要具备信息辨别的能力。同时教师在获取信息时，需要带有自己的理性分析，利用所拥有的理论知识对获得的信息批评批判，以免迷失在信息的海洋中。

---

① 桑国元,董艳.论"互联网+"时代教师信息素养内涵演进及其提升策略[J].电化教育研究,2016,37(11):108-112.

② 王玉明.试论教师信息素养及其培养[J].电化教育研究,2004(2):21-24.

信息情感态度包含两个方面的内容,一是指教师在获取信息时需要遵循的道德和伦理思想,教师在专业成长过程中,不能忽视自身信息伦理道德的培养。面对唾手可得的信息,教师需要坚守道德底线,对于不良信息和名利诱惑要有抵制力。二是指教师运用信息手段时的认可度和接受度,有调查显示我国依旧存在13.13%的教师不太支持线上教学,其原因是教师无法认可在线教育的教学效果[①]。因此,可以看出我国对教师使用技术进行教学的情感态度培养效果不佳,教师的感知易用性和感知有用性有待加强。

案例5.1 UNESCO《教师信息和通信技术能力框架》

2018年UNESCO颁布第三版《教师信息和通信技术能力框架》(UNES-CO ICT Competency Framework for Teachers, Version 3),充分展示了教师要将信息技术与教育教学深度融合,以发展学生方面能力的主要目标。作为指导性文件,该框架全面体现了教师信息技术应用能力的制定与实施与国家政府部门、教育机构息息相关,从政策层面去促进教师能力发展,紧密衔接教师的职前培养和职后培训工作。该框架分为3个阶段,6种维度和18项能力(如图5.3所示),其基本理念是教师获取在专业实践中使用信息技术的能力,为学生创造优质教育的同时使学生获得信息技术应用能力。3阶段、6维度共同构成了教师信息技术应用能力发展的基本框架,其主要内容是:(1)"获取知识"阶段要求教师达到的能力目标是掌握信息技术的基本知识和操作技巧。该阶段教师需要清晰认识到信息技术在课堂上的潜力,并且在国家政策和众多优先事项当中能够管理和组织校内的信通技术投资,能够利用技术开展终身学习和专业深造。其具体能力水平主要为以下几点:了解政策、基础知识、信息技术辅助教学、应用、标准课堂、数字素养。(2)"深化知识"阶段要求教师达到的能力目标是教师将促进学生信息技术应用能力发展为核心创建具备合作氛围的学习环境。此外,该阶段教师还应该将政策文本的相关能力要求与实践有机结合在一起,制定技术计划来保持学习的信息技术资产,最后,教师可以自主加入全国或全球教师网络学习社区,开展教师研究。其具体能力水平主要为以下几点:实施政策、应用

---

① 杨晓哲,张昱瑾.疫情防控下中小学教师在线教学与在线培训分析[J].现代教育技术,2020,30(03):5-11.

知识、解决复杂问题、教导、协作小组、建立网络。(3)"创造知识"阶段要求教师达到的能力目标是将相关能力吸收内化，形成良好示范，激励学生并创建出更为和谐、充实、繁荣的社会所需的学习环境。其具体能力水平主要为以下几点：政策创新、知识社会技能、自我管理、转型、学习型组织、创新型教师。①

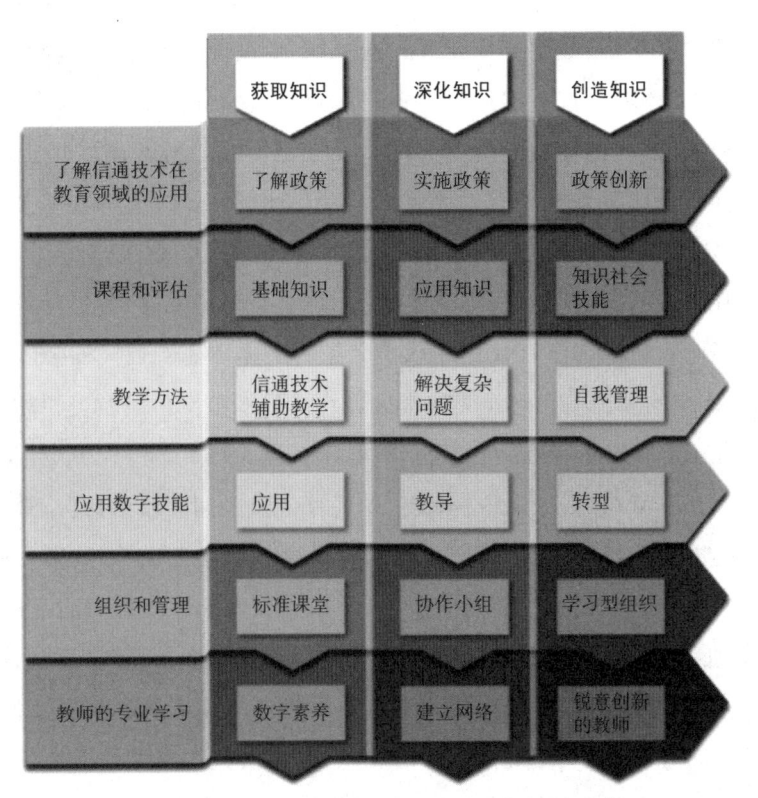

图5.3　UNESCO《教师信息和通信技术能力框架》

---

① UNESCO. UNESCO ICT competency framework for teachers, version 3 [R/OL]. (2018-11-02) [2020-01-20]. http://en.unesco.kz/unesco-ict-competency-framework-for-teachers-version-3.

数字公民

信息技术的迅猛发展改变了世界的发展方向和轨迹,人们在享受现实的物理空间和虚拟的数字空间相融合所带来的便捷和权利时,也需要遵守个人空间的行为规范和道德准则。数字移民和数字土著不仅需要面对自身发展问题的困扰,同时也深困多重网络问题之中,如数字鸿沟引发的发展不均、滥用技术导致的网络暴力、道德失范造成的隐私泄露等。此外,伴随着数字工具使用率的攀升,信息时代要求社会公民对IT技术和ICT技术的使用不仅用于娱乐,而且还要用于搜索和共享信息、通信、访问、法律等方方面面。因此,为了响应时代诉求,缓解数字土著和数字移民的发展困境,数字公民成为信息时代"人"发展的方向。

所谓公民是指在一个政治实体中,如国家或城市,拥有公民身份并根据当地法律规定享有权利和承担义务的个体。随着现代社会的飞速发展,传统的公民概念已经无法准确诠释出何谓数字公民。美国社会学家杰森·欧勒(Jason Ohler)在其著作《数字社区与数字公民》(*Digital Community, Digital Citizen*)一书中指出,现代社会公民拥有双重身份,其一是传统的田野式社区公民,其二是数字社区中的数字公民[1]。数字公民对于社会大众而言是一个新兴的概念,学术界也尚未给出统一的定论(如表5.1所示)。从字面意义上看,数字公民是指生活在信息时代下的社会大众,这类群体直接或间接地与信息技术等新兴技术产生联系,由此诞生了新的身份——数字公民;从内涵意义上看,数字公民是指具备互联网身份的社会公民,数字公民要求网民具备公民的素养和准则,可以通过使用互联网等数字技术基础设施设备成为一个全面的、有能力的社会成员。综合各界对数字公民的表述,可以归纳出数字公民的一些基本特征:一是理解与技术相关的人类、文化和社会问题,并实践法律和道德行

---

[1] OHLER J. Digital community, digtial citizen[M].Thousand Oaks, CA:Corwin Press, 2010:165-169.

为;二是提倡和实践安全、合法和负责任地使用信息技术;三是对使用支持协作、学习和生产力的技术表现出积极的态度;四是展现个人终身学习的责任感;五是展示数字公民的领导力[1]。

表5.1 数字公民的定义

年份	提出者	定义
2007	克伦·墨斯伯格	定期且有效地使用互联网的人[2]
2010	杰森·欧勒	在虚拟空间中运用数字技术从事学习、工作和生活的人[3]
2015	麦克·里布尔	在应用技术过程中能够遵循相应规范而表现出适当的、负责任行为的人[4]
2017	美国国际教育技术协会	能够安全地、合法地践行、符合道德规范地使用数字化新兴工具的人[5]

数字公民长期生活在以数字公寓、数字交通、数字医疗、数字教育、数字办公为背景的互联网环境中,虚拟空间和物理空间的交融贯通使得数字公民不得不重构自我身份,数字化身份、数字化沟通、数字化语言,甚至还有数字化表情都给数字公民带来全新的社会体验。在虚拟空间里人们投射出来的角色往往是自己内心所期许的,如同法国精神分析学家拉康·雅克(Jaques Lacan)的"镜像理论",即婴儿对镜子中形象的迷恋来源于人类最初意识中的对完美自我形象的迷恋,而镜子的存在使得婴儿意识到他者的存在,"自我"的概念便由此而来。数字社会就犹如一面

---

[1] GÜNGÖREN O, İSMAN A. Digital citizenship[J]. The Turkish Online Journal of Educational Technology, 2014(13):73-74.
[2] MOSSBERGER K, TOLBERT C, MCNEAL R. Digital citizenship: the internet, society and participation[M]. Cambridge, MA: MIT Press, 2008:1.
[3] OHLER J. Digital community, digital citizen[M]. Thousand Oaks, CA: Corwin Press, 2010:165-169.
[4] RIBBLE M. Digital citizenship in schools: Nine elements all students should know (3rd edition)[M]. Eugene, Oregon: International Society for Technology in Education, 2015:13-18.
[5] CROMPTON H. ISTE standards for educators: A guide for teachers and other professionals[M]. London: ISTE, 2017:11-12.

镜子,传统意义的公民是个体本身,而数字公民则是投射在镜子里的"他者",如何帮助"他者"建立"自我"成为数字公民自我发展的重要一课。为了帮助社会公民树立信息世界中的正确身份意识,深入剖析数字公民,了解数字公民自我建构需要具备哪些素养,数字公民教育的开展则显得尤为必要。

▪ 数字公民的数字素养(Digital Literacy)

公民作为精神文明建设的受益主体、评判主体和建设主体,势必需要具备相应的素养——公民素养。公民素养是一个动态的、不断发展的概念,具体涵盖了人文素养、道德素养、法律素养和科学素养等内容,是社会公民个人知识、能力、态度和行为的集中体现。基于此,公民素养是指社会大众在获得公民身份后所具备的知识、能力、态度和行为,这可以促进其自身与社会和谐发展。不同时代对公民素养的要求也不同。当公民处于信息时代,政治、文化等社会各层面的共时转型给公民带来了全方位的挑战,数字社会与传统社会相互碰撞,公民素养就会因为时代的变化和发展的诉求而不断丰富其内涵。因此,这个时代的公民素养既包括了社会公民的一般素养,也包括了数字化生存所必须具备的特殊素养,由此诞生了数字公民的数字素养这一概念。它不是传统公民素养的简单扩展或迁移,而是基于信息时代的发展需求,对人才培养和人才发展提出的品格和能力要求,是信息素养的超越和延伸。

国内外关于数字公民的数字素养的概念皆有阐述,只是国外更倾向于表达为数字公民标准、数字公民框架或数字公民身份,如表5.2所示。数字公民的数字素养是深入研究数字公民内涵和外延的逻辑起点,是构建数字公民素养的重要支撑。美国数字公民教育研究学者麦克·里布尔(Mike Ribble)提出并为学术界所广泛认可的信息时代合格的数字公民的主要特征包括:(1)数字准入,即充分参与社会中的各种信息技术和信息来源,如数字鸿沟、数字公平;(2)数字商务,主要指商品的电子化买卖,如网络购物、网络诈骗;(3)数字通信,主要指信息的电子交换,如数字足迹、社交网络;(4)数字素养,主要指技术与使用技术的教与学,如在线教育;(5)数字礼仪,主要指技术使用的行为规范,如网络礼仪、文化尊重;(6)数字法律,主要指行为和举措的法律责任,如知识产权、信息传播;(7)数字权责,主要指信息社会里每个人应该履行的责任和义务,如数字权益、数字责任;(8)数字健康,主要指数字技术世界中的身心健康,如网络成瘾、身心健康;(9)数字安全,主要指自我保护和预防措施,如隐私保护、维技意识[1]。数字公民的数字素养的内容并非一成不变的。随着信息技术的发展,人类社会日新月异,数字公民的数字素养也将发生改变,但其根本目的不会改变,即培养合格的数字公民。因此明确数字公民的数字素养的基本结构和内涵,通过数字素养去不断完善和修改数字公民素养是基本原则。

表5.2 数字素养的内容指标

研究者	内容指标
加拿大数字与媒体素养中心	伦理与同情、隐私与安全、社区参与、数字健康、消费意识、搜索与确认、制作与整合[2]
麦克·里布尔	数字准入、数字商务、数字通信、数字素养、数字礼仪、数字法律、数字权责、数字健康、数字安全[3]
欧盟数字素养框架	信息域、交流域、内容创建域、安全意识域、问题解决域[4]

---

[1] RIBBLE M. Digital citizenship in schools: Nine elements all students should know (3rd edition)[M]. Eugene, Oregon: International Society for Technology in Education, 2015:13-18.

[2] MediaSmarts. Use, understand and create: A digital literacy framework for Canadian schools overview[EB/OL]. (2012-04-12)[2020-01-04]. https://mediasmarts.ca/sites/mediasmarts/files/pdfs/digital-literacy-framework.pdf.

[3] RIBBLE M. Digital citizenship in schools: Nine elements all students should know (3rd edition)[M]. Eugene, Oregon: International Society for Technology in Education, 2015: 7.

[4] REDECKER C. European framework for the digital competence of educators: DigCompEdu [R]. Seville: Joint Research Centre, 2017: 18-24.

续表

研究者	内容指标
余慧菊	伦理与同情、隐私与安全、社区参与、数字健康、消费意识、搜索与确认、制作与整合[①]
张立新	数字公民意识、数字公民相关知识、数字技术素养、数字文化约束[②]
郑云翔	数字理解、数字素养、数字使用和数字保护[③]

综上所述,数字公民的数字素养的核心内容划分为数字情感意识、数字沟通交流、数字内容建构、数字问题解决、数字安全、数字道德等六大方面(见图5.4)。数字情感意识,是指数字公民在使用信息技术时对信息的兴趣、意念以及参与度等。数字沟通交流,是指数字公民能够学会利用信息技术与他人进行沟通合作,共同处理问题。数字内容建构,是指数字公民学会利用信息技术创建相关内容,或整合相关信息。数字问题解决,是指数字公民利用相关技术解决个人和社会的问题,以满足自身发展需求。数字安全,主要包括对数字公民个人信息、身份、健康等多方面进行保护。数字道德,是指数字公民在进行信息活动时的道德情操,即能够合法、合理、合情地利用信息技术解决个人和社会问题。数字公民的数字素养是数字公民价值观、行为和能力的统一体现,满足了个人和社会的数字化需要,而数字素养是数字公民发展过程中最基本的能力品格,是个人发展的基本需求,也是社会发展的最低标准。

---

① 余慧菊,杨俊锋.数字公民与核心素养:加拿大数字素养教育综述[J].现代教育技术,2019, 29(7):5-11.
② 张立新,张小艳.论数字原住民向数字公民转化[J].中国电化教育,2015(10):11-15.
③ 郑云翔,钟金萍,黄柳慧,等.数字公民素养的理论基础与培养体系[J].中国电化教育,2020 (5):69-79.

图 5.4　数字公民的数字素养

·作为数字公民的教师

技术悖论引发教师发展困境。构建文明民主、和谐稳定、绿色发展的网络空间,减少或消除网络问题,唤醒教师的主体意识、教育责任和情感基点等问题和相关工作都需要数字移民和数字土著两类教师的有序参与,实现身份自然性向身份社会性的转变,作为数字公民的教师应运而生。

美国国际技术教育协会(International Society for Technology in Education,简称 ISTE)在其 2017 年发布的《ISTE 教育者标准:面向教师和其他教育工作者的指南》(*ISTE Standards for Educators: A Guide for Teachers and Other Professionals*,以下简称《教育者标准》)中明确地对教师的数字公民身份做出了规定[1]:教师在鼓励学生为数字社会进行责任担当和做

---

[1] CROMPTON H. ISTE standards for educators: A guide for teachers and other professionals [M]. London: ISTE, 2017: 17-18.

贡献时，自身也积极参与其中。在现代社会中，各国都有属于自己的一套规则和规范。当教师在本国的文化环境中成长时，他们也会了解这些文化特征并熟知社会规则。了解一种文化也可以发生在各个阶段，比如某个学习者去一个新的地方或者去一个不同的国家，会随着时间逐渐适应当地或别国的文化特征和社会规则。这样的原则也同样适用于数字社会。当教师身处数字世界时，需要学习如何在工作、学习、娱乐和与他人交往的过程中成为优秀的数字公民。当数字公民学会网络安全、尊重他人并建立良好的数字人际交往关系，这将积极推动数字世界的发展进程。因此，无论是教师还是学生首先都需要成为一个合格的数字公民；其次需要利用这种身份合规使用和有序参与到数字社会里，审视自身的数字权利和义务。因此，成为一名合格的数字公民需要囊括以下指标：(1)教师需要为学生创建人际关系和社会群体的体验，使得学生可以在互联网上做出积极的、有社会责任感的贡献，并且展现其共情能力；(2)教师需要建立一种学习文化，这种学习文化能够激发学生好奇心和批判性思维的数字教育资源，促进数字素养的形成和数字媒体的发展；(3)教师需要指导学生安全地、合法地、道德地使用数字工具，以及对知识产权和财产进行保护；(4)教师需要建立和促进个人数据和数字身份的管理，保护学生数据的隐私。

当人类游走于虚拟世界和物理世界中时，两者的区别便在于影响规模和速度。在这两个世界里，教师获取机会和权力使得世界变得更加美好。但教师使用的数字工具和社交媒体不能因为在虚拟世界里而忽视其使用规则和规范。因此培养数字公民不仅解决了教师的权力和责任的问题，也为教师提供全球范围内的广阔机会用以发展自身。美国ISTE"数字公民"标准提供了关于教师在数字世界里享有的权利、责任和机会的指导原则。教师可以指导学生行使其数字公民的权利，以共同发展数字社会中的规则和规范[①]。基于此，将教师培养成数字公民势在必行。

---

① CROMPTON H. ISTE standards for educators: A guide for teachers and other professionals[M]. London: ISTE, 2017: 17-18.

▪ 教师数字素养

教师作为数字公民,意味着将数字素养视为终身学习和数字生存的核心素养和必备能力。在现实和虚拟相结合的世界之中,信息技术让每个教师都有机会获取知识和分享信息,但前提是该教师已具备一定程度的数字素养。数字素养并不是简单的技术应用能力,而是更为综合的一种技能,即教师在学校管理、教学工作、休闲娱乐和社交等过程中使用数字通信技术参与社会活动的能力[①]。相较于数字公民的数字素养,作为数字公民的教师其数字素养更具特殊性。具体而言,亟需提升教师的数字素养,以应对技术整合教学和学习的挑战,帮助教师加速成为具备竞争力的数字公民,为学生未来的数字化生存做好准备。

2017年,欧盟面向所有成员国的教师提出了教师数字胜任力框架(European Framework for the Digital Competence of Educators,简称 DigCompEdu),该框架具备重大意义,不仅提出了数字化教学环境中教师数字胜任力的评估、培训与发展,而且试图通过该框架对欧盟所有教师进行数字化赋能,并将其培养成合格的数字公民。如图5.5所示,该框架的主要内容包括6个方面:(1)专业参与(Professional Engagement),即教师使用数字技术与同事、学生、家长和其他教育利益相关者展开数字化互动以提升自身专业发展、集体利益和持续创新的教学工作,主要包括组织沟通、专业合作、反思性实践和数字持续性专业发展等4个方面的能力。(2)数字资源(Digital Resources),即教师可以享有丰富的数字资源,有效识别最适合自己的学习目标、学习团队和教学风格,对管理和使用数字资源进行负责,保护敏感内容和数据,如数字化考试和学生成绩,主要包括选择数字资源、创造和修改数字资源,以及管理、保护和共享数字资源3个方面的能力。(3)教学和学习(Teaching and Learning),数字技术可以通过多种方式增强和改善教学策略,教师需要了解如何在教学过程

[①] 余慧菊,杨俊锋. 数字公民与核心素养:加拿大数字素养教育综述[J]. 现代教育技术,2019,29(7): 5-11.

中的不同阶段有效设置或使用数字技术,主要包括教学、指导、合作学习和自我调节学习4个方面的能力。(4)评价(Assessment),评价工作是教育创新的推动者,教师使用数字策略加强其教学评价能力有利于建立或促进创新的评价方法和评价机制,主要包括评价策略、分析数据、反馈和计划3个方面的能力。(5)赋能学习者(Empowering Learners),即教师以学习者为中心来实施学习策略并为学习者提供符合其能力、兴趣、学习需求的学习活动,充分发挥数字技术的优势与潜力,主要包括无障碍和包容、差异和个性,以及主动的学习参与者3个方面的能力。(6)促进学习者的数字胜任力(Facilitating Learners' Digital Competence),数字能力是教师需要向学习者灌输的横向能力之一,包括信息和媒体素养、数字交流和合作、数字内容创造、负责地使用、数字问题解决5个方面的能力[1]。由此可见,一般数字公民的数字素养和作为数字公民教师的数字素养大相径庭,前者主要强调掌握基本的数字能力、数字意识和数字伦理,而后者更关注教师在教学领域如何通过数字素养发挥其专业特长,整合到教育教学的各个环节,在促进自身数字素养发展的同时也为社会培养未来的数字公民。

图5.5 教师数字素养

---

[1] REDECKER C. European framework for the digital competence of educators: DigCompEdu [R]. Seville: Joint Research Centre, 2017: 19-23.

数智公民

2016年世界进入人工智能时代元年,云计算、大数据、积层神经网络、深度学习等进入大众视野并被广泛使用。技术的发展并未止步于此,数据赋能一切、人工智能驱动未来,人工智能时代走向更为高级的阶段,数智融合成为技术发展的大趋势。简言之,单边的技术运用不再适配时代的需求,多技术融合以实现万物互联才能满足时代发展,即数智技术。所谓数智技术是指以人工智能物联网(AIoT)、数据挖掘(Data Mining)、云计算(Cloud Computing)、拓展现实(eXtended Reality)、数字孪生(Digital Twin)为基础的新兴技术。随着人工智能时代进入更高级的形态,人与人、人与物、物与物之间的连接方式变得更加复杂,单一的技术应用不再适用于复杂的时代变化和人才需要,海量多样化的数据不断出现,新的应用场景由此不断产生。面对全新的应用场景产生的数据高并发及大吞吐量问题,传统社会显得无所适从,面临转型升级等困境。因此,数智融合成为人工智能时代发展新趋势,成为破解难题的"金钥匙"。"数"与"智"的交互融合将承载海量数据、海量并发、海量用户、海量链接,基于AI技术的数据个性化和智能化正在掀起一场全新的时代革命,而数智融合将成为未来社会的典型技术特征。为了促进数智技术的升级换代,为了迎接全新的时代变革,对人才培养也提出了更高的要求,数智公民(Data Intelligence Citizens)的概念应时而生。

数智公民是伴随着数智技术的发展而衍生出的新概念,数智公民具有跨时代的意义。数智公民的发展是以数智技术为主,其代表性象征是"万物互联",其能力培养不再以计算机作为单一的输出、输入工具,重点是"五新"向"百新",甚至"万新"发展,即新零售、新制造、新金融、新技术和新能源拓展至新建筑、新农业、新政务、新传播、新通讯、新城市、新公益、新教育、新出行、新娱乐、新物流和新健康,培养人类的高阶思维意识和高阶技术应用能力。如图5.6所示,数智公民不同于传统移民、数字移民、数智土著。后三者多是指已参与到社会生活中的成年人,且因其身份的局限性,或多或少深受互联网等技术的困惑或挑战,而数智公民相当于数字公民的2.0阶段。因为技术更迭,数字公民需要转型换代,数智公民应运而生。因此,所谓数智公民即是利用数智技术参与社会活动、政治活动和政府活动的人。数智公民具有的基本特征为能够规范且有效地使用数智设备,积极参与到数智社会、政府和各类活动,自觉遵守数智社会行为规范和道德准则。数智公民伴随着数智技术学习、工作、生活,强调人机协同发展,这是与数字公民的本质区别,也是数智融合阶段人类发展的必然方向。

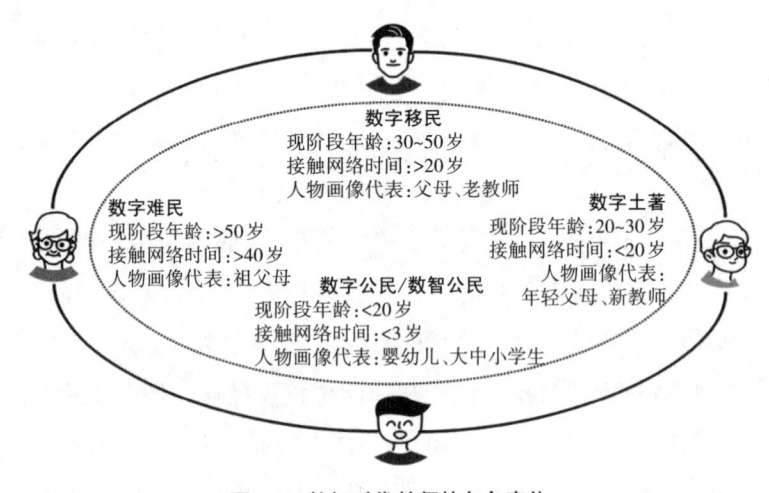

图5.6 数智时代教师的角色定位

▪ 数智公民的数智素养

近年来,以AI为主的新兴技术不断蓬勃发展,人工智能对社会各个领域的影响日益扩大,面对加速升级的人工智能技术,需要思考的是未来所需要的数智公民如何避免在人机协同的环境中被边缘化。与此同时,以信息素养为基础的各种素养能力不断推陈出新,作为数智公民又需要具备何种素养才能更好地适应时代发展也是需要回答的问题。在数智融合阶段,"人机协同"将成为未来数智公民生存的主要形态。由于技术发展,数智公民进行数据分析时不再是单一或简单的数据,而是巨量、复杂、多样性的数据。此时,仅凭人脑功能将无法驾驭,借助人工智能技术将使得数据分析变得简易可行。随着智能设备的普及和世界人口数量的不断攀升,数智公民的学习、生活、工作方式继续转变,同时还需要懂得如何安全、合法、符合规范地使用数智技术,防止数智技术行为失范。因此,数智公民需要具备有数智素养才能更好地生存。

关于数智素养的内涵并无统一定论。为了深度挖掘数智素养的核心价值,拟从其源头入手,探寻数智素养的起源、形成与发展。所谓的"数智"其实是"大数据"+"智慧教育"或"人工智能",根据美国学者詹妮弗·罗力(Jennifer Rowley)的观点可以知道,"数智"来源于DIKW金字塔(Data-Information-Knowledge-Wisdom),又称知识层次、信息层次或教育信息智慧层次,被广泛应用于信息技术和知识文献领域中[1]。"数智"的概念最早是由阿科夫(Ackoff)学者提出,他关于人类意识的认知理论包括了数据、信息、知识、图谱,即DIKW金字塔,是四者之间的功能关系模型或层级决策模型[2]。数据是表示对象、事件及其环境属性的符号,是观察事物的产物。信息和数据之间是功能关系,不是结构关系。信息包含对"是谁"(Who)、"是什么"(What)、"在哪"(When)、"有多少"(How Many)等问题的描述和回答。信息系统生成、存储、检索和处理数据,信息是从数据中推断出来的。知识是指某种具体、专门的知识,是从信息中转化而来。知识可以从教育中获取,也可以从经验中获取。智慧是提高效率的能力,智慧增加价值,包括伦理价值和审美价值。通过分析数据、信息、知识和智慧的本质内容,重新审视数据—信息—知识—智慧层次结构,可以发现,DIKW金字塔模型实际展示了数据的处理过程,即数据可以创造信息,信息可以创造知识,知识可以创造智慧。数据处于该金字塔模型中的底层,是某个话语情境中的分离元素,每一个层级是上一层

---

[1] ROWLEY J. The wisdom hierarchy: Representations of the DIKW hierarchy[M]. Thousand Oaks, CA: Sage Publications Inc, 2007: 20-22.

[2] ACKHOFF R L. From data to wisdom[J]. Journal of Applied Systems Analysis, 1989(16): 3-9.

的基础。通过对数据进行分析,获得关联的信息;经过组织的信息构成了知识体系;知识的增长发展了人的智慧。这个过程与人的发展紧密相连[1]。数据作为分离的元素,是构成智慧的前提,从数据到智慧之间经历信息和知识的升级与转换[2]。

随着技术的不断发展,单一素养不再满足人类发展的需求。当数据智慧碰上人工智能,简单的单边、单层的数据分析不再适用,由此产生了以人工智慧为基础,以大数据技术为分析手段,以"人类智能"融合"机器智能"为培养目的的新的素养,即数智素养。如图5.7所示,DIKW在智慧教育视域下,通过人工智能素养和数据素养的作用发生转变。在教育人工智能领域中,数据素养是教师获取、分析、处理、利用和展开数据的基础能力。人工智能素养(AI Literacy)则重点关注的是人工智能时代个体适应人工智能时代的工作、学习和生活所需的能力[3]。其中,数据素质分为"大数据"和"小数据"。前者是巨量、复杂、多样的数据,必须通过机器去筛选与分析;后者是小体量的特定数据,它需要情感参与。机器无法完成。此后,数据生成的信息则需要机器和教师同时参与,机器通过信息模化获取有意义的内容,教师通过人为情感分析得到有用的信息。最后二者分别通过机器和教师联合组织形成融合了人类智能和机器智能的知识,而知识最终是用来发展教师智慧或培养学生智慧。综上所述,位于DIKW金字塔模型的末端和顶端的"数据"和"智慧"分别代表了最基础的素养和最高的素养,而这两个素养并无高低优劣之分,都是在人工智能下融合发展的。

---

[1] MAXWELL N. From knowledge to wisdom: The need for an academic revolution[J]. London Review of Education, 2007, 5(2):97-115.
[2] 许芳杰.数据智慧:大数据时代教师专业发展新路向[J].中国电化教育,2016(10):18-23.
[3] KIPPERS W, POORTMAN C, SCHILDKAMP K, et al. Data literacy: What do educators learn and struggle with during a data use intervention?[J]. Studies in Educational Evaluation, 2018, 56:(1)21-31.

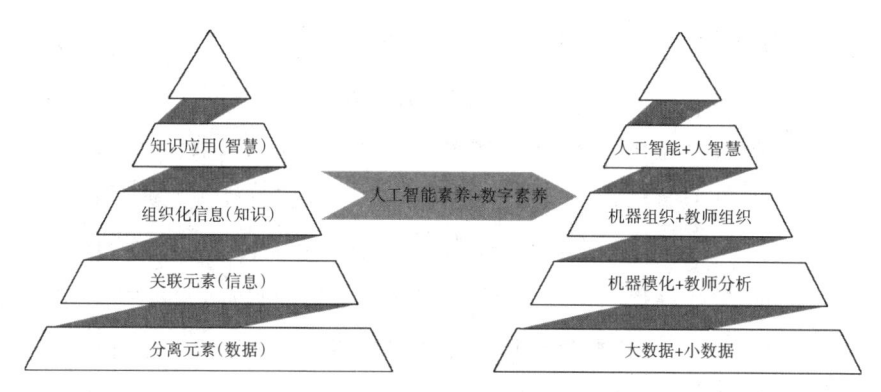

图 5.7 DIKW 金字塔模型转换图

因此,数智素养是指在人工智能时代,符合伦理道德规范地、高效地、合理地利用人工智能技术收集、分析、整理各类数据以实现智慧人才培养的一种能力。这种能力不再是单一能力,而是一种融合了人工智能素养和数据素养的复合素养。此外,我国《教育信息化"十三五"规划》中指出,到"十三五"末,要制订出台教育数据管理办法,规范数据的采集、存储、处理、使用、共享……保证数据的真实、完整、准确、安全可用[①]。由此可见,我国教育领域非常重视人工智能视域下数据价值的挖掘与应用。了解"数智"的基本层次,掌握数智素养的深度内涵,进而培养人类的数智素养是当代教育的新方向。换言之,只有具备了数智素养的教师和学生才能在智慧教育大环境中占据主动,成为教学中的主导者和共生者。

·作为数智公民的教师

伴随着人工智能时代进入更为高级的阶段,越来越多的人开始思考人工智能教育对教师来说有何意味? 从"教师的传统角色是否会被替代?"到现在的"未来教师角色会发生什么改变?"或"未来教师需要具备什么能力?"通过对教师角色提问的转变可以看出,人们从思考教师是否

---

① 中华人民共和国教育部.教育部关于印发《教育信息化"十三五"规划》的通知[A/OL].(2016-06-07)[2020-12-07].http://www.moe.gov.cn/srcsite/A16/s3342/201606/t20160622_269367.html.

会被机器替代变成了研究教师如何在"人机协同"教学形态下更新或升级其能力素养。教师的关键能力和核心素养一直备受世界各国的关注,同时也是教育界的研究热点。当前,人工智能技术与大数据技术正逐步走向融合,在数智融合的大环境下,教师也应该同时具备数据素养和人工智能素养。因此,将教师培养成数智公民是时代发展的必然需求。

  首先,教师只有成为数智公民才能避免在"人机协同"的教学环境中被边缘化。教师与机器只有相互配合才能使教学效果最大化,换言之,教师需要明确人工智能的决策机理,通过人工智能来提升自身基于数据的决策能力(Data-Based-Decision-Making,简称DBDM)。只有将教师培养成数智公民才能使其在人机协同的教育中做出正确的决策,同时获得教学的主导权,利用机器更好地对学生进行教学。其次,教师只有成为数智公民才能更好地开展教学。未来,教师仅凭其人脑功能将无法驾驭巨量的数据和信息,借助人工智能技术将使得数据分析变得简易可行。因此,教师成为数智公民,其数智融合将得到更好的发挥,即数据素养利用人工智能技术得以增加,人工智能素养同样也具备帮助人类从设定目标到收集数据,再到分析和解释数据,获得信息形成知识,实现智慧教育的目标。综合了人工智能素养和数据素养的数智公民教师可以在很大程度上提升解决教学问题的能力和工作效率。人工智能素养可以通过其感知技术、算法功能和认知能力收集和分析各类数据,再综合数据素养对这些数据进一步分析和解释,提出教学方案或教学策略,最终采取问题解决行动,更好地服务教学。

  如果说数字公民是新时代教师培养的1.0目标,那么数智公民就是2.0目标,是数字公民的进阶版。通过对比发现作为数字公民的教师和作为数智公民的教师在一脉相承的基础上存在以下差异:其一在支撑技术上,数字公民是以传统的新兴技术为技术,而数智公民是以数据处理技术(Data Technology,简称DT)为标准。其二在发展特征上,数字公民的发展已经非常成熟,相关研究也颇为全面,属于规范化的相对确定性需求,而数智公民则面对不断更迭的技术创新,每个公民的发展诉求不同,其发展特征是为了满足个性化的不确定需求。其三在技术开发上,数字公民是以大数据、云计算等相对封闭性的技术体系为主,数智公民则打破纯粹的物理世界,走向虚拟无缝结合的世界,以开放性技术为主要开发手段。其四在素养要求上,数字公民主要强调教师的数字素养,即教师在信息时代对数字技术的使用和理解,而数智公民则是发展教师的多维度融合素养,强调教师在人工智能时代运用数据素养和人工智能素养从设定教学目标到收集教学数据,再到分析和解释教学数据,直至采取协同干预的 DBDM 全过程。最后在教学方法上,数字公民的教师在进行教学时主要是以教师为主导,或者以机器为主导的教学方式,显然这种方式无法使技术的创新应用和教师的教学能力发挥到最大限度。而数智公民主张教师采取人机协同的教学模式,通过数智融合技术,深入分析各项数据,发挥教师和机器的最大能力(如表5.3所示)。

表5.3　数字公民教师与数智公民教师的区别

内容	数字公民教师	数智公民教师
支撑技术	IT-PC+传统软件	DT-云端、中台、AIoT等技术
发展特征	规范化的相对确定性需求	个性化的不确定需求
技术开发	封闭技术体系	开放技术体系
素养要求	单边素养:数字素养	融合素养:数据素养+人工智能素养
教学方法	人类主导或机器主导	人机协同

▪ 教师数智素养

数智时代呼唤数智人才,数智人才应以发展数智素养为关键点。教师肩负培养人才的时代重任,教师的数智素养发展成为未来教师核心素养的重心。2017年《地平线报告》指出移动学习已经进阶到了人工智能,提升教师素养、整合学习形式、重塑教师角色的难度进一步升级[①]。教师作为培养人才的关键要素,其素养结构、角色定位、教学方式、教学内容都需要根据时代的需求而及时更新换代。在数智时代,"人机协同"成为教学形态的主流趋势,未来"人机协同"将走向"人机融合"直至"人机共生",教师的角色不再是单一的教书育人,更多的是要利用机器智能和教师的人类智能相生相融实现"人机"协调有序的发展[②]。面对教师与机器、教师与学生、学生与机器这三种关系,教师若想在"人机协同"的教学形式中占据主导地位,就必须进一步更新教师的核心素养,即数智素养。提升教师数智素养的原因有二:其一,定位于主导"人机协同"的教学过程,教师要主导"人机协同"教学,就必须了解数智教学环境的运作方式,掌握数智化教学相关的知识与技能,并能够运用机器进行教学时做出正确决策和选择,教师只有掌握了数智素养才能避免在"人机协同"的教育环境中被机器取代地位。其二,定位于对学生发展数智素养的支持,教师需要从发展学生数智素养的视角出发来设计教学,帮助学生在参与学习活动的过程中提升数智素养。教学环境、教学内容、教学方式、教学手段、教学评价、学生特点等构成的复杂的教学大数据,只有参与教学全过程的教师具备了数智素养才能有效地收集、分析和处理这些大数据。基于上述对数智时代的教师角色定位的描述,可认为教师的数智素养是指教师在教学全过程中利用人工智能技术收集、分析和整理数据,根据最终生成的结果优化教师教学过程、改善教师教学手段、改进教学内容、提升学生学习效果的一种教学能力。

许亚锋等学者根据教师数智素养的内涵特征构建了教师数智素养的结构框架。他们认为教师数智素养的本质是教师在数智时代进行教育教学的一种方法论,是基于数据进行决策的一种思维范式;教师数智

[①] FREEMAN A, ADAMS B, CUMMINS M, et al. NMC/CoSN horizon report: 2017 K-12 edition [R]. Austin, Texas: The New Media Consortium, 2017: 30-31.

[②] 周琴,文欣月. 智能化时代"AI+教师"协同教学的实践形态[J]. 远程教育杂志, 2020, 38(2): 37-45.

素养的基本属性是数智融合;教师数智素养的关键要素是高阶思维能力;教师运用数智素养进行教学的关键是与教师其他专业知识的结合;最后由于时代和技术的不断更替,教师的数智素养是具备发展性的[①]。以教师数智素养的内涵特征为基础提出教师数智素养的结构框架,包括数智技术知识、数智思维品质、数智情感与价值观。数智技术知识是指教师需要掌握以数智融合为基础的教育教学能力和数智技术,即融合人工智能和数据的技术,包括数智融合原理知识、基于数据的教学决策知识、与人工智能协同工作能力等。数智思维品质是教师思维发展到高阶水平的一种能力,教师可以批判性和创造性地运用数智素养理解力去分析数智教学的目标、方式和结果,并做出正确选择和判断,数智思维能力是教师数智素养的关键能力。数智情感与价值观关注的是教师对数智技术或数智教学的适应度和接受度,同时主张教师在使用数智方法和技术时要符合基本伦理道德规范。除此之外,教师需要反思数智方法和技术对人类发展的影响以及如何积极应对教学中可能出现的伦理与道德困境。在这三项能力作用的基础之上,进一步构建数智素养的结构框架,以助力教师尽快适应和运用数智素养,进而将成为数智人才定义其自身专业发展的目标,并通过数智教学来培养学生的数智素养。

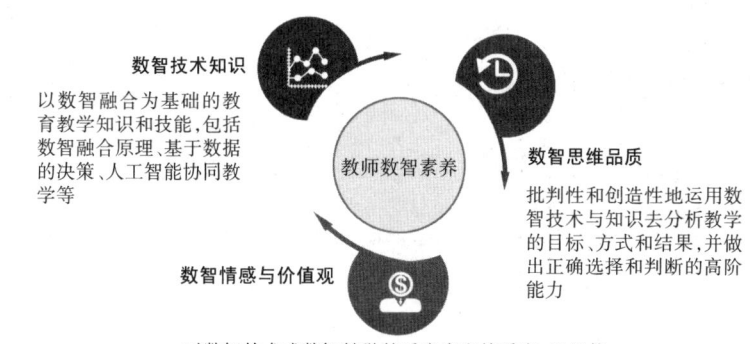

数智技术知识
以数智融合为基础的教育教学知识和技能,包括数智融合原理、基于数据的决策、人工智能协同教学等

教师数智素养

数智思维品质
批判性和创造性地运用数智技术与知识去分析教学的目标、方式和结果,并做出正确选择和判断的高阶能力

数智情感与价值观
对数智技术或数智教学的适应度和接受度,以及使用数智方法和技术时要符合基本伦理道德规范

图 5.8 教师的数智素养

① 许亚锋,彭鲜,曹玥,等.人机协同视域下教师数智素养之内涵、功能与发展[J].远程教育杂志,2020,38(6):13-21.

智能化时代教师核心素养的发展必定依赖于数智素养,主要原因有三:一是数智素养水平的高低直接决定了核心素养教育的成败。要培养新时代的合格公民,不能只靠核心素养,必须与数智公民教育相结合,两手都要抓,两手都要硬,才能真正实现立德树人的根本目标。可见,离开素养去谈核心素养,是不准确的、与实际脱节的,也没有生命力。二是数智素养有利于社会发展。倘若缺乏数智素养,人们不懂得如何安全、合法、符合规范地使用数智技术,令数智技术行为失范。随着智能设备的普及和世界人口数量的不断攀升,数字原住民将不断增加,这些社会问题还会进一步加剧,给社会带来难以承受之痛。三是数智公民的培养不同于传统移民、数字移民、数字土著和数字公民,是数智时代人类发展的必然方向。当前,数智公民已成新时代的呼唤和使命。教师作为时代发展的关键力量,其核心素养的重构必将纳入数智素养,并将数智公民作为培养目标。这不仅是全球步入数智社会对教师行为提出的新要求,也是科技不断进步对教师素养培养提出的新要求,更是构建绿色、健康的技术时代对教师提出的新要求。因此,转变教师角色不仅是时代要求,更是教师发展的诉求和学生培养的需求,教师信息技术应用能力必须纳入教师专业发展体系,数智素养则是教师技术素养发展的核心追求。建立完善的教师专业素养结构,发展教师核心素养,实现教师向数智公民角色转变是现代化社会的教师发展目标。

第六章
技术驱动下的教师专业发展

　　教师专业发展是包含教师职前教育、入职教育和在职教育为一体的多层次、系统性、全方位、立体式的教师专业化培养活动,是提升教育质量的动力源泉。2018年,《中共中央国务院关于全面深化新时代教师队伍建设改革的意见》指出,应大力振兴教师教育,不断提升教师专业素质能力,教师应主动适应信息化、人工智能等新技术变革,积极有效开展教育教学[①]。人工智能在为教育赋能的同时,也实现了对教师的赋智,并对教师提出了新的要求。教师教育需要对如何从技术被动走向技术驱动,真正实现教师的智慧生成这一问题进行思考。基于智慧教育新理念,探讨智能技术驱动下的教师专业发展的新趋势和可能性,这有助于催生教师教育的实践、反思和升级换代。

---

① 中华人民共和国中央人民政府.中共中央 国务院关于全面深化新时代教师队伍建设改革的意见[A/OL].(2018-01-31)[2020-12-18]. http://www.gov.cn/zhengce/2018-01/31/content_5262659.htm.

教师的智慧生成

教师学习是一个充满复杂性、多维性、系统性和整体性的概念,更是一个融合了时空、情境、身份、角色、认知、情感等的过程,还是一个历时态与共时态共存的动态连续系统[1]。教师学习的过程,是教师智慧生成的过程,也是从新手教师到熟练教师过渡的过程。

▪ 教师是如何学习的?

教师学习强调教师的主动性和真实情景性。[2]教师主体与外部环境实现交互作用,主动进行自我发展。教师学习的过程从他们作为学生时就开始了。在这一阶段,未来的教师对其未来的职业可能尚未产生预期,或者还处于一种模糊的、不确定的状态,教学的展开调动起了这些未来教师对教育教学的初步感知,其实践性知识产生于无意识的观察学习和体验学习的过程中[3]。由于这种实践性知识产生于自身客观真实的学习过程,因而表现出具体和抽象相结合的特点,在这一阶段,一些传统的教学方式也影响到教师实践性知识的生成,且这种影响是比较深远持久的。

进入专业化的职前教育阶段后,教师的角色发生了重要的变化,开始同时扮演着学生和预备教师的双重角色。预备教师在职前教育阶段将主要习得以特定学科知识为主的本体性知识和以教育学、课程论、学科教学法知识为主的条件性知识。这一阶段,诞生于教学过程的实践性知识尚处萌芽状态,而且知识结构内部的一些联系才刚刚形成,需要在教学实践中继续完善。

成为一名正式教师之后,面对真实的课堂情境,教师不免产生困惑,

---

[1] 程耀忠.教师学习理论的流变与融合[J].教学与管理,2015(6):61-64.
[2] 陈莉,刘颖.从教师培训到教师学习:技术支持教师专业成长的途径与策略[J].中国电化教育,2016(4):113-119+127.
[3] 陈静静.教师实践性知识论:中日比较研究[M].上海:华东师范大学出版社,2011:119.

为教师学习提供了持续的助推力。另一方面，由于知识经济的高速发展，知识更新的速度不断加快，教师逐渐被视为一个学习性的职业，教师需要通过在职培训和内化的方式进行学习。这时教师的学习更偏向于生成性学习，即教师是知识建构的主体，是实践创造的主体，教师学习逐渐从被动走向主动。美国国家科学院、工程学院和医学院在2000年联合发布的关于"人类是如何学习的"报告中提出了HPL(How people learn)学习理论框架（见图6.1），包含四个部分：以知识为中心；以学习者为中心；以社区为中心；以评估为中心[①]。教师学习需要实现这几个方面的平衡，在具备广泛的专业教学知识的基础上，深入了解学生的成长、语言、文化背景等方面，通过对学生和自我的评估改进教学过程。此外，HPL理论突出强调教师学习是在"社区"中进行的，因此，教师学习还需要注重学习环境和学习共同体对教师学习产生的影响。

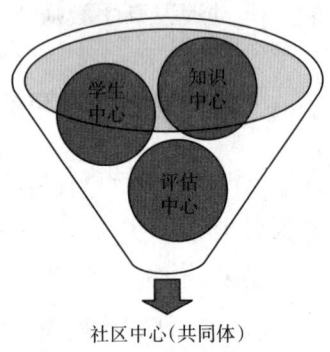

图6.1 HPL学习理论

▪ 教师的实践智慧

教师学习要搭建理论性知识和实践性知识的中介桥梁，其关键在于"实践智慧"的生成。古希腊哲学家亚里士多德(Aristotle)最早提出"实践智慧"一词。他认为，实践智慧是"一种能力状态，并且在人们面对一些有益或是无益的事情采取行动时，表现得真实且具有理性"[②]。

教育教学是一个复杂多变的过程，胜任教育教学需要教师同时具备理论性知识和实践性知识，它们共同构成了教师专业发展各阶段的知识

---

① 王艳玲.教师教育课程论[M].上海：华东师范大学出版社，2011：104.
② ARISTOTLE. The Nicomachean ethics (new edition) [M]. Oxford: Oxford University Press, 1984:1140.

基础[1]。理论性知识指的是学科知识、教育学、心理学等原理性的知识。实践性知识指的是在实践、反思、对话的过程中生成的知识,它是来源于经验的一种情境性知识,也是容易被职前教育培养机构和职前教师所忽略的知识。

实践智慧是教师必备的素质,实现教师专业发展由知识型向智慧型转变、推进教师实践智慧的生成是教师教育行之有效的培养模式。现行的教师教育课程关注的往往是与教师实践技能较少关联的抽象的理论知识,师范生教育实习因时间短(一般是8-10周)、表面化、形式化的特点而受到诟病,难以推动教师的智慧生成。这种理论与实践相对脱离的成长环境,很难让教师真正从教育现场中生成出实践智慧。

教师专业发展的过程是一个曲折的螺旋式上升的过程。我国教育家叶澜把这一过程划分为"非关注"阶段、"虚拟关注"阶段、"生存关注"阶段、"任务关注"阶段和"自我关注"阶段五个阶段[2]。职前教育一直存在着理论学习与教育实践相脱节的弊病,职前教师所学习的知识主要是理论性知识,对于实践性知识的增长关注度还不够,路径也有限。但从整个职业生涯的发展来看,理论性知识的增长速度是远远慢于实践性知识的增长速度的,到"自我关注"阶段,教师拥有的实践性知识已经超过了理论性知识。可以看出,对于教师的专业成长而言,实践性知识表现出更大的潜力,而职前教育中实践性知识的缺乏容易导致教师专业发展因基础薄弱而受限。

教师的实践智慧能够帮助教师跨越理论学习和教育实践的鸿沟,更好地实现教师的智慧生成。智能时代重构了教育实践的基本要素及其关系,"教育者"不仅指的是人类教师,还包括人工智能教师在内的新的主体,人机协同成为新的主流趋势。面对智能时代对教师的新要求和挑战,教师生成实践智慧需要做到以下几点:

---

[1] 陈向明.实践性知识:教师专业发展的知识基础[J].北京大学教育评论,2003(1):104-112.
[2] 全国十二所重点师范大学联合编写.教育学基础[M].北京:教育科学出版社,2008:98.

- **汲取智慧理念,做创新型教师**

智慧理念是教师顺应信息技术迭代更新、跨界融合和颠覆式创新的潮流,适应教师和学生核心素养的要求而必须具备的教育智慧。2018年的"教师教学国际调查"(Teaching and Learning International Survey,简称TALIS)数据显示,成员国教师中只有不到50%接受了信息技术教学培训,2/3的教师认为最有效的专业发展培训是在教学创新方面,突出强调了终身学习和教师专业发展的必要性[①]。近年来,大数据、物联网、AI、AR、XR、5G等新兴技术的发展以及智慧教育、在线学习平台、学习分析技术的相继涌现打破了传统教育的时空,多元化、数字化、网络化和智能化的学习场域得以建构,全方位、全过程地提升着教与学的效率,因此,教师应在智慧理念的引领下,创新教学方案、教学过程和教学评价,成为创新型教师。

- **开展智慧教研,做反思型教师**

教师智慧理念需在智能技术的引导下,通过智慧教研等实践形式得到进一步的拓延,这一过程离不开教师对自身的教育实践进行反思和总结。有些教师尽管其教育教学实践经历极其丰富,但缺乏反思意识,因而其实践智慧的生成受阻。大数据的广泛应用一方面能够全面、深入收集与分析教师培训过程中的各种行为数据,为教师自我反思和改进提供精准支持;另一方面,基于云计算和大数据所搭建的教师教育云档案系统能够实现精准测评,并将测评的结果,如师范生学习特点、课程、成绩、实践项目、学习成果等数据存储于云端,从而帮助他们找到知识和技能的薄弱点。在其职后发展培训的时候制定更加具有针对性的方案,从而推进教师职前职后一体化发展,提高教师反思的针对性和有效性。

---

① OECD.TALIS 2018 results (Volume I):Teachers and school leaders as lifelong learners[R/OL].(2019-06-19)[2020-12-26]. https://doi.org/10.1787/23129638.pdf.

·搭建智慧共同体,做学习型教师

学习型教师的培养依托于教师学习共同体的构建,这是化解新手教师"合法的边缘性参与"的重要手段。"合法"指的是对新手教师参与共同体的身份的肯定,意味着其有权力分享共同体中的资源。"边缘化参与"指的是新手教师无法在共同体活动中实现完整的、积极的、自主的活动参与,在缺失主体性的活动过程中,新手教师只能作为共同体某些活动的参与者,或活动过程中的观察者、边缘参与者。教师专业发展中的学习共同体意味着将具有共同教育目标的教师群体作为一个整体来发展,在交流、实践共同的理念、目标与活动的过程中实现教师实践性智慧的生成。智能时代信息和数据的快速流动,实现了资源的跨组织、跨层级流通,打破了组织和层级之间的边界,使社会化协作成为可能,教师智慧共同体应运而生。一方面,教师智慧共同体搭建的是共建共享的学习平台,其身份认同的基础来自共同体成员的知识共享、知识创新的活动参与,这便消解了以资源占有为目的的身份意识,转而建构了以知识共建共享为核心特征的去中心化的身份认同。另一方面,教师智慧共同体为教师提供的是精准多元的支持系统,通过多元人技与人际的智能对话、情感交互,为教师提供了多元智能技术的支持和多元人际的智力帮助[①],实现了沉浸式的学习活动体验,开创了教师智慧学习的新境界,促进了教师实践智慧的生成。

·教师作为智慧学习者

智慧学习(S-Learning)是在大数据、云计算环境下,继数字学习(E-Learning)、移动学习(M-Learning)、泛在学习(U-Learning)之后出现的以自我指导为主要方式的新的学习浪潮[②]。智慧学习以自主化、个性化、数

---

① 李慧方,罗生全.教师智慧学习的生态取向[J].教学与管理,2015(12):1-4.
② 贺斌.智慧学习:内涵、演进与趋向——学习者的视角[J].电化教育研究,2013,34(11):24-33+52.

字化、网络化、智能化为主要特征。智能技术的驱动和智慧教育理念的引领,对21世纪教师的核心素养提出了新要求(如数智素养的提出),这也催生了教师向智慧学习者的逻辑转向。

智慧学习通过整合智能技术与学习活动,打通了教师现实——虚拟的学习通道,学习者访问资源信息的方式更加便捷,学习者之间或者学习者与教师之间能够实现有效交互,同时还可以设计自我指导的学习环境[1]。因此,教师需要以智慧学习者的身份进行学习,即实现从外源性的知识输入到内源性的智慧生成的过渡。

英国心理学家罗姆·哈瑞(Rom Harre)基于维果茨基社会文化理论提出了学习环路模型(即维果茨基空间),教师作为智慧学习者开展学习、促进教师的智慧生成也应该经历这四

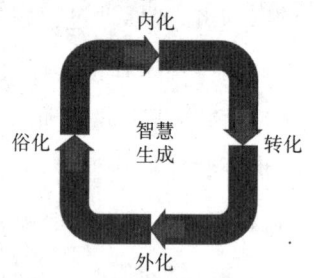

图6.2 教师智慧生成模型

个智慧性变革的过程。基于此构建的教师智慧生成模型(见图6.2)能较好地体现教师生成性学习的社会性、整体性、过程性、活动性、创造性和工具性,也能充分呈现教师智慧生成的过程。

·内化

内化是通过课程学习、研讨、形成性测试等方式产生认知冲突的过程。人工智能主导的颠覆式创新信息技术为学校变革赋能,也重新改变和诠释着课堂教学的内涵、理念及场景。面对智能时代对教育教学产生的变革,教师应当首先认识到这一变革并做出反应。随着网络技术、大数据技术和人工智能技术的飞速发展,几千年来人类知识的生产和传承方式被打破,知识网络化不仅改变了知识创生的过程、手段和机制,也改变了知识的性质、知识传播的速度和途径,由此建构的技术支持下的网络学习环境为教师的非正式学习提供了良好空间,让他们能够学习到学

---

[1] 李慧方,罗生全.教师智慧学习的生态取向[J].教学与管理,2015(12):1-4.

校课程以外的其他知识,也为教师学习方式的多元化发展创造了条件。

· **转化**

转化是通过完成任务实现思维方式转变的过程。智能时代教师学习的途径和手段变得多元化,智能技术成为教师生成性学习转化过程的有力支撑。教师可以根据自身的兴趣和条件,充分利用包括教师教育资源平台在内的各种网络平台和工具,决定学习的方式和手段[1]。代表性的如华中师范大学实施的多维度融合的教学模式[2],以师范生的学习为中心,为师范生提供自主学习的个性服务,基本特征有三点:一是推行"校园内、课堂内""校园外、课堂内""校园内、课堂外""校园外、课堂外"四维度融合的学习模式;二是学习方式多样化,灵活使用混合式学习、交互式学习、在线学习等多种学习途径,课堂形式更加丰富,给师范生创造了多元学习机会;三是开展促进师范生学习的过程性评价,建立师范生学习分析系统,对师范生的学习状况进行实时监测,及时给予评价,并将线上线下测评结合起来。

· **外化**

外化是通过课堂实践和反思讨论生成教学实践的过程。对于智能时代的教育工作者来说,反思性实践和适应性专业知识都是不可或缺的。因此,实现外化的前提是建立与教育理念和实践相匹配的学习评价体系。换言之,一个具有竞争力的学习评价体系须以提升教学效果为其终极目标,是收集教学信息、指导教学决策及鼓励学习者继续学习的有效工具[3]。学习评价有助于教师在以下方面得到成长:使教师的目标与学校的目标保持一致;促使教师参与专业学习计划;提高教师教学水平

---

[1] 范春林,董奇.课堂环境研究的现状、意义及趋势[J].比较教育研究,2005(8):61-66.
[2] 汪丽梅,洪早清.现代信息技术与教师教育深度融合的实践与思考——以华中师范大学教师教育改革为例[J].教师教育论坛,2017,30(3):21-26.
[3] STIGGINS R. Assessment for learning: A key to motivation and achievement[J]. Edge: The Latest Information for the Education Practitioner, 2006, 2(2): 1-19.

和专业技能;更有效地监测学生的学习;反思或自我评价。在终身学习的理念影响下,学习无时无刻不在发生,学习评价也应实现与学习过程的无缝对接。教师作为"学习者",其学习评价体系同样需要发生变革,从传统的"对学习结果进行评价"转化成"为了促进学习而进行评价"[1],即不仅关注于教师的教学效果,还要关注于教师本身的专业成长。大数据给教育领域测量、记录、分析和评价带来了便利,如通过对教师培训过程中的讨论对话、笔记、作业等资料的实时分析,得到教师在每个学习阶段参与讨论、提交作业的情况,促进多元评价和形成性评价的开展。

·俗化

俗化是通过交流共享实现互联互通的过程。教师生成性学习的俗化过程离不开学习共同体的构建。在教育领域,网络科技产品为在线教育提供了技术支持,深度学习、人机协同、自主控制等新教育理念为跨地域、跨场景、跨主体构建网络学习共同体搭建了技术平台,冲击着传统的线下教师培训活动。尤其是普适计算(Ubiquitous Computing)模式的应用使人们能够突破时间、地点、方式的局限来获取和处理信息,通过更加迷你、便携的计算机设备进行人机交互,为开辟虚拟学习场所构建网络学习共同体提供了可能。

总之,教师智慧学习有助于帮助学生提高从变革中学习的能力,教师如何、在什么条件下学习才能够适应不断变化的社会需求是教育政策和实践中最重要的问题之一,对教师学习的重视是专业发展新范式或教师教育新模式的一部分。教师向智慧学习者的转向应融合智慧学习的环境使用与构建、学习资源创建与推送、新的教学教法的设计与应用、学习效果诊断与评价和智慧学习的践行与探究于一身[2],这是保障教师作为智慧学习者进行学习有效性的重要路径,也是实现教师智慧生成的重

---

[1] SHUTE V J. Focus on formative feedback [J]. Review of Educational Research, 2008(78/1):153-189.
[2] 胡斌武,吕萌.智慧学习环境下的教师角色定位研究[J].中国教育信息化,2016(10):81-84.

要前提。教师在专业发展的过程中逐渐从"学习者"转为"教育者",智慧学习活动也转变为智慧教学活动。教师在学习使用智能技术的过程中,其自身的素养也得到提升,最终能够实现智能技术在教育实践中的应用,改变自身教学的方式和学生学习的方式。这样一来,传统教学转变为智慧教学,既实现了教师的教学智慧和教学能力的提升,又达到了培养创新型教师的目的。

教师智慧共同体

"共同体"这一概念发端于社会科学,最早由德国古典社会学家费迪南·滕尼斯(Ferdinand Tonnies)提出,其定义可拓展延伸为"由一定数量追求各自利益而统一行动、具有高效动作能力的对象组合而来的公众集体"[1]。学习共同体又称为"学习社区"[2],是由学习者(学生)和助学者(专家、教师等)共同组成的,通过互动、协商、共享、合作促进其内部成员的全面成长的基层学习集体[3]。教师专业发展共同体指向于教师群体的专业发展,将具有多元文化背景、多元学科领域和多元生活体验的教师群体汇聚在一起,通过建立融洽、和谐的合作氛围实现教师群体的共同愿景,形成新的跨界空间,这种跨界有利于新的思想的碰撞和创生,可能引发教师学科知识、专业素质的深刻变革。从而帮助新手教师从实习到入职,跨越理论与实践的鸿沟。教育信息化从1.0到2.0过渡,现在逐步迈向3.0时代,教师专业发展共同体也经历了从技术支持下的教师学习共同体到"互联网+教育"背景下的教师专业发展同体再到智能时代教师智慧共同体的过渡,这是顺应智能时代发展要求的必然选择。

---

[1] 滕尼斯.共同体与社会[M].林荣远,译.北京:商务印书馆,1999:63.
[2] 赵健.学习共同体的建构[M].上海:上海教育出版社,2008:87.
[3] 李志河,周娜娜,秦一帆,等.网络学习空间下混合式学习共同体活动机制构建[J].中国电化教育,2019(9):104-111.

·技术支持下的教师学习共同体

我国"教育信息化1.0"时代的教师学习共同体以技术支持下的教师学习共同体为主要形式,只是实现了信息技术的简单叠加与运用。我国技术支持下的教师学习共同体的构建依托于三种学习模式:基于课程的自主学习、基于工作坊的社群学习和基于课例的情境学习,其对应的学习共同体也表现出不同的特点(见表6.1)[1]。

表6.1 教师学习模式对应的学习共同体

教师学习模式	学习共同体
基于课程的自主学习模式	倾向于个体知识建构,学习社群鼓励学习者之间经常沟通,彼此交流,以缓解个体自学的孤单感
基于教研的社群学习模式	倾向于群体知识建构,学习社群提供相互共享实践经验的机会,构建激励性与支持性的学习文化,提供开放性互动空间,设计支持性与合作性任务,构筑促进人际互动的激励性环境,教师充分发表自己的见解,并对别人的意见发表自己的看法与建议,在互相学习中取长补短、共同基于教研的进步的过程中开展主动性、反思性、情感性及协作性学习,通过交流思想、分享经验,发展思维品质与人际关系,教师在主动性的学习研讨与探究实践中,从边缘性参与走向积极的实践行动
基于课例的情境学习模式	如果是直播方式,类似于工作坊的社群学习模式,倾向于群体知识建构,学习社群的建立是学习基础;如果是点播的方式,类似基于课程的自主学习模式,倾向于个体知识建构,学习社群建立的目的是鼓励学习者之情境学习模式间经常沟通,彼此交流,以缓解个体自学的孤单感。社群中的成员可以是学科教研组的教师,也可以是区域层面的学科教师团体,还可以是基于同一目标愿景组建的临时教师团体

技术支持下的教师学习共同体逐渐取代了传统意义上的教师学习共同体,向信息化驱动的方向拓延,但这一时期信息技术的手段和应用还较为表象。

---

[1] 潘丽芳.技术支持的教师学习环境构建与实践[M].上海:上海教育出版社,2019:160.

- **"互联网+"时代的教师专业发展共同体**

以"互联网+"为主要特点的教育信息化2.0旨在推动从教育专用资源向教育大资源转变、从提升师生信息技术应用能力向全面提升其信息素养转变、从融合应用向创新发展转变。这一时期的教师专业发展共同体也迈向新的阶段。教师在互联网环境中为提高教学表达技能、学习新的教学技能、解决课堂存在的问题[1]而构建了交互、协作的学习群体。

迈入教育信息化2.0时代,"互联网+教育"背景下的教师学习共同体如雨后春笋。从政策层面来看,早期如美国的"教师专业发展学校标准运动"、英国的"教师教育中心运动"等,近期如英国的"培养下一代卓越教师"、美国的"卓越教师专业标准"等,都提出通过协同学习、混合学习、团队学习、项目学习、师徒结对等方式提高教师专业效能,培养卓越教师。英国的"学习设计支持环境"(Learning Design Support Environment for Teachers and Lecturers)、美国的"大学—中小学伙伴模式"(School-University Partnerships)以及"教育政策研究联盟"(The Consortium for Policy Research in Education)更是在实践层面开展了"互联网+教育"背景下教师学习共同体的模式探索。

在线教师专业发展项目、教师教育资源平台和教师教育MOOCs是"互联网+教育"背景下教师网络学习共同体构建的主要表征。

在线教师专业发展项目是在信息技术的支持下出现的通过教师网络学习共同体促进教师专业发展的新形式,代表性的在线教师专业发展项目有哈佛研究生院教育者的大规模合作发展项目(Wide-scale Interactive Development for Educator,简称WIDE World);美国国家科学基金会(National Science Foundation,简称NSF)批注资助,由全国科学教师联合会(National Science Teachers Association,简称NSTA)、加州大学圣克鲁兹分校新任教师中心、蒙大拿州立大学科学/数学资源中心三方合作开发

---

[1] 黎加厚,赵怡,王珏.网络时代教育传播学研究的新方法:社会网络分析——以苏州教育博客学习发展共同体为例[J].电化教育研究,2007(8):13-17.

的为中学新任科学教师(现又拓展到数学学科)提供专家指导的教师在线指导系统(e-Mentoring for Student Success,简称eMSS)以及各种教师网络进修课程等。在线教师专业发展项目通过实现从在场到在线的范式转换提高了教师专业发展的效率。

随着开放教育资源运动的盛行,在线教育由资源走向课程,一系列在线教师教育资源平台的出现为教师作为智慧学习者开展学习带来了新的可能性,代表性的案例如"教师慕课"(MOOC-Ed)。

案例6.3　MOOC-Ed

2013年,北卡罗来纳州立大学(NC State University)的星期五教育创新学会(The Friday Institute for Educational Innovation)和卓越教育联盟(Alliance for Excellent Education)共同推出了一种新的MOOC平台:MOOC-Ed[1]。在学习之前,平台首先会对学员的基本素质进行一项前期调查,以便了解学员的基本情况,为后期的数据分析提供资料。MOOC-Ed与其他MOOC平台的区别主要表现在:

· 主流MOOC平台所面向的人群处于高等教育阶段,而MOOC-Ed主要面向基础教育阶段的教师。

MOOC-Ed将平台目标定位为"满足各类型教育工作者的各项需求"。不同学校、不同专业背景、不同知识结构的教育工作者有着不同的教师专业发展目标。据统计,对于"如何促进学校数字化改革"这门课,教师们的学习目标有:为学校或学区的改革做准备;更深入地了解并更好地将信息技术运用于教育领域;制定更有效的教师专业发展计划;了解将技术运用于教师专业发展领域的优势与弊端;提高课堂教学技能;体验MOOC;促进教师专业共同体的发展;与其他学区,其他州,甚至其他国家的教师交流等。MOOC-Ed采取允许教师依据自己的学习目标制定学习计划、选择课程内容、参与学习讨论等方式实现其平台目标定位。

· MOOC-Ed一直受到教师专业发展的理念的引导和推进。

MOOC-Ed平台的学习对象包含各类型的教育工作者。MOOC-Ed平台

---

[1] CHZNHANSA S. Exploring massive open online courses(MOOCs) for professional growth[EB/OL]. (2013-01-10)[2021-02-21]. http://ncda.org/aws/NCDA/pt/sd/news_article/80860/_PARENT/layout_details/false.

规定:参与者最好是有一定学科背景的,有明确的学习目的的,可以进行自我导向学习的教育工作者,如工作在一线岗位的学科教师、学校或学区领导、教学指导者、图书馆媒体专家、教师领导、教育顾问、教师专业发展提供者、家长、教育管理者、从中学向大学初级学院过度的数学和统计学教师等,满足了广大教师工作者的专业发展需求。

MOOC-Ed的出现克服了传统教师专业发展模式时间、空间以及覆盖面上的局限性,以其支持性和结构化为美国乃至全球的教师专业发展带来了更为灵活的改革思路与启迪。

总之,"互联网+教育"背景下的教师学习共同体强调以异步、同步、同步与异步相混合的在线培训为依托,教师教育资源平台的智能化和融通性能够进一步保障教师知识输入的有效性。教师教育资源平台的构建最重要的是为实现教师的交流协作提供条件,帮助教师利用教师教育资源平台所提供的资源进行再思考、再提炼和再创造,以更好地服务于自己的教学需要,从而实现教师教学效果和学生学习效果的提升。

·AI赋能的教师智慧共同体

教育信息化3.0以开放性、共享性、交互性、协作性为主要特点,智能技术的迅猛发展推动了师资培训模式由实体形态转化为实体与数字融合的形态,并通过信息和数据的快速流动,实现了资源的跨组织、跨层级流通,打破了组织和层级之间的边界,使社会化协作成为可能,教师智慧共同体应运而生。

教师智慧共同体是指在多种智能化的信息技术、工具支持的环境中,基于线上线下混合的学习环境构建的,一个由学习者(教师)和指导者(教育专家、优秀教师、学校领导、科研人员等)共同构成的具有共同的目标愿景、强烈的学习意愿的团体。教师智慧共同体通过为教师提供智慧学习平台和和谐互助的机制,为教师提升个人专业知识水平、实现知识共享、促进实践智慧的生成创造了良好的条件。智慧教育环境下的教师学习共同体可以从技术层面、制度层面和专家层面来探讨。

——技术层面包括智能学习平台建设、实用工具的使用以及数字化学习资源的建设,是学习共同体有效运行的硬件保障。在智慧学习环境中,教师利用技术支持下的学习平台,如MOOC-Ed、中国大学慕课、网易云课堂、教师在线教育教学支持共同体、国家教育资源公共服务平台、中国教师研修网等,进一步融合线上线下学习方式,帮助共同体成员实现自我学习提升和专业成长。例如中国教师研修网已逐步形成主题式、案例式、任务驱动式、团队常态研修等多种网络研修模式,并建立了集"教"、"学"、管理、社区等功能于一体的网络研修平台。教师可以利用教师教育资源平台开展教学设计,围绕某位教师发布的教学构想在网上展开讨论,其他教师也可以根据自己的教学风格和学生的实际情况对教学设计进行调整和修改,有助于实现网上集体协作备课。

——制度层面是学习共同体在实践过程中逐渐形成的社会规范、行为准则。学习共同体内部有自己的规章制度,例如学习共同体需要定期召开会议等,要求成员必须遵守。规则的制订是为了给共同体内部的每一个成员创造一个安全的协作环境,使大家更加了解其他人的目标,以促进教师学习共同体效率的提升。人工智能的发展要求教师不仅需要具备关于教育人工智能设计、开发和应用方面的能力与知识,而且还需要具备一定的伦理知识,使其能够以符合伦理原则的方式将教育人工智能融入教育实践[1]。因此,教师智慧共同体的构建也需要受到智慧理念的引领、制度层面的规范和国家政策的保障。

——专家层面是指教师学习共同体可以聘请相关领域的专家学者进行指导,包括常规性指导、专题讲座、专题会议、专题报告等。学习共同体在促进教师终身学习、改变教学文化和教师工作文化方面的潜力取决于教师自身愿意相互参与、共同寻求教学和学校教育工作的意义,这也有赖于各级教育系统的支持和专家学者的指导。智能时代专家指导

---

[1] 邓国民,李梅.教育人工智能伦理问题与伦理原则探讨[J].电化教育研究,2020,41(6):39-45.

已经不局限于线下指导,而是走向线上线下融合、远程指导、人机协同的新的发展模式。例如《国务院关于全面深化新时代教师队伍建设改革的意见》提出要"建设专业的在线培训专家团队和培训管理者队伍,科学开展在线培训的设计与实施,充分利用网络与数据的优势,全面提升在线培训质量和成效"[1],这正是教师智慧共同体的有益探索,为教师智慧培训提供了社会智力支持、情感支持和智慧环境支持[2]。

总之,教师智慧共同体是实现教师智慧学习和实践智慧生成、推进理论和实践相融合的理想形式,共同体内部成员作为智慧学习者,遵循共同愿景和价值理念的指引,伴随着信息技术在教育领域的进一步深化,教师专业发展共同体在实现教师专业发展进而推进学生的全面发展上发挥着重要作用。

信息技术与教育教学的深度融合

2018年,教育部发布《教育信息化2.0行动计划》,提出"要坚持信息技术与教育教学深度融合的核心理念,从融合应用迈向创新发展阶段"[3]。信息技术与教育的深度融合涉及信息技术与课程、信息技术与教学以及信息技术与学科三个方面的整合。其中,信息技术与课程整合、信息技术与教学整合这两种说法在国际上是完全等价的,其根本指向在于培养具有21世纪能力素质的创新性人才[4]。信息技术与学科的整合发

---

[1] 中华人民共和国中央人民政府.中共中央 国务院关于全面深化新时代教师队伍建设改革的意见[A/OL].(2018-01-31)[2020-12-18]. http://www.gov.cn/zhengce/2018-01/31/content_5262659.htm.
[2] 李慧方,罗生全.教师智慧学习的生态取向[J].教学与管理,2015(12):1-4.
[3] 中华人民共和国教育部.教育部关于印发《教育信息化2.0行动计划》的通知[A/OL].(2018-04-18)[2021-01-09]. http://www.moe.gov.cn/srcsite/A16/s3342/201804/t20180425_334188.html.
[4] 何克抗.对美国信息技术与课程整合理论的分析思考和新整合理论的建构[J].中国电化教育,2008(7):1-10.

端于"课程整合"的概念[1],是将信息技术有效融合于各学科的培养目标、课程内容、教学过程,通过新型教学环境的营造来实现课堂教学结构的根本性变革[2]。

▪ 信息技术与课程的整合

数字化、智能化、网格化和多媒体化的技术工具和手段在教育领域的应用引发了教育的深刻变革,创设和推进了信息技术与课程的整合,也为课堂教学带来了根本性的变革。随着信息技术与教育的深度融合,近几年涌现出很多融合技术的新型教学模式,翻转课堂、移动学习、慕课、微课、"一对一"数字化学习等模式逐渐深入人心并在国内外得到广泛应用。

然而,智能技术支持的教育教学尚未进入常态化阶段,数字鸿沟依然显著。如何培养数智公民,是摆在教师面前的重要难题,其可行路径为实现信息技术与课程的整合,即将知识传递的课堂转变为智慧生成的课堂。信息技术与课程整合具有双向性的特点:一方面是以信息技术作为支撑手段,将学科课程整合在信息技术中;另一方面则是将信息技术整合在学科课程里,改变传统的教学方式和教学模式。

面对信息技术与课程整合的要求,教师教育首先需要面对和解决的是培养目标的问题。实现信息技术与课程整合的根本目的是以素养为导向的,既包括学生核心素养,也包括教师信息技术应用能力。从学生素养的角度来看,信息技术与课程融合的目的在于使学生的知识、技能和态度与社会需求和未来发展接轨,指向于学生核心素养的全面发展。从教师素养的角度来看,培养具备数字时代所需技能的人才的关键在教师,教师仅仅掌握一两门技术操作技能,根本无法满足复杂的信息化教

---

[1] 刘儒德.信息技术与课程整合[M].北京:人民教育出版社,2003:123.
[2] 陈思铭,刘长凤.信息技术与学科教学整合的应用研究探析[J].中国电化教育,2014(12):113-116.

学设计和实施的需要,智慧教育能否顺利开展取决于教师的信息技术应用能力,教师面临着更好地将信息技术与课程相整合、更好地培养具备信息素养的人才的艰巨挑战。

•OET教师教育项目的指导原则

当前信息技术与课程的整合已经进入深水区,信息技术不仅拓展着教育教学的时空,也延展着教师的身体,使其获得更大的行为能力[1]。随着教育信息化和教学数字化进程的加快,教师教育项目也应追紧技术步伐。代表性如美国教育部教育技术办公室(Office of Educational Technology,简称OET)根据《国家教育信息技术规划》的建议制定了教师教育项目的四项指导原则[2],以便对实现信息技术与课程的整合提供理论和案例支持。

——通过创造、生产和问题解决,实现信息技术在学习和教学中的积极应用。教师必须具备将技术无缝地整合到教学中的技能,使之超越单纯的表达和交流,成为创造、创新和解决问题的场所。为了实现这一目标,教师教育课程不应该仅仅是观看演示或幻灯片,还应该为职前教师提供机会,让他们以积极参与的方式使用技术。例如,参加密歇根大学教育学院课程的职前教师参加了一项模拟活动,使他们能够使用虚拟工具审查原始资料,并探索位于密歇根州迪尔伯恩的户外博物馆绿地村的房屋,以此支持历史学习[3]。

此外,参与教师教育项目的教师需要结合自己的经验,有意义地使用技术来模拟他们课程中的最佳实践。例如,在范德比尔特大学的教学

---

[1] 孙宽宁."互联网+"时代教师专业发展的危机与应对[J].教育研究,2016,37(6):16-17.

[2] U.S. Department of Education. Advancing educational technology in teacher preparation: Policy brief[EB/OL]. (2016-12)[2021-02-08]. https://tech.ed.gov/files/2016/12/Ed-Tech-in-Teacher-Preparation-Brief.pdf.

[3] University of Michigan Center for Research on Learning & Teaching. Simulations familiarize students with "real-world" use of museum objects[EB/OL].[2021-01-08]. https://crlt.umich.edu/simulations-familiarize-students-real-world-use-museum-objects.

中心,学术界的成员可以获得一些资源,如内部创建的指南,一对一的支持,以及定期的系列讲座等,使教员能够制定一个计划,成功地将技术融入他们的课程。

——为高等教育建立可持续的、项目范围的专业学习体系,增强教师不断更新其使用技术工具的能力,以实现变革性的学习和教学。想要弥合教师在现代课堂上需要了解的技术知识与他们在职前教师课程中所学知识之间差距,必须有一个围绕技术和教学整合支持教师专业发展的过程。由于技术的发展和演变速度很快,教师准备项目的教员也应获得持续的、嵌入工作的机会,以保持和提高他们利用技术改变职前教育工作者学习的能力。

——确保职前教师在教育技术方面的经验是符合项目深度和项目范围的,而不是脱离其方法课程的一次性课程。研究表明,为职前教育工作者提供一门单一的教育技术课程,并不能使他们充分做好准备,以应对智慧课堂的要求[1]。然而,持续接触可以改善教师对课堂技术使用的态度和信念[2]。例如,密歇根大学不再提供一个学期的技术使用课程,而是开始整合一门技术课程,该课程将贯穿两年制课程的所有四个学期的整个职前教育课程。因此,职前教师在课程开始时会介绍一个围绕技术教学的哲学框架,并在学生教学安排中结束他们的教学计划"做"技术整合。这种明确课程深度和课程范围的方法使职前教师有时间熟悉技术整合的教学方法,与专家讨论理论和实践,与所有方法导师合作并执行基于标准的项目。职前教师进一步接触ISTE教师标准和21世纪学习框架,并有机会在学生教学前获得临床经验,将技术因素融入课程。这

---

[1] KOPCHA T. Teachers' perceptions of the barriers to technology integration and practices with technology under situated professional development[J]. Computers & Education, 2012, 59(4): 1109-1121.

[2] POLLY D, MIMS C, SHEPHERD C, et al. Evidence of impact: Transforming teacher education with preparing tomorrow's teachers to teach with technology (PT3) grants[J]. Teaching and Teacher Education, 2010, 26(4):863-870.

一新方法使技术课程教师能够与K-12合作学校合作,开展以项目为基础的学习活动,如英语语言艺术数字公民项目。在该课程中,职前教师有机会在学生教学之前设计和指导有关数字公民身份主题的课程。这些临床教学项目有助于职前教师在授课专家的支持下了解教学的复杂性。

——教师教育应与整个领域公认的标准、框架等话语体系相一致。为了确保教师的严格性、质量和准备,需要一种共同的话语体系来表达学生、教师、学校和地区系统以及大学层面对有效使用技术的期望。这可以通过为以下四个群体创建整个领域公认的能力标准和框架来实现;即教师准备项目工作者、教师培训工作者、职前教育工作者和在职教育工作者。由此,职前教育工作者可以放心,无论他们选择哪一所院校开展职前培训都可以获得信息技术相关的必要技能,并且确保教师在进入在职岗位时能够继续培养自己的技能。

OET教师教育项目的四项指导原则为我国促进信息技术与课程整合的教师教育培训项目提供了新的指导思路,即有意识的使用信息技术解决教师教育过程中的各种问题、形成以技术为依托的教师教育体系、加强教育目的与教育内容的融合、保障教师教育项目的公平性和优质性,从而更好地设计教师教育培训项目,提高培训的有效性。

·教师TPACK专业发展

面对信息技术与课程整合的要求,教师的知识结构也应发生相应的转变。如果仍然将技术视为孤立于教师其他知识的一种技能知识,则会造成教师知识体系的人为割裂。技术知识融入教师原有的知识结构,不仅是智能时代教师知识在数量上的扩充,更是教师专业知识在结构上的改变。整合技术的学科教学知识(Technological Pedagogical Content Knowledge,简称TPACK)是一种将技术有效整合到教师专业发展的知识框架,是教师实现信息技术与课程的整合所必备的知识。它厘清了学科内容、教学法和技术之间的复杂交互关系,为如何培养教师更好的实现信息技术与课程的融合带来了新的思路。作为教师专业知识的金字塔塔尖,TPACK不仅是思维策略,更是教师专业发展所必备的知识素质[①]。

TPACK框架(见图6.3)由美国密歇根大学帕尼亚·米什拉(Punya Mishra)和马修·科勒(Matthew Koehler)于2005年首次提出,他们认为教学是一种应用灵活和整合性知识的高度复杂的实践活动,需要将学生学习方面的知识、学科知识、技术性知识有机整合,与教学法知识、内容知识和技术知识相互交叉的部分形成教师知识的一个特别分支,即TPACK。同时指出这是一种"技术内化"的教师知识框架,是教师使用技术进行有效教学的知识基础。TPACK框架包含了学科内容知识(Content Knowledge)、教学法知识(Pedagogical Knowledge)和技术知识(Technology Knowledge)三个核心元素,以及学科教学知识(Pedagogical Content Knowledge)、整合技术的学科内容知识(Technological Content Knowledge)、整合技术的教学法知识(Technological Pedagogical Knowledge)和整合技术的学科教学知识(Technological Pedagogical Content Knowledge)四个相互交织的复合元素。

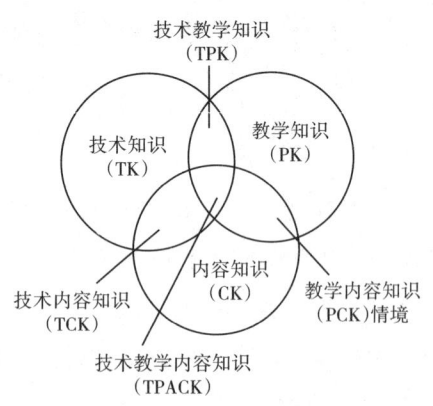

图6.3 TPACK框架及其知识要素图

---

① 全美教师教育学院协会创新与技术委员会.整合技术的学科教学知识:教育者手册[M].任友群,詹艺,主译.北京:教育科学出版社,2011:64.

教师TPACK认知的发展从根本上指向于课堂教学实践,是实现信息技术与课程整合的重要保障。这一模式使教师获得更多协作的机会,将教学扩展到课堂之外,教师可以创建"学习共同体",通过这种技术教学协作模式,获得学习材料、资源和工具。教师通过与学校中的教师合作以及与社区或世界各地的教育专家的协作,扩大同行互助、共同学习的知识网络,提高自身的TPACK能力。TPACK框架顺应了教育信息化的发展要求,重新定位了教师教育和教师专业素养,也为探索技术驱动下的教师专业发展奠定了坚实的理论基础,促进了信息技术与课程的整合和协同。[1]

案例6.1 美国连接者教育项目

连接者教育项目(Connected Educators Project)是由美国联邦教育部所资助的旨在支持成功的教育实践的沟通、协作和教学解决方案[2]。教师可以通过访问圆桌讨论、信息中心等功能与其他团体或个人进行交流和联系,教师既可以分享自己在实践中获得的知识、技能、态度、想法和愿景,也有机会通过发现他人的特质和经验来满足自己的需求或传达想法。2012年8月,连接教育者项目启动了"连接教育者月"(Connected Educator Month),旨在通过促进专业学习方面的协作和创新,创造一种更加全球化和循证的教育方法。共有170多个组织提供了450多项活动,各科教师、教育专家制定教师专业发展计划。通过与广泛的教育组织和教育工作者合作,本着在线社区的精神,互联教育者月举办各种课程、网络研讨会、导游、实时聊天、论坛、讲习班、访谈、读书俱乐部、竞赛、徽章等。其目标是扩大和深化教育工作者对在线社区的参与,通过开放的网络研讨会、论坛等方式在线合作探讨TPACK教学方式,并为教育专业人员创造共同推动这一领域发展的机会。

---

[1] 胡水星.教师TPACK专业发展研究:基于教育大数据的视角[J].教育研究,2016,37(5):110-116.
[2] Saint Leo University. Local K-12 teachers profit from technology lessons[EB/OL]. (2014-06-20)[2021-02-09]. http://www.saintleo.edu/news-events/news/press-releases/local-k-12-teachers-profit-fromtechnology-lessons.aspx.

基于马科·贝托尼（Marco Bettoni）等人提出的知识协作模型[①]构建TPACK教师专业发展模型：在具体的教学实践中，教师应该以教师智慧共同体为依托，从整体上思考TPACK发展框架中各个元素之间的相互关系，充分有效地把智能技术融合于教师专业化知识体系中，运用教育大数据技术构建丰富的学习情境，开展教学策略分析，拓展教学内容，支持教学评价等[②]，促进教师TPACK框架中四个相互交织的复合能力的生成。

总之，教师TPACK专业发展不仅为信息技术与课程的整合提供了新的研究视角，实现了对教师教育和教师专业素养的重新定位，也为探索新技术驱动下的教师专业发展奠定了坚实的理论基础。

·信息技术与学科的整合

信息技术与学科的整合是将信息技术有效融合于各学科的培养目标、课程内容、教学过程，通过新型教学环境的营造来实现课堂教学结构的根本性变革[③]。当前，信息技术与学科整合的实践中仍存在着许多问题：一是未能认清信息技术与学科的关系，信息技术只被用作手段；二是信息技术与学科的整合呈现表面化、生硬化的特点；三是缺乏整合的策略，难以真正发挥信息技术的优势，打造智慧课堂[④]。STEM和STEAM教育是当前实现信息技术与学科整合的有效形式。

[①] BETTONI M, ANDENMTTEN S, MATHIEU R. Knowledge cooperation in online communities: A duality of participation and cultivation[J]. Journal of Knowledge Management, 2007, 5(1):1-6.

[②] 胡水星.教师TPACK专业发展研究：基于教育大数据的视角[J].教育研究,2016,37(5):110-116.

[③] 陈思铭,刘长凤.信息技术与学科教学整合的应用研究探析[J].中国电化教育,2014(12):113-116.

[④] 张婵清,王程越.信息技术与学科整合的实践策略分析[J].中国电化教育,2012(12):115-118.

· STEM

STEM 是科学(Science)、技术(Technology)、工程(Engineering)和数学(Mathematics)四门学科的交叉融合。STEM 与传统的科学和教育教育的不同表现为传统课堂教学与在线学习和实践活动相结合的混合式学习环境,通过向学生展示如何将科学方法应用于日常生活,拓宽学生解决问题的渠道。

STEM 教育运动在世界各地不断发展,以 STEM 为基础的学习计划旨在激发学生在这些领域追求高等教育和职业生涯的兴趣。那么,作为一名教师,为适应 STEM 教育的发展要求,更好的实现信息技术与学科的融合需要做到以下几点[1]:

——相信学生。对学生寄予厚望并相信他们会成功,大多数学生将努力达到教师期望的水平,他们相信自己会做出明智的选择,提出创造性的解决方案,完成复杂的任务,并顺利地实现合作。

——将学习过程的控制权移交给学生。制定强调学生责任的新角色和规则,然后从一旁引导,同时让学生明确方向和目的,旨在提高学生的自主学习能力。

——培养好奇心。学习提出开放式问题的艺术,并提供大量可能的答案。提出问题而不是直接给出答案,激发学生的好奇心,并要求学生自己去寻找解决方案。

——提供亲身体验式学习。通过反思和实践来学习能够达到更好的效果。给学生提供机会去研究一个问题的多种可能的解决方案,并为学生小组提供可以探索和操作的材料。

——加强学生之间的协作。积极传授团队合作技能,与学生合作,提高对团队行为和课堂互动方式的认识。

——接受失败。无论对教师而言还是对学生而言,失败都是学习和

---

[1] JOLLY A. The 10 essential STEM teaching practices [EB/OL]. (2013-03-24)[2021-02-20]. https://www.middleweb.com/6624/10-stem-teaching-practices/.

成长的必要部分。教师应引导学生接受失败,因为我们能够从失败中汲取更多的经验教训。

——成为鼓舞学生的榜样。教师充满对学科的热爱及其激情的教学能够为学生开展STEM学习做好榜样。

——接受STEM带来的挑战。STEM教育将提高学生的敬业度、批判性思维能力和劳动力技能,但它也可能打破教师已有的课程计划。在STEM课堂上,教师需要灵活准备,以便快速转变思维,甚至有可能偏离原本的课程计划,这都需要教师做好准备。

——进化和成长为学习者。STEM教师最重要的任务之一就是关注教学的艺术,教师作为学习者不断培养自身技能,促使学生通过信息技术手段学习如何像工程师一样思考。

——在学习共同体中学习。与同事一起学习有效的STEM课程教学方法。研究表明,当教师与专业学习社区的其他教师合作时,能够提高对STEM内容的参与度,为更好地开展STEM教学做准备。

案例6.2 美国新泽西学院STEM教师职前培养体系[①]

位于美国东北部的新泽西学院是美国较早开展教师教育的学校,一直以来致力于教育变革,探索高效人才培养方式,为新泽西州的幼儿教育、小学教育、中学教育、特殊教育等培养了许多优秀的STEM教师,也是美国为数不多的能够稳定产出专业物理教师的学校。新泽西学院STEM教育卓越中心汇集了由教育工作者、研究人员和从业人员组成的多学科团队,该中心作为学校服务中心、教师示范和专业开发中心、产品开发中心和社区资源,通过使学习者了解和应用数学、科学和技术/工程概念和原则促进基于查询和设计的学习。

综合性STEM教育(Integrative STEM,简称iSTEM)专业是新泽西学院人才培养的创新做法,培养在数学和科学领域都具有深厚基础和研究能力的

---

① The College of New Jersey. TCNJ named among the top 5 producers of physics teaches nationwide [EB/OL]. (2019-02-21) [2021-02-10]. https://physics.tcnj.edu/2019/02/21/tcnj-physics-department-recognized-as-a-leading-college-in-physics-teacher-preparation/.

综合性教师。STEM教育卓越中心的iSTEM团队在与学区合作实施iSTEM教学法方面积累了丰富的经验,iSTEM教学法通过实施以设计为中心的问题/基于项目的学习,将STEM和非STEM学科的内容整合到真实的问题解决经验中,从而为教学带来新的范式。通过iSTEM计划,职前教师学习数学和科学知识,并进一步选择生物学、化学、物理、数学或技术作为深入研究方向。6年来,STEM教育卓越中心的iSTEM团队提供了以下服务:(1)教师专业发展;(2)教师辅导;(3)课程设计和实施;(4)课程规划、设施设计和战略规划的地区咨询。在广泛学习的基础上,进行某个学科的深入学习。对于有固定学习科目的学生,不同的专业会设置不同的关联课程,学生需要学习与其所学学科相近的学科课程,以获得知识补充。这种多学科学习的专业和课程设计有利于学生获得广泛性知识,积累跨学科经验,从而成为具有较强综合能力的教师。

·STEAM

随着STEM教育的深入发展,其诸多弊端逐渐显露。由于STEM教育偏重于科学技术的学习而非艺术创造力的培养,与全人教育的培养目标相悖[1]。因此,国际社会不断呼吁将艺术(Arts)纳入STEM教育,将STEM教育拓延到STEAM教育。2006年,美国弗吉尼亚科技大学格雷特·亚克门(Georgette Yakman)在STEM教育的基础上提出了STEAM跨学科综合教育(见图6.4)。

---

[1] 李刚,吕立杰.从STEM教育走向STEAM教育:艺术(Arts)的角色分析[J].中国电化教育,2018(9):31-39+47.

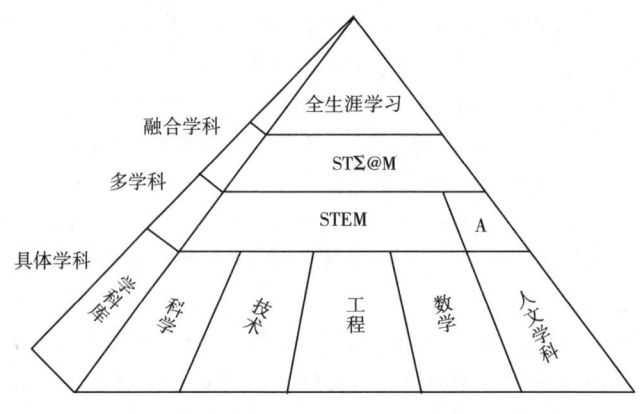

图6.4 STEAM教育金字塔

依托物联网、云计算等新一代信息技术打造的STEAM教育信息生态系统是数字教育的高级发展阶段,对于促进学生深度学习、培养综合性人才、深化教育教学改革具有重要意义[①]。STEAM教育的五个学科相互联系、相互贯通,都发挥着举足轻重的作用。STEAM教育的目标不是将每个学生都变成程序员或工程师,毕竟世界需要多样性。相反,其目标是让每个学生有机会了解他们使用的技术,更重要的是,帮助他们认识到自己是创新者和变革者,他们可以在解决他们关心的问题上发挥积极作用。

STEAM教育强调体验性、情境性和协作性,教师通过将知识还原于真实的生活情境,引导学生通过团队协作的方式,将所学知识应用于实践[②]。对于教师而言,STEAM教育注重生活中的问题、学生全面发展,这种理念要求教师:第一,知识体系丰富。STEAM教师的知识不能仅仅局限于某一学科的知识,而是需要实现多门学科的融会贯通;不仅需要掌握丰富的教育教学知识,还要掌握丰富的实践性知识。第二,热衷于学生的成长发展。STEAM教育不仅强调科学性,还强调教育的人文性。教师激发学生学习兴趣、培养学生使用不同技能解决问题和协作的能力至

---

① 王娟,吴永和."互联网+"时代STEAM教育应用的反思与创新路径[J].远程教育杂志,2016,35(2):90-97.
② 余胜泉,胡翔.STEM教育理念与跨学科整合模式[J].开放教育研究,2015,21(4):13-22.

关重要。第三,较强的书面和口头表达技巧。STEAM教育强调的是教师引导学生自己探索和解决问题,而不是进行简单的事实阐述,良好的表达能力能够更好地帮助学生为未来职业做准备,提高其创造性的问题解决和协作能力。

在STEAM浪潮的影响下,教师需要发展"以真实问题解决为导向"的理念,不仅能够引导学生树立"技术与生活息息相关,技术能够解决生活问题"的学习观,改善以往学习脱离现实的授课现状,也要充分调动学生的主体性,让学习成为学生主动思考、探索的过程。基于问题导向的评价标准,也不再是学生能否完成程序性的操作步骤,而是学生是否具备运用所掌握的知识来解决问题的能力。因此,教师在设计教学内容时,应充分考虑与学生生活相关的问题情境,为学生搭建课本知识与生活实际相联系的桥梁。

总之,STEAM教育实现了数学、科学、技术、工程和艺术五个学科领域的跨学科整合,有助于帮助学生解决真实的问题,培养学生的跨学科思维和创造力。STEAM教育为信息技术与学科的整合提供了一个视角,也将成为智慧教育时代推动教育变革和科技创新的有效途径。只有实现信息技术与学科之间的双向、互动的整合,才能更好地利用信息技术促进教育教学效率提高。

双线混融教师教育

教育信息化引发了传统教学模式的结构性变革,从线下教室到O2O,在线教育经历了井喷式发展。近年来教育OMO、教育MCN,以及教育新基建等新概念的涌现,标志着双线混融教育正在加速进行时。

案例6.3 在线教育的发展趋势

在线教育是信息技术应用于教育领域的产物，实现了师生时空分离状态下的教育教学实践。在线教育因其开放登陆（Open Access）、开放许可（Open License）、开放共享（Open Sharing）等特点[1]，而成为构建师生终身学习教育体系的必然选择。2021年2月3日，中国互联网络信息中心（China Internet Network Information Center，简称CNNIC）正式发布了第47次《中国互联网络发展状况统计报告》，截至2020年12月，我国网民规模达9.89亿，较2020年3月增长8540万，互联网普及率达70.4%，较2020年3月提升5.9个百分点[2]。据艾瑞咨询统计数据显示，2020年中国在线教育行业市场规模2573亿元[3]。近几年，无论是在线教育的市场规模还是用户规模，始终保持较大的增长幅度。

MOOCs是在线教育的典型代表形式。诚然，MOOCs有许多优势，如易于使用、受众广、资源丰富等[4]。但随着实践的检验以及技术的更新，其暴露出了一些短板，如高辍学率、单一的教学模式等。后MOOC时代应运而生的一种小而精的课程类型——SPOC，有效弥补了MOOC的短板，将在线教学与课堂教学深度融合，使教学完成了从"公众普惠"到"私人定制"的转变。SPOC混合式教学模式赋予了教师多样化的角色定位，主要包括教学设计主体、教学交互主体、教学管理主体和技术支持主体。为了承担相应的角色，使教学效果最优化，教师需积极地进行意识和理念的转换，在价值认同感的驱动下，通过采取一系列的关键举措，不断地进行能力构建以促进自身发展。

随着智能时代的发展，在线教育进一步从O2O走向OMO。OMO是双线混融教学的一种新的表现形式，相对O2O而言，它更加强调教育线上线下融合发展，在教育科技、课程设计、教学方法、教学管理等方面开展深度创新，实现线上、线下学习需求的完整闭环从根本上取决于大数据和AI的应用。

---

[1] 吴罗娟,何明贵,宫本友介,等.日本在线教育的发展历程、特点及其与中国的对比分析[J].现代教育技术,2017,27(9):5-11.

[2] 中共中央网络安全和信息化委员会办公室.第47次《中国互联网络发展状况统计报告》[R/OL].(2021-02-03)[2021-02-27]. http://www.cac.gov.cn/2021-02/03/c_1613923423079314.htm.

[3] 艾瑞咨询.2020年中国在线教育行业研究报告[R/OL].(2021-01-17)[2021-02-27]. https://report.iresearch.cn/report/202101/3724.shtml?s=enable.

[4] 王文礼.MOOC的发展及其对高等教育的影响[J].江苏高教,2013(2):53-57.

从教师教育领域来看,双线混融在根本上是现代信息技术所具有的"技术优势"与"课堂改革需求"实现深层交互、融合共生的产物,是指将线下教师培训和教师在线学习融合,通过合理组织实体培训和在线学习的相关构成因素,实现教师教育效率的提升和效果的优化。

在线教师教育存在着异步性等弊端,随着信息技术、大数据、人工智能的进一步发展,教师教育也不再仅仅是线上教学和线下教学简单嫁接的"加法思维",而是"融通思维",它的教学体系不仅是"历时性"的,还是"共时性"的,即线上教学和线下教学既可遵循前后相继的模式开展异步教学,又可实现"共存""共融"的同步教学,可谓全新的教学体系。技术驱动下的教师专业发展不同于以往的教师教育,而是打造出一种全新的教师教育生态。双线混融教师教育作为传统的线上线下混合的教师教育模式的升级[1],以其独有的特殊性而成为技术驱动下教师专业发展的新取向。

双线混融教师教育是智能时代教师教育新的发展取向,包括教育场域的职前职后融合、教育过程的人机融合、教育思想的理念和技术融合以及教育方式的双线混融。在物理学习空间和虚拟学习空间融合的大背景下,各类新技术、新工具、新理念为双线混融教师教育的实现提供了新的可能性。

▪ 精准化信息收集

教师培训的精准化信息收集是保障培训顺利开展的重要前提,有利于增强培训的精准性和有效性,实现对教师培训的个性化方案定制。针对来自不同学校、不同科目的教师,需要从不同的角度进行信息收集,通过对教师的了解,打破以往"对象式思维"的怪圈,更好地了解教师的思维和自我表述,实现教师在培训过程中的主体地位,避免出现因教师培

---

[1] 邱燕楠,李政涛.从"在线教学胜任力"到"双线混融教学胜任力"[J].中国远程教育,2020,41(7):7-15.

训的不适切而造成的培训效率低下的问题。

教师专业发展贯穿于教师职前、入职、在职的始终,当前教师教育精准化信息收集所面临的迫切需要解决的问题之一是教师职前培养与职后培训信息上的割裂①。基于云计算和大数据所搭建的教师教育云档案系统通过持续性的获取和分析教师数据的机制,能够实现精准测评,并将测评的结果,如师范生学习特点、课程、成绩、实践项目、学习成果等数据存储于云端,从而帮助他们找到知识和技能的薄弱点,在其职后发展培训的时候制定更加具有针对性的方案,从而推进教师职前职后一体化发展。

▪ 个性化方案定制

正如学生受益于因兴趣、教育要求和学习风格而个性化的个人教学一样,教师也受益于个性化教学的支持和反馈。然而差异是客观、普遍存在的,所以并不存在真正意义上的个性化学习。智能技术的发展使得个性化自适应学习进入人们的视野,以大数据为基础的教育技术新范式也随之出现②。"双线混融教师教育"模式的运行需要以云计算、大数据等智能技术为依托,在精准化信息收集的基础上,对参训教师与需求信息进行深度聚类分析与精准匹配,从而更好地实现教师教育的个性化,为每位参训教师量身打造更为适合自己的培训方案。

大数据、人工智能、学习分析、数据挖掘等技术的不断融合与作用使得"学习者数字画像"(也称学习者数字肖像、学习者数据画像等,以下简称"学习者画像")的深度刻画成为可能,即通过对学习者属性、学习过程,使学习结果等要素进行建模、分析和预测,从而通过更为系统、精准、

---

① 杨桂青.教育从不单纯根据技术需求来变革:访华东师范大学终身教授祝智庭[N].中国教育报,2018-05-31(8).
② 姜强,赵蔚,李松,等.个性化自适应学习研究——大数据时代数字化学习的新常态[J].中国电化教育,2016(2):25-32.

科学的服务助力学习者的个性化学习[①]。

学习者画像是学习分析的一个新应用领域,即将用户画像应用于教育领域中。大数据的应用使得多维分析学习者的特征并以标签的形式呈现,使形成学习者画像成为可能,能够为分析学习者特征、设计精准支持服务等提供依据。

大数据画像应用于教师教育个性化方案定制是对教师教育有效性的有益探索。由于教师教育者难以全面、深入、准确地把握每位教师的真实情况和个性特征,因而限制了教师专业发展的针对性和有效性,而个性化学习需要对教师的具体状况进行精准识别,这就需要充分利用大数据技术对教师的海量数据信息进行深度画像。将学习者画像应用于教师教育领域,能够帮助教师教育培训者收集教师的培训需求等信息,通过个性化的方案定制,提高教师培训的针对性和适切性,最大限度地实现教师群体意义上的个性化培训[②],实现对教师职前、入职、职后培训的精准支撑。

▪ 智能化人机互动

借助互联网思维的平台思维,"双线混融教师教育"能够打破以往信息的层级传播与信息隔阂的弊端,从最早的触摸式白板、电子书包到现在的语音识别、图像识别、VR、体感交互等,进而衍生出自动答疑、体感游戏与虚拟现实等人机交互的教学应用场景,为教师、培训专家以及其他相关者之间的沟通与交流创造一个智能化、透明化的信息交互生态环境,更好的实现教师与机器互教互学的新的智能状态,推进双线混融教师教育的有效开展。

从教师教育的空间来看,人机互动将教师的学习延伸到了线上和线

[①] 艾兴,张玉.从数字画像到数字孪生体:数智融合驱动下数字孪生学习者构建新探[J].远程教育杂志,2021,39(1):41-50.

[②] 肖君,乔惠,李雪娇.大数据环境下在线学习者画像的构建[J].开放教育研究,2019,25(4):111-120.

下，教师可以借助视频、在线课程等进行深入地学习。多媒体、AI、AR、VR等大数据技术的应用建构起了虚拟的学习情境，构建起了技术环境下的教师学习共同体，能够对学习者学习行为进行持续诱导、及时评价与服务支持；Blog等大数据互动交流工具增强了教师之间的交流和互相学习，为教师专业成长构建起一个互动协作的学习环境；在线视频与网络通信技术的迅猛发展使得教师教育空间进一步融合，能够在短时间内实现有效对接，构建一个一对一、一对多的学习情境，推动教师教育效率的提升。

从教师教育的环境来看，人机互动依托于智慧学习空间的打造。物联网、红外识别等技术的应用使得智慧学习空间能够实现对学习情境的感知；大数据、云计算、学习分析等技术的应用使得智慧学习空间在分析手机教师专业发展全过程数据，实现教学反思和改进上有所突破；人工智能在教学过程中的应用使得人机协同、自适应成为教师教育的新的主流趋势；VR、AR所建构起的虚拟教学场景为教师提升教学水平，改进教学技能提供了新的场所。

▪ 多元化活动评价

"双线混融教师教育"模式中多元化评价活动主要体现在评价客体、评价主体以及评价阶段的多元化。与以往培训模式相比，评价客体不仅仅包括了教师的学习效果以及培训的实施效果，还包括了教师深层次智慧生成的效果，即教师是否建构起自己的智慧生成策略；评价主体不仅包括学校，一线教师也被赋予了更多评估权；评价阶段不仅局限于培训刚刚结束之后，而是在及时性评价的基础上增加了更加长效的追加评价，从而真正检测培训的效果和合理性。

大数据给教育领域测量、记录、分析和评价带来了便利。教师评价系统的最终目标是通过明确对有效教学的期望，并通过高质量的反馈和支持帮助教师满足这些期望，从而提高教学质量。大数据、云计算的应用能够对教师的学习过程进行量化分析,实时分析出教师在每个学习阶段参与讨论、提交作业等情况,为教师专业发展评价提供数据分析基础;电子档案袋教育的出现是对教师培训的各项活动进行记录存储成为可能,并且能够实现对每位教师的跟踪性记录,从而实现发展型教师评价。通过健全教师评价体系、提高教师评价的智能性,能够提高教师的教学水平和工作效能,改进教师队伍的质量。

▪ 跨界式融合创新

由于素质教育和全人教育的人才培养需要,"双线混融教师教育"的实施还需要打破学科的界限,例如STEAM教师教育就是实现跨界式融合创新的典型案例。过去教师培训的分类标准主要是以学科作为界限,不同的学科教师之间缺乏协作和交流,其思维方式很容易发生固化,对于教师知识体系的建构不利。"双线混融教师教育"以需求为导向,实现了教师专业发展的跨界式融合,也增强了新时代教师专业发展的适应性,为更好地培养适合智能时代要求的教师注入力量。

总之,智能技术的发展是一把双刃剑,教师教育如何实现从技术被动走向技术驱动,如何化解和应对智能技术对教育教学带来的挑战,是教师教育工作者一直以来需要面对和解决的问题。以物联网、大数据、云计算为代表的智能科技拓展了学习的时空,驱动了广域教师的参与、深度的资源共享、灵活的交互机会,在此基础上,教师专业发展也需要进行新一轮的升级、变革和重构。伴随智能技术的发展,双线混融教师教育对教师专业发展的支持也会不断地拓展。

参考文献

艾兴,张玉.从数字画像到数字孪生体:数智融合驱动下数字孪生学习者构建新探[J].远程教育杂志,2021,39(1):41-50.

波斯特洛姆.超级智能[M].张体伟,张玉青,译.北京:中信出版社,2015.

博登.AI:人工智能的本质与未来[M].孙诗惠,译.北京:中国人民大学出版社,2017.

常晋芳.智能时代的人—机—人关系——基于马克思主义哲学的思考[J].东南学术,2019(2):75-82.

曹学伟,冯震宇.《美国人工智能倡议》解读[J].军事文摘,2019(11):30-32.

陈凤燕,朱旭,程仁贵,等.基于认知耦合态的翻转课堂人机交互设计[J].远程教育杂志,2014,32(4):45-53.

陈静静.教师实践性知识论:中日比较研究[M].上海:华东师范大学出版社,2011.

陈静棠.虚拟实验在高中化学教学中的应用研究[D].福州:福建师范大学,2019.

陈莉,刘颖.从教师培训到教师学习:技术支持教师专业成长的途径与策略[J].中国电化教育,2016(4):113-119+127.

陈琳,陈耀华,张虹,等.教育信息化走向智慧教育论[J].现代教育技术,2015,25(12):12-18.

陈琳,王运武.面向智慧教育的微课设计研究[J].教育研究,2015,36(3):127-130+136.

陈思铭,刘长凤.信息技术与学科教学整合的应用研究探析[J].中国电化教育,2014(12):113-116.

陈维维,李艺.信息素养的内涵、层次及培养[J].电化教育研究,2002(11):7-9.

陈向明.实践性知识:教师专业发展的知识基础[J].北京大学教育评论,2003(1):104-112.

陈耀华,杨现民.国际智慧教育发展战略及其对我国的启示[J].现代教育技术,2014,24(10):5-11.

程耀忠.教师学习理论的流变与融合[J].教学与管理,2015(6):61-64.

辞海编辑委员会.辞海[M].上海:上海辞书出版社,1999.

邓国民,李梅.教育人工智能伦理问题与伦理原则探讨[J].电化教育研究,2020,41(6):39-45.

迪德,彭雪峰,肖俊洪.高等教育数字化学习的未来[J].开放教育研究,2014,20(4):9-18.

董宇艳.德育视阈下大学生情商培育研究[D].哈尔滨:哈尔滨工程大学,2011.

杜威.人的问题[M].傅统先,邱椿,译.上海:上海人民出版社,2006.

范春林,董奇.课堂环境研究的现状、意义及趋势[J].比较教育研究,2005(8):61-66.

范俊君,田丰,杜一,等.智能时代人机交互的一些思考[J].中国科学(信息科学),2018,48(4):361-375.

冯建军.当代主体教育论[M].南京:江苏教育出版社,2001.

冯契.认识世界和认识自己[M].上海:华东师范大学出版社,1996.

龚怡宏.人工智能是否终将超越人类智能——基于机器学习与人脑

认知基本原理的探讨[J].人民论坛·学术前沿,2016(7):12-21.

顾小清,林仕丽,汪月.理解与应对:千禧年学习者的数字土著特征及其学习技术吁求[J].现代远程教育研究,2012(1):23-29.

顾小清,郑隆威,简菁.获取教育大数据:基于xAPI规范对学习经历数据的获取与共享[J].现代远程教育研究,2014(5):13-23.

国家市场监督管理总局,中国国家标准化管理委员会.智慧校园总体框架:GB/T 36342-2018[S].北京:中国标准出版社,2018.

韩建华,姜强,赵蔚,等.智能导学环境下个性化学习模型及应用效能评价[J].电化教育研究,2016,37(7):66-73.

韩建华,姜强,赵蔚.基于元认知能力发展的智能导学系统研究[J].现代教育技术,2016,26(3):107-113.

郝宁湘,郭贵春.人工智能与智能进化[J].科学技术与辩证法,2005,22(3):26-30.

何克抗.对美国信息技术与课程整合理论的分析思考和新整合理论的建构[J].中国电化教育,2008(7):1-10.

和学新,鹿星南.智慧时代的学校教学形态探讨[J].课程·教材·教法,2020,40(2):43-50.

核心素养研究课题组.中国学生发展核心素养[J].中国教育学刊,2016(10):1-3.

贺斌.智慧学习:内涵、演进与趋向——学习者的视角[J].电化教育研究,2013,34(11):24-33+52.

胡斌武,吕萌.智慧学习环境下的教师角色定位研究[J].中国教育信息化,2016(10):81-84.

胡水星.教师TPACK专业发展研究:基于教育大数据的视角[J].教育研究,2016,37(5):110-116.

怀特海.思维方式[M].刘放桐,译.北京:商务印书馆,2004.

黄荣怀.智慧教育的三重境界:从环境、模式到体制[J].现代远程教育研究,2014(06):3-11.

加德纳.多元智能[M].沈致隆,译.北京:新华出版社,1999.

贾积有,陈霏,陈宇灏,等.从聊天机器人到单词测试和课程管理——"希赛可"智能英语教学系统的进一步研发[J].现代教育技术,2011,21(6):86-90.

姜强,赵蔚,李松,等.个性化自适应学习研究——大数据时代数字化学习的新常态[J].中国电化教育,2016(2):25-32.

蒋艳,马武林.中国英语写作教学智能导师系统:成就与挑战——以句酷批改网为例[J].电化教育研究,2013,34(7):76-81.

金.智能浪潮:增强时代来临[M].刘林德,冯斌,张百玲,译.北京:中信出版社,2017.

孔祥渊.教师媒介素养:意义及建构[J].思想理论教育,2012(18):20-24.

库兹韦尔.灵魂机器的时代:当计算机超过人类智能时[M].沈志彦,祁阿红,王晓冬,译.上海:上海译文出版社,2006.

库兹韦尔.奇点临近[M].李庆成,董振华,田源,译.北京:机械工业出版社,2011.

雷朝滋.教育信息化:从1.0走向2.0——新时代我国教育信息化发展的走向与思路[J].华东师范大学学报(教育科学版),2018,36(1):98-103+164.

黎加厚,赵怡,王珏.网络时代教育传播学研究的新方法:社会网络分析——以苏州教育博客学习发展共同体为例[J].电化教育研究,2007(8):13-17.

李刚,吕立杰.从STEM教育走向STEAM教育:艺术(Arts)的角色分析[J].中国电化教育,2018(9):31-39+47.

李海峰,王炜.人工智能支持下的智适应学习模式[J].中国电化教育,2018(12):88-95+112.

李海峰,王炜.人机学习共生体——论后人工智能教育时代基本学习形态之构建[J].远程教育杂志,2020,38(2):46-55.

李慧方,罗生全.教师智慧学习的生态取向[J].教学与管理,2015(12):1-4.

李润洲.智慧教育的三维阐释[J].中国教育学刊,2020(10):9-14.

李舒东.新媒介素养教育[M].北京:高等教育出版社,2015.

李长青.PASS理论及其认知评估系统(CAS)与传统智力测验的比较研究[D].北京:首都师范大学,2003.

李振,周东岱,刘娜,等.人工智能应用背景下的教育人工智能研究[J].现代教育技术,2018,28(9):19-25.

李志河,周娜娜,秦一帆,等.网络学习空间下混合式学习共同体活动机制构建[J].中国电化教育,2019(9):104-111.

梁培培,蒋海升.手机教育类APP体验创新路径探析——以"英语流利说"APP为例[J].出版广角,2019(1):33-36.

刘鹂,陈璐.教师媒介素养:内涵、价值与培育[J].当代教育与文化,2019,11(5):83-88.

刘丽强,谢泽源.教师核心素养的模型及培育路径研究[J].教育学术月刊,2019(6):77-85.

刘朋.仿人足球机器人视觉系统的研究与实现[D].沈阳:东北大学,2013.

刘庆昌.核心素养:形塑"受过教育的现代人"[J].课程教学研究,2017(1):4-6.

刘儒德.信息技术与课程整合[M].北京:人民教育出版社,2003.

刘伟.人机智能融合:人工智能发展的未来方向[J].人民论坛·学术前沿,2017(20):32-38.

马君.AI赋能在线教育 引爆英语学习智能化革命——访流利说创始人、董事长兼CEO王翌[J].中华商标,2019(10):29-31.

苗学杰,秦妍.欧盟教师核心素养框架及其培育路径探析[J].外国教育研究,2020,47(7):18-30.

摩斯.情商:决定个人命运的最关键因素[M].谭春虹,编译.北京:海潮出版社,2004.

墨子[M].徐翠兰,王涛,译注.太原:山西古籍出版社,2003.

尼葛洛庞帝.数字化生存[M].胡泳,范海燕,译.北京:电子工业出版社,2017.

潘丽芳.技术支持的教师学习环境构建与实践[M].上海:上海教育出版社,2019.

钱玲.人工智能技术风险研究[D].南昌:南昌大学,2018.

琼斯,张臣雄.人工智能+:AI与IA如何重塑未来[M].北京:机械工业出版社,2018.

邱燕楠,李政涛.从"在线教学胜任力"到"双线混融教学胜任力"[J].中国远程教育,2020,41(7):7-15+76.

全国十二所重点师范大学联合编写.教育学基础[M].北京:教育科学出版社,2008.

全美教师教育学院协会创新与技术委员会.整合技术的学科教学知识:教育者手册[M].任友群,詹艺,主译.北京:教育科学出版社,2011.

塞尔登,阿比多耶.第四次教育革命:人工智能如何改变教育[M].吕晓志,译.北京:机械工业出版社,2019.

桑国元,董艳.论"互联网+"时代教师信息素养内涵演进及其提升策略[J].电化教育研究,2016,37(11):108-112.

桑国元,郑立平,李进成.21世纪教师的核心素养[M].北京:北京师范大学出版社,2017.

邵琪.智慧教育史论[D].杭州:浙江大学,2019.

邵晓枫,刘文怡.智慧教育的本质:通过转识成智培育智慧主体[J].中国电化教育,2020(10):7-14.

师曼,刘晟,刘霞,等.21世纪核心素养的框架及要素研究[J].华东师范大学学报(教育科学版),2016,34(3):29-37.

斯滕伯格.超越IQ:人类智力的三元理论[M].俞晓琳,吴国宏,译.上海:华东师范大学出版社,2000.

宋灵青,许林."AI"时代未来教师专业发展途径探究[J].中国电化教育,2018(7):73-80.

孙宽宁."互联网+"时代教师专业发展的危机与应对[J].教育研究,2016,37(6):16-17.

滕尼斯.共同体与社会[M].林荣远,译.北京:商务印书馆,1999.

汪丽梅,洪早清.现代信息技术与教师教育深度融合的实践与思考——以华中师范大学教师教育改革为例[J].教师教育论坛,2017,30(3):21-26.

汪凤炎.智慧心理学的理论探索与应用研究[M].上海:上海教育出版社,2014.

王枫.面向2035的中小学智慧学校建设:内涵、特征与实践[J].中国教育学刊,2018(9):25-33.

王海涛,宋丽华,向婷婷,等.人工智能发展的新方向——人机物三元融合智能[J].计算机科学,2020,47(S2):1-5+22.

王金萍.优化教学方法 培养自学能力[J].教育科学研究,2002(7):45-46.

王娟,吴永和."互联网+"时代STEAM教育应用的反思与创新路径[J].远程教育杂志,2016,35(2):90-97.

王万森.人工智能原理及其应用[M].北京:电子工业出版社,2012.

王文礼.MOOC的发展及其对高等教育的影响[J].江苏高教,2013(2):53-57.

王潇晨,张善超.教师核心素养的框架、内涵与特征[J].教学与管理,2020(1):8-11.

王艳玲.教师教育课程论[M].上海:华东师范大学出版社,2011.

王益华,周顺.依托区域教育平台 构建智慧教育体系[J].中国教育信息化,2019(17):63-66.

王玉明.试论教师信息素养及其培养[J].电化教育研究,2004(2):21-24.

王作冰.人工智能时代的教育革命[M].北京:北京联合出版公司,2017.

魏锐,刘坚,白新文,等."21世纪核心素养5C模型"研究设计[J].华东师范大学学报(教育科学版),2020,38(2):20-28.

吴罗娟,何明贵,宫本友介,等.日本在线教育的发展历程、特点及其与中国的对比分析[J].现代教育技术,2017,27(9):5-11.

肖君,乔惠,李雪娇.大数据环境下在线学习者画像的构建[J].开放教育研究,2019,25(4):111-120.

新华词典编纂组.新华词典(修订版)[Z].北京:商务印书馆,1989.

许芳杰.数据智慧:大数据时代教师专业发展新路向[J].中国电化教育,2016(10):18-23.

许亚锋,彭鲜,曹玥,等.人机协同视域下教师数智素养之内涵、功能与发展[J].远程教育杂志,2020,38(6):13-21.

薛焕玉.对学习共同体理论与实践的初探[J].中国地质大学学报(社会科学版),2007(1):1-10.

闫志明,唐夏夏,秦旋,等.教育人工智能(EAI)的内涵、关键技术与应用趋势——美国《为人工智能的未来做好准备》和《国家人工智能研发战略规划》报告解析[J].远程教育杂志,2017(1):26-35.

杨桂青.教育从不单纯根据技术需求来变革:访华东师范大学终身教授祝智庭[N].中国教育报,2018-05-31(8).

杨现民.信息时代智慧教育的内涵与特征[J].中国电化教育,2014(1):29-34.

杨晓哲,张昱瑾.疫情防控下中小学教师在线教学与在线培训分析[J].现代教育技术,2020,30(3):5-11.

易凯谕.智慧学习内涵及能力框架研究[D].南昌:江西师范大学,2019.

余慧菊,杨俊锋.数字公民与核心素养:加拿大数字素养教育综述[J].现代教育技术,2019,29(7):5-11.

余胜泉,胡翔.STEM教育理念与跨学科整合模式[J].开放教育研究,2015,21(4):13-22.

曾文茜,罗生全.国外中小学教师核心素养的价值分析[J].外国中小学教育,2017(7):9-16.

曾旭.教育机器人辅助英语词汇教学设计研究[D].武汉:华中师范大学,2017.

张婵清,王程越.信息技术与学科整合的实践策略分析[J].中国电化教育,2012(12):115-118.

张华.论核心素养的内涵[J].全球教育展望,2016,45(4):10-24.

张立新,张小艳.论数字原住民向数字公民转化[J].中国电化教育,2015(10):11-15.

张立新,朱弘扬.国际智慧教育的进展及其启示[J].教育发展研究,2015,35(5):54-60.

张琪娜,吕狂飚.困境与突围:教师作为数字移民的时代挑战[J].中国教育学刊,2019(9):86-91.

张汝伦.重思智慧[J].杭州师范大学学报(社会科学版),2010,32(3):1-9+28.

张蔚磊,李馨,赵云建.高等教育数字化学习的未来——访哈佛大学教育技术学专家克里斯·德迪教授[J].中国电化教育,2014(12):3-7.

张学军,董晓辉.人机共生:人工智能时代及其教育的发展趋势[J].电化教育研究,2020,41(4):35-41.

张杨.改革开放四十年课程目标研究的成就与反思——以"双基"研究为切入点的观察与思考[J].湖南师范大学教育科学学报,2018,17(6):30-36.

赵健.学习共同体的建构[M].上海:上海教育出版社,2008.

赵银生.智能教育(IE):教育信息化发展的新方向[J].中国电化教育,2010(12):32-34.

郑云翔,钟金萍,黄柳慧,等.数字公民素养的理论基础与培养体系[J].中国电化教育,2020(5):69-79.

钟晓流,宋述强,胡敏,等.第四次教育革命视域中的智慧教育生态构建[J].远程教育杂志,2015,33(4):34-40.

钟志贤,汪维富.Web2.0学习文化与信息素养2.0[J].远程教育杂志,2010,28(4):34-40.

钟志贤.面向终身学习:信息素养的内涵、演进与标准[J].中国远程教育,2013(8):21-29+95.

周洪宇,鲍成中.第三次工业革命与人才培养模式变革[J].教育研究,2013,34(10):4-9+43.

周美云.机遇、挑战与对策:人工智能时代的教学变革[J].现代教育管理,2020(3):110-116.

周平艳,魏锐,刘晟,等.提出21世纪核心素养的驱动力研究[J].华东师范大学学报(教育科学版),2016,34(3):22-28.

周琴,文欣月.从自适应到智适应:人工智能时代个性化学习新路径[J].现代教育管理,2020(9):89-96.

周琴,文欣月.智能化时代"AI+教师"协同教学的实践形态[J].远程教育杂志,2020,38(2):37-45.

祝智庭.智慧教育新发展:从翻转课堂到智慧课堂及智慧学习空间[J].开放教育研究,2016,22(1):18-26+49.

ACKHOFF R. From data to wisdom[J]. Journal of Applied Systems

Analysis, 1989(16):3-9.

ARISTOTLE. The Nicomachean ethics (new edition) [M]. Oxford: Oxford University Press, 1984.

BETTONI M, ANDENMATTEN S, MATHIEU R. Knowledge cooperation in online communities: A duality of participation and cultivation [J]. Journal of Knowledge Management, 2007, 5(1):1-6.

BUNDY A. Preparing for the future of artificial intelligence[J]. AI & Society, 2017, 32(2):285-287.

CHUN S. Korea's smart education initiative and its pedagogical implications[J]. CNU Journal of Educational Studies, 2013,34(2):1-18.

CLIFFORD R. The status of conputer-assisted language instruction [J]. Calico Journal, 1987, 4(4):9-16.

CONSIDINE D. An introduction to media literacy: The what, why, and how to's[J]. The Journal of Media Literacy, 1995(41):2.

CRAIG S, GRAESSER A, SULLINS J, et al. Affect and learning: An exploratory look into the role of affect in learning with AutoTutor[J]. Journal of Educational Media, 2004, 29(3):241-250.

CROMPTON H. ISTE standards for educators: A guide for teachers and other professionals[M]. London: ISTE, 2017.

D'MELLO S, CRAIG S, SULLINS J, et al. Predicting affective states expressed through an emote-aloud procedure from AutoTutor's mixed-initiative dialogue[J]. International Journal of Artificial Intelligence in Education, 2006, 16(1):3-28.

D'MELLO S, DOWELL N, GRAESSER C. Cohesion relationships in tutorial dialogue as predictors of affective states[C]//DIMITROVA V, MIZOGUCHI R, BOULAY B. Artificial intelligence in education. Armsterdam: IOS Press, 2009.

D' MELLO S, GRAESSER A. AutoTutor and affective AutoTutor: Learning by talking with cognitively and emotionally intelligent computers that talk back[J]. ACM Transactions on Interactive Intelligent Systems, 2012,2(4):1-39.

D' MELLO S, PICARD R, GRAESSER A. Towards an affect-sensitive AutoTutor[J]. IEEE Intelligent Systems, 2001, 22(4):53-61.

ENGESTRÖM Y. Expansive learning at work: Toward an activity theoretical reconceptualization[J]. Journal of Education & Work, 2001, 14(1): 133-156.

FREEMAN A, ADAMS B, CUMMINS M, et al. NMC/CoSN horizon report: 2017 K-12 edition[R]. Austin, Texas: The New Media Consortium, 2017.

GOWDA S, BAKER R, HEFFERNAN N. The sum is greater than the parts: Ensembling models of student knowledge in educational software[J]. ACM SIGKDD Explorations Newsletter, 2012, 13(2):37-44.

GRAESSER A, JACKSON G, MCDAIEL B. AutoTutor holds conversations with learners that are responsive to their cognitive and emotional states [J]. Educational Technology, 2007, 47(1):19-22.

GRAESSER A, LI H, FORSYTH C. Learning by communicating in natural language with conversational agents[J]. Current Directions in Psychological Science, 2014, 23(5):374-380.

GRAESSER A, PERSON N. Question asking during tutoring[J]. American Educational Research Journal, 1994, 31(1):104-137.

GÜNGÖREN O, İSMAN A. Digital citizenship[J]. The Turkish Online Bournal of Educational Technology, 2014(13):73-74.

HEFFERNAN N, HEFFERNAN C. The ASSISTments ecosystem: Building a platform that brings scientists and teachers together for minimally invasive research on human learning and teaching[J]. International Journal of Artificial Intelligence in Education, 2014,24(4):470-497.

HEFFERNAN N, OSTROW K, KELLY K, et al. The future of adaptive learning: Does the crowd hold the key?[J]. International Journal of Artificial Intelligence in Education, 2016,26(2):615-644.

JIA J, CHEN Y, DING Z, et al. Effects of a vocabulary acquisition and assessment system on students' performance in a blended learning class for English subject [J]. Computers and Education, 2012, 58(1):63-76.

JONASSEN D, ROHRER-MURPHY L. Activity theory as a framework for designing constructivist learning environments[J]. Educational Technology Research and Development, 1999, 47(1):61-79.

KIPPERS B, POORTMAN C, SCHILDKAMP K, et al. Data literacy: What do educators learn and struggle with during a data use intervention? [J]. Studies in Educational Evaluation, 2018, 56(1):21-31.

KIRSCHNER P, STRIJBOS J, KREIJNS K, et al. Designing electronic collaborative learning environments [J]. Educational Technology Research and Development, 2004,52(3):47-52.

KOPCHA T. Teachers' perceptions of the barriers to technology integration and practices with technology under situated professional development [J]. Computers & Education, 2012, 59(4) :1109-1121.

LEAVIS F, THOMPSON D. Culture and environment: The training of critical awareness[M]. California: University of California Press, 2009.

LU X, EUGENIO B, KERSHAW T, et al. Expert vs. non-expert tutoring: Dialogue moves, interaction patterns and multi-utterance turns [M]. Berlin: Springer, 2007.

MAXWELL N. From knowledge to wisdom: The need for an academic revolution[J]. London Review of Education, 2007, 5(2):97-115.

MCCARTHY J, PAINTER J. Correctness of a compiler for arithmetic expressions [M]// SCHWARTZ J. Mathematical aspects of computer science. American Mathematical Society (AMS), 1967.

MOSSBERGER K, TOLBERTC J, MCNEAL R. Digital citizenship: The Internet, society and participation[M]. Cambridge, MA: MIT Press, 2008.

National Institute of Education of Singapore. A teacher education model for the 21st century[R/OL].(2009-07-07) [2020-12-25].https://www.nie.edu. sg/docs/default-source/te21_docs/te21_executive-summary_14052010-updated.pdf?sfvrsn=2.

OCUMPAUGH J, BAKER R, GOWDA S, et al. Population validity for educational data mining models: A case study in affect detection[J]. British Journal of Educational Technology, 2014,45(3):487-501.

OHLER J. Digital community, digital citizen[M].Thousand OAks, CA: Corwin Press, 2010.

PARK J, CHOI J, LEE Y. Analysis of instruction models in smart education[C]. Paper presented at the International Association for Development of the Information Society International Conference on e-Learning, Prague, Czech Republic, July 23-26, 2013:323-326.

POLLY D, MIMS C, SHEPHERD C, et al. Evidence of impact: Transforming teacher education with preparing tomorrow's teachers to teach with technology (PT3) grants [J]. Teaching and Teacher Education, 2010, 26 (4):863-870.

PRENSKY M. Digital natives, digital immigrants. Part 1[J]. On the Horizon, 2001, 9(5):1-6.

PRENSKY M. Digital natives, digital immigrants. Part 2: Do they really think differently?[J]. On the Horizon, 2001, 9(6):1-6.

RAZZAQ L, HEFFERNAN N. Scaffolding vs. hints in the assistment system[C]//ITS. Intelligent tutoring systems. Berlin: Springer-Verlag, 2006: 635-644.

REDECKER C. European framework for the digital competence of educators: DigCompEdu[R]. Seville: Joint Research Centre, 2017.

RIBBLE M. Digital citizenship in schools: Nine elements all students should know (3rd edition) [M]. Eugene, Oregon: International Society for Technology in Education, 2015.

ROLL I, WYLIE R. Evolution and revolution in artificial intelligence in education [J]. International Journal of Artificial Intelligence in Education, 2016, 26(2):532-599.

ROWLEY J. The wisdom hierarchy: Representations of the DIKW hierarchy[M]. Thousand, Oaks, CA: Sage Publications Inc, 2007.

RUS V, BAGGETT W, GIRE E, et al. Towards learner models based on learning progressions in DeepTutor[C]//SOTTILARE R. Learner Models. Army Research Lab, 2013.

RUS V, D'MELLO S, HU X, et al. Recent advances in Conversational Intelligent Tutoring Systems[J]. Ai Magazine, 2013, 34(3):42-54.

SELF J. The defining characteristics of intelligent tutoring systems research: ITSs care, precisely [J]. International Journal of Artificial Intelligence in Education, 1999, 10(3): 350-364.

SHUTE V. Focus on formative feedback[J]. Review of Educational Research, 2008(78/1):153-189.

SINGH R, SALEEM M, PRADHAN P, et al. Feedback during web-based homework: The role of hints[C]//AIED. Artificial intelligence in education. Berlin: Springer-Verlag, 2011.

SOMYÜREK S. The new trends in adaptive educational hypermedia systems[J]. International Review of Research in Open and Distance Learning, 2015, 16(1):221-241.

STERNBERG R. Words to the wise about wisdom? A commentary on Ardelt's critique of Baltes[J]. Human Development, 2004, 47(5): 286-289.

STIGGINS R. Assessment for learning: a key to motivation and achievement[J]. Edge: The Latest Information for the Education Practitioner, 2006, 2(2):1-19.

TIMMS M. Letting artificial intelligence in education out of the box: Educational cobots and smart classrooms[J]. International Journal of Artificial Intelligence in Education, 2016, 26(2):701-712.

TURING A. Computing machinery and intelligence[J]. Mind, 1950, 59(236):433-460.

VANLEHN K. The relative effectiveness of human tutoring, intelligent tutoring systems, and other tutoring systems[J]. Educational Psychologist, 2011, 46(4):197-221.

WANG Q, DING Y, YU S. Crowdsourcing mode-based learning activity flow approach to promote subject ontology generation and evolution in learning[J]. Interactive Learning Environments, 2018,27(7):1-19.

附录 中英文名词对照

附录一　英文缩写词

AACTE(American Association of Colleges for Teacher Education)	美国教师教育院校协会
ADL(Advanced Distributed Learning)	美国高级分布式学习组织
AGI(Artificial General Intelligence)	强人工智能
AI(Artificial Intelligence)	人工智能
ANI(Artificial Narrow Intelligence)	弱人工智能
AR(Augmented Reality)	增强现实
ASI(Artificial Superintelligence)	超人工智能
CERNET(China Education and Research Network)	中国教育和科研计算机网
CIRCLS(Center for Integrative Research in Computing and Learning Sciences)	美国计算与学习科学综合研究中心
CNNIC(China Internet Network Information Cente)	中国互联网络信息中心
COVID(Corona Virus Disease)	冠状病毒病
CT(Computed Tomography)	电子计算机断层扫描
DBDM(Data-Based-Decision-Making)	基于数据的决策能力

续表

缩写	中文
DigCompEdu（European Framework for the Digital Competence of Educators）	教师数字胜任力框架
DIKW（Data-Information-Knowledge-Wisdom）	教育信息智慧层次
DNA（Deoxyribonucleic Acid）	脱氧核糖核酸
DT（Data Technology）	数据处理技术
eMSS（e-Mentoring for Student Success）	教师在线指导系统
EQ（Emotional Quotient）	情商
EU（European Union）	欧盟
FIP（Fair Information Practices）	美国《公平信息处理条例》
GDPR（The General Data Protection Regulation）	欧盟《通用数据安全条例》
GPU（Graphics Processing Unit）	图形处理器
HCI（Human Computer Interface）	人机交互
HPL（How People Learn）	《人是如何学习的》
IBM（International Business Machines Corporation）	国际商业机器公司
ICT（Information Communication Technology）	信息通信技术
IQ（Intelligence Quotient）	智商
ISTE（International Society for Technology in Education）	美国国际教育技术学会
iSTEM（Integrative STEM）	综合性STEM教育
IT（Information Technology）	互联网技术
ITS（Intelligent Tutoring Systems）	智能导学系统
KERIS（the Korean Educational Information and Research Service）	韩国教育研究信息院
LISP（List Processing）	人工智能表处理程序设计语言
MEST（Korea Ministry of Education Science and Technology）	韩国教育科学技术部
MPTP（The Multimedia Portables for Teachers Pilot）	教师多媒体移动电脑试点项目
MOOC（Massive Open Online Course）	大规模在线开放课程

续表

NASA（National Aeronautics and Space Administration）	美国国家航天航空局
NETP（National Educational Technology Plan）	美国国家教育信息技术规划
NSF（National Science Foundation）	美国国家科学基金会
NSTA（National Science Teachers Association）	美国全国科学教师联合会
NUI（Natural User Interface）	自然用户界面
O2O（Online To Offline）	线下线上融合环境
OECD（Organization for Economic Co-operation and Development）	经济合作与发展组织
OET（Office of Educational Technology）	美国教育部教育技术办公室
OMO（Online-Merge-Offline）	线上线下深度融合
PCIS（The Presidential Council on Informatization Strategy）	韩国"总统信息化战略委员会"
PCK（Pedagogical Content Knowledge）	学科教学知识
PK（Pedagogical Knowledge）	教学法知识
PST（Pedagogic-Social-Technology）	"教学法—社会交互—技术支持"理论
TALIS（Teaching and Learning International Survey）	OECD"教师教学国际调查"
TCK（Technological Content Knowledge）	整合技术的学科内容知识
TK（Technology Knowledge）	技术知识
TPCK / TPACK（Technological Pedagogical Content Knowledge）	整合技术的学科教学知识
TPK（Technological Pedagogical Knowledge）	整合技术的教学法知识
TPU（Thermoplastic Polyurethanes）	机器学习加速芯片
UNESCO（United Nations Educational, Scientific and Cultural Organization）	联合国教科文组织
USDHEW（United States Department of Health, Education and Welfare）	美国卫生教育及福利部
VPLCs（Virtual Program Logic Control System）	虚拟可编程逻辑控制器

续表

VR(Virtual Reality)	虚拟现实
WIDE World(Wide-scale Interactive Development for Educator)	全球教育者大规模合作发展项目
XR(Extended Reality)	扩展现实

附录二 专有名词

21st Century Competences	21世纪素养
21st Century Skills	21世纪技能
AI Literacy	人工智能素养
AIoT	人工智能物联网
Alliance for Excellent Education	卓越教育联盟
AlphaGo Lee	"阿尔法狗"围棋人工智能程序
ASSISTments	智能导师评价与支持系统
AutoTutor	智能导学系统
Carnegie Speech Assessment	卡耐基语音评估
Center for Social Media	美国社交媒介研究中心
Cloud Computing	云计算
Coh-Metrix	语篇连贯性的工具
Dartmouth College	达特茅斯学院
Data Intelligence Citizens	数智公民
Data Mining	数据挖掘
Date Intelligence Literacy	数智素养
Deep Learning	深度学习
DeepTutor	深度导学系统
Digital Divide	数字鸿沟
Digital Literacy	数字素养
Digital Natives	数字土著
Digital Resources	数字资源
Digital Twin	数字孪生
E-Learning	数字学习
Gestural Interaction	体感交互

续表

Google	谷歌公司
Google Assistant	谷歌助手
Holographic Technique	全息技术
Industrial Revolution	产业革命
Information Literacy	信息素养
Instructional Coaches	教学指导者
Intelligence Education	智能教育
Key Competencies	核心素养
Kurzweil's Law of Accelerated Return	库兹韦尔加速回报定律
Logic Theorist	"逻辑专家"程序
Machine Learning	机器学习
Media Literacy	媒介素养
M-Learning	移动学习
MOOC-Ed	教师慕课
NC State University	北卡罗来纳州立大学
Open University	开放大学
Partnership for 21st Century Skills	21世纪技能联盟
Project Debater	辩论机器人
School-University Partnerships	大学—中小学伙伴模式
Science of Intelligence	智能科学
Scientific Revolution	科学革命
S-Learning	智慧学习
Smart Education	智慧教育
Technological Revolution	技术革命
Technological Singularity	技术奇点
Technology-embedded	嵌入式技术
The World Bank	世界银行

续表

Theory of Multiple Intelligences	多元智能理论
Triarchic Theory of Intelligence	三元智能理论
Ubiquitous Computing	普适计算
U-Learning	泛在学习
Vanderbilt University	范德堡大学
World Innovation Summit for Education	世界教育创新峰会